Ich habe abgeschworen

Mina Ahadi
mit Sina Vogt

Ich habe abgeschworen

Warum ich für die Freiheit und gegen den Islam kämpfe

HEYNE

Bildnachweis Farbbildteil
Heyne Verlag/Flashfotos: S. 8 unten
Privatarchiv Mina Ahadi: S. 1–4
Reuters/Michael Kooren: S. 7
Shahnaz Moratab: S. 8 oben
Sina Vogt: S. 5
Zentralrat der Ex-Muslime: S. 6

FSC
Mix
Produktgruppe aus vorbildlich bewirtschafteten Wäldern und anderen kontrollierten Herkünften
Zert.-Nr. SGS-COC-1940
www.fsc.org
© 1996 Forest Stewardship Council

Verlagsgruppe Random House FSC-DEU-0100
Das für dieses Buch verwendete
FSC-zertifizierte Papier *Munken Premium Cream*
liefert Arctic Paper Munkedals AB, Schweden.

Redaktion: Dunja Reulein, München

Umschlaggestaltung: Hauptmann und Kompanie Werbeagentur,
München – Zürich
Umschlagfoto: Manfred Wegener, Köln
Satz: Christine Roithner Verlagsservice, Breitenaich
Druck und Bindung: GGP Media GmbH, Pößneck
Printed in Germany 2008

ISBN 978-3-453-15288-5

Inhalt

Einleitung 7

Die Scharia in Deutschland 11
Der Islam meiner Kindheit im Iran 25
Kirchen und Moscheen – Religionsfreiheit in Deutschland 39
Religionskritik in der Islamkritik 43
Die Islamverbände in Deutschland und die Integration 47
Der Zentralrat der Ex-Muslime entsteht 63
Die beleidigte muslimische Volksseele 63
Auf der Suche nach Verbündeten 71
Der Islam und der »Abfall vom Glauben« 78
Leben unter Polizeischutz 83
Pressekonferenz in Berlin 87
Meine Jugend im Iran 95
Emanzipation braucht Bildung 95
Besuche in Teheran 101
Mohammed, der Mensch 103
Ein anderes Leben 107

Lustgefühle und unterdrückte Sexualität 111
Wie ich Atheistin wurde 114
Die islamische Revolution im Iran
und der Gottesstaat 123
Vor der Revolution: Das Regime des Schahs 123
Revolution und religiöser Terror 143
Die islamische Republik Iran bis heute 158
Wider die sexuelle Selbstbestimmung der Frau 167
Mein Leben als Partisanin 181
Meine Integration in Europa 203
Flucht nach Europa 203
Ich werde Mutter und engagiere mich
wieder politisch 210
Erst wenn die letzte Frau frei ist, sind die
Menschen frei 225
Todesurteil: Verbrechen Notwehr 225
Steinigung: Verbrechen Ehebruch 230
Ehrenmorde in Deutschland 249
Resümee 261
Danksagung 265

Anhang

»Wider die falsche Toleranz« – Politische Forderungen
des Zentralrats der Ex-Muslime 267
»Aufklären statt verschleiern!« – Über den
Zentralrat der Ex-Muslime 269

Einleitung

Ich bin 1956 im Iran geboren, dort aufgewachsen und habe vor der islamischen Revolution vier Jahre Medizin studiert. Ich musste vor dem neuen Regime fliehen, mein Mann wurde hingerichtet. Zehn Jahre lang lebte ich als Partisanin der verbotenen Opposition gegen das Mullah-Regime in den Bergen zwischen Iran und Irak. Schließlich flüchtete ich nach Europa, nach Wien, wo meine Töchter zur Welt kamen. Seit über zehn Jahren lebe ich nun mit meiner Familie in Deutschland. Da mich mein Lebensweg in meinem politischen Engagement geprägt hat, werde ich ihn in diesem Buch beschreiben.

Ich halte die Befreiung der Frauen für den Kernpunkt jeder freien Gesellschaft, und mein besonderes Engagement gilt den Frauen, die in islamischen Staaten von Steinigung oder dem Strang bedroht sind, weil sie (angeblich) Ehebruch begangen haben. Erst wenn jede Frau ihr Recht auf sexuelle Selbstbestimmung ausüben kann, werde ich ruhen.

Mit den Anschlägen des 11. September 2001 hat auch in Deutschland eine Diskussion über Gewalttaten im Namen des Islam eingesetzt. Aber sie waren längst Alltag – für viele Frauen, die als Zwangsbräute aus der Türkei geholt wurden, für Frauen, die von ihrem Ehemann wegen Unfolgsamkeit wie im Koran befohlen gezüchtigt wurden. Für Mädchen, die unter dem Kopftuch einer Heirat entgegensahen, während für ihre deutschen Geschlechtsgenossinnen die heterosexuelle Ehe nur noch eine der ihnen offen stehenden Lebensformen war.

Berichte über Ehrenmorde erschüttern die deutsche Öffentlichkeit von Zeit zu Zeit. Das Schicksal von Hatun Sürücü, die Anfang 2005 erschossen wurde, weil sie die Ehre der Familie verletzt habe, verstörte viele Menschen. Nachdem drei Brüder angeklagt waren, nahm der Jüngste alle Schuld auf sich. Gegen die Freisprüche der anderen beiden läuft das Rechtsmittelverfahren. Die Bilder ihrer Schwester, die mit Kopftuch ein Victory-Zeichen in die Kameras machte, als die beiden älteren Brüder vom Vorwurf des Mordes freigesprochen wurden, und ihr offensichtlicher Glaube, der Mord an ihrer Schwester sei eine rechtmäßig durch ein Familiengericht verhängte Strafe gewesen, lassen wenig Spielraum für Verständnis.

Aber auch der Tod von Hatun Sürücü lässt viele Deutsche, nicht zuletzt engagierte Linke, nicht erkennen, was sie mit ihrer Forderung nach Toleranz gegenüber islamischen Gruppierungen anrichten, die selbst keine Toleranz kennen gegen alles, was »unrein« ist. Hatun Sürücü, die ihren vom Vater für sie ausgesuchten Mann verlassen hatte, gehört ebenso dazu wie Lesben und Schwule und Ungläubige, also Nicht-Moslems.

Gegen Religion, privat in einem säkularen Staat ausgeübt, deren Glaubenssätze nicht gegen die freiheitlichrechtliche Grundordnung oder die allgemeinen Menschenrechte und die Gleichberechtigung der Frau verstoßen, habe ich nichts. Aber ich halte den Islam in seiner heutigen Form nicht für reformierbar. Deshalb habe ich öffentlich abgeschworen, wie bis heute fast 200 Mitstreiterinnen und Mitstreiter. Der Islam müsste von innen heraus eine Aufklärung durchlaufen, ein schmerzhafter Prozess, der im Christentum Hunderte von Jahren gedauert hat (und an den fundamentalistischen Strömungen im Christentum bis heute vorbeigegangen ist). Aber dazu braucht er keine staatliche Anerkennung, keine neuen Moscheen und keine Scharia. Im Gegenteil, dazu muss er aufgeben, eine das ganze Leben von Menschen regelnde einzige Wahrheit sein zu wollen, die göttlich und unumstößlich ist, er muss Zweifel und Atheismus zulassen und aushalten. Deshalb möchte ich meine deutschen Mitbürgerinnen und Mitbürger wachrütteln, wem gegenüber sie Toleranz üben, wenn sie sich mit den Islamverbänden an einen Tisch setzen.

Die Scharia in Deutschland

Es war ein heißer Apriltag mit geradezu hochsommerlichen Temperaturen gewesen. Doch jetzt, am Abend, war es draußen kühl geworden. Vor einer Stunde hatte ich den Balkon verlassen. Nun saß ich in einem Sessel am Bett meiner 17-jährigen Tochter Anita*.

Unsere abendlichen Gespräche in ihrem Zimmer, ich mit dem Laptop auf dem Schoß, sie, schon im Pyjama, ausgebreitet auf der Bettdecke mit Blick auf den Fernseher, sind ein von uns beiden geliebtes Ritual. Ich zog mir die Decke über die Füße, die Wärme tat meinem Knie gut. Vor zwei Monaten war ich am Meniskus operiert worden. Die verschlissenen Knie sind ein Andenken an meine zehn Jahre Leben in den kurdischen Bergen des Iran und Irak. Nun, 17 Jahre später, waren Schmerzen und Unbeweglichkeit im rechten Knie so schlimm geworden, dass ich meinen Beruf als Altenpflegerin nicht mehr ausüben konnte und nur eine Operation Hoffnung auf Besserung brachte. Aber die Genesung schritt nur langsam voran.

---

* Die Namen meiner Kinder und iranischen Verwandten sind aus Sicherheitsgründen geändert.

Anita hatte mir gerade von England erzählt, wo sie für ein Jahr in einer Gastfamilie lebte und zur Schule ging. Sie berichtete mir vom Linksverkehr und ihren ersten Beinahe-Unfällen, da sie immer zur falschen Seite nach Autos Ausschau hielt, und dass die Engländer scheinbar alles mit Essig würzten. Sie erzählte von ihrem englischen Freund, in dessen Familie sie freundlich aufgenommen worden war, und dass nach ihrem Eindruck die Engländer mehr arbeiteten und der Lebensstandard trotzdem niedriger sei. Ich freute mich darüber, sie für zwei Wochen zu Hause zu haben, ich liebe meine beiden Töchter sehr. Anita, die Ältere, hat keine Scheu, den Mund aufzumachen, wenn ihr etwas nicht passt. »Mama, das habe ich von dir gelernt«, meinte sie einmal. Letztens erst hatte sie auf der Schildergasse, Kölns großer Einkaufsstraße, eine Debatte mit einem Prediger angefangen. Der ältere Herr trug eine Bibel und predigte den Vorbeigehenden, dass Jesus die Antwort auf alle Probleme der Welt wäre und sie ihm folgen sollten. Anita meinte daraufhin zu ihm, die Menschen sollten lieber selber denken und sich füreinander und gegen die Armut engagieren. »Mutter, nach einigen Minuten hatte sich eine kleine Schar um uns geschart, und ich bekam tatsächlich Beifall.« Der Herr hatte ihr mit den Schrecken der Hölle gedroht, sollte sie nicht Jesus folgen, denn nur wer an Gott glaube, könne ein guter Mensch sein. Ihre Antwort jedoch war: »Ich lebe mein Leben gut und habe keine Angst vor einem Gott.«

Ihre sechs Jahre jüngere Schwester, Mona, ist stiller, aber Unrecht kümmert sie nicht weniger. Sie erzählte vor Kurzem beim Abendessen, dass sie sich Sorgen um eine ehemalige Mitschülerin mache, eine Türkin namens Nilüfer. Diese hatte die Schule gewechselt, und Mona hatte sie auf dem Weg von der Schule nach Hause getroffen. »Mutter, sie trägt jetzt ein Kopftuch! Sie sagt, sie sei nun noch mehr Außenseiterin in der Klasse, die deutschen Mädchen und Jungen gucken sie komisch an, als ob sie sich vor ihr fürchten. Sie möchte das Kopftuch nicht tragen, aber ihre Eltern verbieten ihr, ohne Kopftuch das Haus zu verlassen. Ihre Eltern waren schon immer sehr streng, und ich glaube, sie schlagen ihre Kinder auch. Nilüfer sah so traurig aus, kannst du nicht etwas für sie tun?« Ich sagte Mona, dass ich für Nilüfer und ihresgleichen gegen das Kopftuch für Kinder kämpfe und dafür, dass sie an allen Schul- und Sportaktivitäten teilnehmen dürfen. Mona meinte daraufhin: »Das Kopftuch macht so hässlich, und dann spielen die anderen nicht mehr mit einem!«

Ich bin froh, dass meine Töchter in einem Land aufwachsen, in dem Meinungsfreiheit herrscht. In dem sie nicht nur unter einem Kopftuch und Tschador verhüllt hinter ihren Männern – und nie ohne sie – über die Straße gehen können. Ich selbst bin unter der Diktatur des Schahs im Iran aufgewachsen, ich war aktiv in der – illegalen – linken Opposition gegen dieses Regime. Als die Revolution kam, hatten wir Hoffnung auf ein Leben in Freiheit, doch nur für einen sehr kurzen Augenblick. Denn im Gottesstaat wurde die Unterdrückung noch schlimmer, besonders für Frauen. Ich durfte nicht mehr in kurzen Röcken auf die Straße gehen, sondern musste mich verhüllen. Sah die Moralpolizei Haar unter meinem Kopftuch hervorspitzen – und sie fuhr Patrouille, um die Einhaltung der islamischen Kleiderordnung für Frauen zu kontrollieren –, konnte sie mich festnehmen.

Unter dem Schah war es gefährlich, lebensgefährlich, in der verbotenen Opposition aktiv zu sein, aber erst unter Khomeini wurde ich in Abwesenheit zum Tode verurteilt. So floh ich 1980 erst nach Kurdistan, wo ich im Grenzgebiet von Iran und Irak mit vielen Hunderten ebenfalls Geflohener zehn Jahre lang als Partisanin lebte. 1990 war das Jahr meiner zweiten Flucht, diesmal nach Europa. Als ich in Bagdad ins Flugzeug stieg, ahnte ich nicht, dass ich schwanger war. Anita ist in Wien geboren, wie ihre jüngere Schwester Mona sechs Jahre später auch. Und wie immer der Weg der beiden aussehen wird, sie werden ihn mit freien Gedanken in einem freien Kopf gehen. Das ist mir jeden Tag Ansporn für meine politische Arbeit. Meine Töchter sind mir dabei im Herzen nah, aber ich sehe in ihnen auch alle Mädchen, die in eine muslimische Familie geboren werden. Sie alle sollen die Chance bekommen, frei über ihr Leben zu bestimmen.

So dachte ich viele Jahre, in denen ich mich vor allem dem Kampf gegen die Unterdrückung von Frauen in der islamischen Welt, ihrer Unterdrückung unter der Scharia, widmete. Von all dem wird noch die Rede sein, von meinem Leben im Iran, in Kurdistan, in Wien und Köln, von Frauen, die wegen ihrer Sexualität gesteinigt wurden, und von mutigen Kämpferinnen und Kämpfern für die Menschenrechte im heutigen Iran und der islamischen Welt. Mädchen haben ein Recht auf Bildung, sie sollten nicht ins Haus gesperrt werden wie unter den Taliban. Sie haben auch ein Recht auf Schulausflüge und Sportunterricht, das sollte ihnen die Justiz in einer Demokratie erkämpfen, sie nicht allein lassen, wenn ihnen dieses Recht im Namen der Religion verweigert wird, wie in Deutschland.

Das Verbot, schwimmen zu lernen, mag gering erscheinen gegen die Schrecken einer Steinigung. Als ich von den ersten Steinigungen unter dem neuen Regime der Mullahs im Iran hörte, saß ich in einem Lager in den kurdischen Bergen und konnte es nicht fassen. Eine Frau war wegen vermeintlich unkeuschen Verhaltens (Ehebruch oder vorehelicher Geschlechtsverkehr) in einem Dorf auf den Dorfplatz getrieben worden. Dort wurde sie bis über ihre Brüste eingegraben, und ein Tuch wurde über ihren Kopf gelegt. Dann warf die Menge Steine auf sie, der erste kam vom Dorfvorsteher, bis ihr die Haut am Kopf platzte und die Hirnmasse herausquoll. Man warf Steine auf sie, bis sie tot war. Dann wurde sie liegen gelassen.

Berichte wie dieser, mitunter auch von Männern, die gesteinigt wurden, häuften sich. Das war die höchste Form staatlichen Terrors, vor allem gegen Frauen und ihre sexuelle Selbstbestimmung. Doch im Iran und anderen Ländern mit Scharia gilt diese Strafe als gottgewollt, denn sie steht in der von Gott bestimmten staatlichen Gesetzgebung.*

---

* Laut der Gesellschaft für Menschenrechte sieht die Gesetzeslage die Steinigungen in folgenden Ländern vor, Stand 2003: im Iran, in einer Provinz in Indonesien (Aceh), in zwei Bundesstaaten Malaysias (Terengganu, Kelantan), in zwölf Bundesstaaten Nigerias (Bauchi, Borno, Gombe, Jigawa, Kaduna, Kano, Katsina, Kebbi, Niger, Sokoto, Yobe, Zamfara), in Pakistan, Saudi-Arabien, im Sudan und in den Vereinigten Arabischen Emiraten. Jedoch bedeutet die Möglichkeit der Steinigung in den jeweiligen Strafgesetzbüchern noch nicht unbedingt ihre strikte Anwendung. *Quelle:* www.steinigung.org, 27. Juli 2007.

2001 gründete ich das »Komitee gegen Steinigung«, Anlass war eine weitere geplante Steinigung im Iran, die von Maryam Ajubi am 11. Juli 2001. Ich hatte bis zum letzten Augenblick gehofft, dass wir sie retten könnten. Maryam Ajubi war Ingenieurin in einer Ölraffinerie und hatte zwei Kinder, 2001 waren sie acht und sechs Jahre alt. Sie wurde wegen einer außerehelichen Beziehung zum Tode durch Steinigung verurteilt. Außerdem wurde ihr Liebhaber zum Tode verurteilt und hingerichtet, weil er ihren Mann umgebracht haben soll. Eine Scheidung war Maryam Ajubi nicht möglich, da sie eine Frau ist. Die Hintergründe der Tat sind unklar – war es geplanter Mord? War es Totschlag im Lauf eines eskalierten Streits? Das Urteil gegen sie wurde am 11. März 2001 gesprochen.

An diesem Tag starteten wir, das waren exil-iranische Frauen aus Deutschland, Schweden und Großbritannien, eine Kampagne zu ihrer Rettung. Wir kannten uns aus der kommunistischen Opposition gegen den Schah und dem Leben als Partisaninnen in den kurdischen Bergen in den 80er-Jahren.

Ich war so sicher, dass wir ihr Leben retten könnten, ich hatte Kontakt mit Unterstützern im Iran, deren Namen ich um ihrer Sicherheit willen verschweige. Ich sammelte Unterschriften unter Petitionen. Ich hatte mich schon für einige Frauen eingesetzt, die von Steinigung bedroht waren, aber noch nie war mir eine so ans Herz gewachsen. Ich hörte von ihrer Familie, wie Maryam vor Angst im Gefängnis nichts mehr essen konnte, wie sie um ihre Kinder weinte. Ich stellte mir vor, wie sie dort saß, eingekerkert, und darauf wartete, dass man sie eingrub und mit

Steinen zu Tode schlug. Am 11. Juli war ich in London bei Freunden. Dort hörte ich um 16 Uhr in Radio Israel: Maryam Ajubi ist gesteinigt worden. Am Küchentisch meiner Freunde brach ich in Tränen aus.

Alle Menschen hier im Westen, denen ich von Steinigungen erzähle, sind entsetzt, keine Frage. Aber Maryam war mir persönlich nahegekommen, der Schmerz schnitt mir ins Herz, da ich eine Freundin verloren hatte. Zwar war ich ihr nie begegnet, aber meine Kontaktpersonen (deren Namen ich zu ihrer eigenen Sicherheit nicht nennen möchte) erzählten mir am Telefon immer wieder, dass Maryam dadurch Hoffnung geschöpft hatte, dass wir im Westen versuchten, ihr Schicksal bekannt zu machen, und wildfremde Menschen Petitionen für ihr Leben unterschrieben. Ich fühlte mich schuldig. Zu wissen, dass nicht ich sie verurteilt hatte, half nicht gegen dieses Gefühl. Ich hatte getan, was ich konnte, aber das war so wenig gewesen, zu wenig. Zwei Jahre später traf ich eine ehemalige Mitgefangene von Maryam, die es nach ihrer Freilassung als Flüchtling bis nach Deutschland geschafft hatte. Sie erzählte, wie Maryam vor Verzweiflung geweint hatte, als sie hörte, dass das Urteil vollstreckt würde. Als man sie holen kam, war sie ohnmächtig geworden und musste auf einer Trage zur Hinrichtungsstätte im Gefängnishof gebracht werden. Ich weinte wieder, als ich das hörte, ich sah sie förmlich vor mir, schon fast tot vor Angst, aber doch noch lebendig genug, um bis zuletzt zu leiden.

Nach ihrem Tod sprach ich mit einigen Freundinnen, die heute verstreut in England, Schweden und Kanada leben. Meine Idee für ein »Internationales Komitee gegen

Steinigung« fand ihren Beifall. Auch sie kannten die immer gleichen Fragen, den immer gleichen Unglauben bei europäischen und nordamerikanischen Menschen, wenn sie von Steinigungen erzählten. Ich wollte nicht mehr nur auf Todesurteile reagieren, sondern im Vorfeld aufklären. Wir haben den 11. Juli, den Tag von Maryams Hinrichtung, zum internationalen Tag gegen Steinigung erklärt. 2004 gründeten Menschenrechtler unter den Exil-Iranern das »Internationale Komitee gegen die Todesstrafe«, welches sich vor allem für die Abschaffung der Todesstrafe im Iran einsetzt und unter anderem die Hinrichtungen Minderjähriger und Homosexueller anprangert. Ich bin dort ebenfalls Mitglied, und wir koordinieren die Aktivitäten der beiden Organisationen.

Ich bin froh, dass meine Töchter nicht im Iran mit seiner religiösen Diktatur aufwachsen müssen. Doch auch in Deutschland bin ich zunehmend besorgt. Ich weiß, dass die allermeisten Muslime hier, die sich als gläubig bezeichnen würden (und das sind maximal (!) 50 Prozent der Menschen, die gemeinhin als Muslime in Deutschland bezeichnet werden), Steinigungen ablehnen. Nur: Ehebruch und vorehelichen Geschlechtsverkehr sowie Homosexualität sehen die meisten von ihnen trotzdem als etwas an, was gegen Gottes Gebote verstößt und mit dem man die Ehre der Familie verletzt. Als etwas, das bestraft werden muss. Menschen, die das glauben, sind mitverantwortlich für ein Klima, in dem »Ehrenmorde« passieren können. Man kann für das Verbot des Schwimmunterrichts für Mädchen sein und gegen Steinigung, aber es ist bestenfalls naiv, schlimmstenfalls berechnend, die hinter beidem stehende Ideologie des politischen Islam zu leugnen. Es reicht eben nicht, Steinigungen abzulehnen und die Strafe zu mildern, sondern die dahinterstehenden Moralgesetze müssen außer Kraft gesetzt werden. Weder außerehelicher Geschlechtsverkehr noch Schwimmen sind etwas Anstößiges. Politisch nenne ich den Islam deshalb, weil er sich nicht als Religion begreift, die man glauben kann oder eben nicht und die man rein privat ausübt. Sondern weil er sich als einzig wahre Weltordnung versteht, in der weltliche Gesetze nie die gleiche Bedeutung haben können wie die angeblich von Gott gegebenen. Die Scharia umfasst alle islamischen Gesetze, wie sie im Koran stehen und wie sie in den ersten Jahrhunderten nach Mohammed von islamischen Theologen in der sogenannten Überlieferung festgeschrieben wurden. Sie umfassen im Kern das gesamte Ehe- und Zivilrecht und regeln damit das ganze Leben der Menschen. In Einzelfragen gibt es durchaus unterschiedliche Auslegungen, so steht etwa auf Ehebruch nicht in allen »islamischen Ländern« die Todesstrafe. Aber dass die Scharia gilt, darüber gibt es keine Debatte, sie gilt offiziell als Gesetzesgrundlage, einzig die Türkei ist seit Atatürk eine Ausnahme und hat ein nichtreligiöses Gesetzbuch. Der Islam kennt keine Trennung von Staat und Kirche beziehungsweise Religion. Zudem bleibt bei jeder Auslegung der Scharia die rechtlich untergeordnete Stellung der Frau unberührt.

Deshalb bin ich zunehmend besorgt: In den letzten Jahren, langsam, aber unaufhaltsam, wie es scheint, sehe ich sie in den Straßen Kölns: Frauen unter einem Kopftuch, Frauen verhüllt in einen Tschador. Frauen, die hinter ihren

Männern gehen. Frauen, die in Deutschland leben, aber kein Deutsch sprechen. Frauen, die ihren Töchtern weitergeben, was sie gelernt haben: das Kopftuch umzulegen ab dem zwölften Lebensjahr, denn ihr Haar könnte Männer ihren Trieben ausliefern (!), kein Sport, kein Reden mit Jungen. Diese Mädchen haben keine Perspektive im Leben außer der, zu heiraten und Söhne zu bekommen. Dies gilt auch, wenn ihnen unter dem Kopftuch zu studieren gestattet wird, wenn sie Lehrerinnen und Ärztinnen werden. Denn rechtlich, zivilrechtlich in der Scharia, bleiben sie ihrem Mann untergeordnet. Und das alles in einem Land, in dem der *Spiegel* in einer großen Titelgeschichte im Juni 2007 von den »Alpha-Mädchen« schreibt: »Eine junge Frauengeneration macht sich auf den Weg an die Macht – und glaubt nicht mehr an die Versorgung durch die Ehe.« Zu dieser Frauengeneration gehören meine Töchter. Dennoch erzählte mir Anita, wie sie in der Schule, als sie mit 14 ihren ersten Freund hatte, gefragt wurde, wie denn ihre Eltern das sähen. »Die mögen ihn auch«, antwortete sie. Und ihre deutschen Mitschülerinnen und Mitschüler glaubten das nicht so recht: »Bei euch Muslimen ist das doch nicht erlaubt!« »Wie kommst du darauf, dass ich Muslima bin?«, konterte sie.

Ich habe in meinen 17 Jahren in Europa erlebt, wie ich von der »Ausländerin« (obwohl ich seit über zehn Jahren einen österreichischen Pass besitze) in den Augen vieler immer mehr zur »Muslima« wurde. Vor einigen Jahren interviewte mich ein WDR-Fernsehmagazin zu meiner Arbeit als Menschen- und Frauenrechtlerin. Untertitelt wurde ich mit »Mina Ahadi – muslimische Frau«. Wie oft kommt Alice Schwarzer in den Medien zu Wort – aber sie wurde nie betitelt als »christliche Frau«!

All das ging mir durch den Kopf, als ich meine Tochter auf ihrem Bett betrachtete. Ich bin in meinem 50-jährigen Leben weit geflohen vor der Diktatur der Mullahs im Iran. Nun sehe ich den Einfluss des politischen Islam in Deutschland wachsen und nach mir und meinen Töchtern greifen. Und ich sehe meine hier geborenen deutschen Mitbürgerinnen und Mitbürger, die wegschauen, verharmlosen und »tolerant« sein möchten bis zum Preis der Selbstverleugnung. Ich staune, wie leichtfertig sie die ja auch in der europäischen Geschichte schwer erkämpften, individuellen Menschenrechte aufgeben, statt sie zu verteidigen – für alle Menschen, die in Deutschland leben.

Deshalb habe ich mit zunächst 30 mutigen Mitstreiterinnen und Mitstreitern den Zentralrat der Ex-Muslime gegründet, sie gaben ihren Namen für die Kampagne »Wir haben abgeschworen«, 17 erschienen auf dem Kampagnenplakat. Zudem standen uns deutsche Säkularisten und Atheisten solidarisch zur Seite. Wir Nicht-Gläubigen aus den Ländern mit mehrheitlich islamischer Religion und/oder islamischen Diktaturen möchten in diesem Land der Religionsfreiheit endlich wahrgenommen und ernst genommen werden. Meine Töchter und alle Kinder sollen die Freiheit der Wahl, keiner Religion anzugehören, behalten oder erhalten. Im Namen der islamischen Religion verübte Verbrechen sollten nicht länger durch die vermeintlich »andere Kultur« entschuldigt und die Opfer ignoriert werden. Inzwischen ist unsere Zahl auf rund 200 »bekennende Abschwörer« angewachsen. Wir bekamen von Anfang an viele Anfragen aus dem Ausland, woraufhin sich im Lauf des Jahres 2007 Zentralräte der Ex-Muslime in Skandinavien, Holland und England gründeten. Selbst aus arabischen Staaten und dem Iran bekommen wir Zuspruch. Nicht zuletzt »heimliche Atheisten« in diesen Regionen, deren Leben bei Bekanntwerden ihres Nicht-Glaubens in höchster Gefahr wäre, danken uns für die Unterstützung durch unser Bekenntnis.

Wie brisant unser »Outing« als Ex-Muslime sein würde, wusste ich vom ersten Moment, als die Idee entstanden war. Aber erst an diesem Abend, als ich neben meiner Tochter saß, *fühlte* ich die Bedrohung. Während sie eine Sendung über Erdbeben und ihre Entstehung verfolgte, surfte ich im Internet auf einigen Seiten von islamischen Diskussionsforen. Dort fand ich schnell meinen Namen. »Mina Ahadi wird für die erste Steinigung in Deutschland sorgen, denn sie wird selbst die Gesteinigte sein!« »Wer diese Frau vergiftet, ist nur die ausführende Hand Allahs!« Ich musste einen dicken Kloß in meinem Hals hinunterschlucken und merkte, dass mein Puls sich beschleunigt hatte. Ich spürte die Angst körperlich und schaute sogar kurz zur Tür. Natürlich würde diese nicht aufgehen und eine wilde Meute hereinstürmen, jeder mit einem Stein bewaffnet, »nicht so groß, dass die verurteilte Person nach ein bis zwei Steinwürfen stirbt, aber auch nicht so klein, dass man sie nicht als Steine bezeichnen könnte«, wie es im iranischen Gesetzbuch steht.

Aber ich war nicht immun gegen diese Bedrohungen. Schon die Vorstellung, dass irgendwo da draußen Menschen waren, die mir und meiner Familie aus tiefstem

Herzen den Tod wünschten, war beängstigend und wirkte wie ein heftiger Schlag in den Magen. War meine politische Arbeit wirklich wert, das Leben meiner Töchter zu gefährden?

»Was schaust du mich so an?«, fragte Anita, und dann, als hätte sie meine Gedanken geahnt: »Ich bin stolz auf dich und deine Arbeit! Du hast geholfen, Leben von Frauen zu retten, die im Iran zum Tode verurteilt waren, nur, weil sie einen Liebhaber hatten oder ihren Vergewaltiger in Notwehr getötet haben. Das ist ein Leben unter Polizeischutz wert!« »Und ich bin stolz auf dich«, antwortete ich, »weil du das Risiko und die Einschränkungen mitträgst.« »Für ein freies Leben!«, sagte sie ernst und sah mich mit dem ganzen Pathos ihrer 17 Jahre an. Das war ihr dann aber doch zu viel, und sie lachte mich an: »Wir schaffen das.« Es tat mir gut, dass sie mich an meine Grundsätze erinnerte und daran, dass ich keinen leeren Parolen folgte, sondern aus meinem Herzen geborenen Überzeugungen. Und es tat mir weh zu sehen, wie viel von den Grausamkeiten, die Menschen Menschen antun, sie schon kannte. Denn sie ist in einem Haushalt aufgewachsen, wo die Erwachsenen fiebern, ob eine Hinrichtung doch noch ausgesetzt wird, um Gehängte weinen oder feiern, wenn ein Todesurteil umgewandelt wird.

Gerade deshalb werde ich weiterhin alles tun, um meinen Töchtern ein Leben unter dem Kopftuch und mit Zwangsheirat zu ersparen. Denn die Opfer des politischen Islam sind schon Millionen: muslimische Frauen in aller Welt. Wir sollten anfangen, ihnen in Deutschland eine Alternative anzubieten. Für Frauen wie Männer mag es bedrohlich sein, die sichere Welt der gottgewollten Regeln zu verlassen, die das gesamte Leben von der Wiege bis zur Bahre genau vorschreiben. Zudem beinhaltet islamische Erziehung, schon Kindern zu sagen, dass jede Abweichung Sünde ist. Es ist deshalb schwer vorstellbar, wie Kinder und selbst Erwachsene daraus die Idee des freien Willens positiv besetzen sollen. Die Schreiber der Hass-E-Mails gegen mich glauben, dass sie damit etwas Gutes tun, weil ihr Hass Gottes Wille ist, und sie glauben, durch diesen Hass dem Paradies näher zu kommen. Ihr diesseitiges Leben ist ausgerichtet auf die Erlangung eines Platzes im Paradies, sie wollen der drohenden Gefahr ewiger Höllenfeuer entkommen. Um einen freien Willen zu entwickeln, muss man aber das Diesseits als Mittelpunkt nehmen, Verantwortung übernehmen wollen, dass Menschen das Leben im Hier und Jetzt gut gestalten. Deshalb habe ich Hölle und Gott, diese untrennbare Einheit, über Bord geworfen. Ich habe abgeschworen.

Der Islam meiner Kindheit im Iran

Mein Engagement im Zentralrat der Ex-Muslime wird ebenso wie mein Engagement gegen Steinigung und Todesstrafe von meiner Analyse der politischen Situation bestimmt und davon, was der politische Islam konkret bei den Menschen, allen voran den Frauen, anrichtet. Ich greife dabei auch den deutschen Multi-Kulti-Gedanken an, wo er die klare Sicht auf eine kritische Auseinandersetzung mit einer anderen Kultur trübt.

Jeden Menschen prägt seine kulturelle Herkunft, seine ganz persönliche Lebensgeschichte in seinem kulturellen Umfeld, also auch mich. Ich bin in einer islamischen Kultur groß geworden. Unter der Diktatur des Schahs kamen zwar westliche Technologien in den Iran, konnten westliche Freizügigkeiten in den großen Städten ansatzweise ausgelebt werden, aber freies Denken wurde in keiner Weise gefördert. Natürlich nicht, denn Meinungsfreiheit und kritisches Denken unterdrückt jede Diktatur. Das aber hat letztlich, und zwar mit voller Unterstützung des Westens, allen voran der USA und Großbritanniens, den Boden bereitet, als Khomeini die Unzufriedenheit des Volkes perfekt zu nutzen wusste zur Etablierung seiner Theokratie. Denn er verhieß die Zugehörigkeit zur Umma, der Gemeinschaft der Gläubigen, und erklärte jeden Zweifler im Land und den Westen insgesamt zum Feind.

Ich möchte an dieser Stelle erzählen, wie ich mit der Religion groß geworden bin, um meinen kulturellen Hintergrund und den des iranischen Volkes vor der Revolution zu beleuchten. Denn ich fühle mich diesen Menschen nach wie vor sehr verbunden und möchte alles tun, damit die im Iran lebenden Menschen eine Zukunft in Freiheit erleben werden.

Allah ist immer da und sieht alles. Das war für mich als kleines Mädchen von Anfang an eine Tatsache, so wie die, dass man das Wasser im Fluss holen musste. Die Existenz Allahs wurde nicht diskutiert. Es wurde überhaupt nicht diskutiert mit Kindern. Religion war ständig präsent, dennoch war sie auch etwas Beiläufiges, weil sie so selbstverständlich zu sein schien. Ich kannte zunächst niemanden ohne oder mit einer anderen Religion. Religion bestimmte den Lebensweg, aber da es keine Alternative zu geben schien, dachte ich nicht darüber nach. Allah war eine Tatsache, man betete fünfmal am Tag und hielt den Ramadan ein, Mädchen wurden ab der Pubertät in der Öffentlichkeit in einen Tschador gehüllt, verheiratet und zogen zu ihrem Mann und bekamen (hoffentlich) Kinder.

Ich erinnere mich, wie ich im Alter von fünf Jahren mit anderen Kindern in unserem Hof spielte, es waren meine ältere Schwester und einige Cousinen. Eine Tante trat heran und stoppte unser Spiel. Was sie zu mir und meiner Schwester sagte, weiß ich noch genau: »Euer Vater ist gestorben.«

Ich wusste nicht, was Sterben war, also fragte ich sie danach. Sie antwortete, mein Vater sei auf seiner letzten Reise. Die Fotos mit ihm wurden von meiner Mutter weggeräumt, und ich ahnte, dass Vater von dieser Reise nicht wiederkehren würde. Es war in unserer Kultur nicht üblich, Kindern etwas zu erklären. Allah hatte Vater zu sich genommen. Dass es ein Leben nach dem Tod gab, eines im Paradies oder in der Hölle, wenn man nicht Allah zu Gefallen gelebt hatte, auch das wusste ich einfach. Die Toten hatten viel Macht, ihre Geister waren immer unter uns. Einmal in der Woche, am Donnerstag, gingen die Frauen der Familie mit uns Kindern auf den Friedhof und beteten dort in einem Gebetsraum. Viele der Frauen weinten und riefen die Toten an. Die Toten waren bei uns und sahen alles. Man war nie unbeobachtet, weder von Allah noch von den Toten.

Meine Familie lebte in einem kleinen Dorf im nordöstlichen Teil des Iran, im Grenzgebiet zu Aserbaidschan. Es gab genau eine Dorfstraße, von der rechts und links die Häuser abgingen. Sie bestand aus festgetretenem Lehm und mündete auf eine große, geteerte Bundesstraße, unser Tor zur Welt. Nach Teheran kam man mit einer vierstündigen Busfahrt. Die Landschaft rund um Abhar, so der Name des Dorfes, war flach und trocken. Im Sommer war es monatelang heiß, manchmal herrschte Dürre, und das Wasser wurde knapp. Die Winter waren sehr kalt, und wir hatten immer zwei bis drei Monate Schnee. Trauben wuchsen in unserem Dorf, daraus machten wir Saft und trockneten sie für den Winter. In unseren zwei Zimmern hing die ganze Decke voll mit Schnüren, an denen die Trauben zum Trocknen hingen. Milch, Käse und Joghurt holten wir vom Nachbarn, der zwei Kühe hatte. Es gab auch ein paar kleine Geschäfte, doch ab dem zwölften Lebensjahr wurden Mädchen und Frauen dort nicht gern allein gesehen. Ich erinnere mich noch gut, wie meine Mutter Schuhe kaufte: Ihr Bruder brachte ihr vier oder fünf Paar mit, und sie probierte sie zu Hause an. Wenn ein Paar passte, behielt sie das, und ihr Bruder brachte die restlichen zurück in das Geschäft.

Nach dem Tod meines Vaters waren wir zur Familie seines Bruders in ein anderes Haus umgezogen. Meine Mutter durfte nicht mit den Kindern alleine wohnen, dass der nächste männliche Verwandte meines Vaters sich ihrer annahm, entsprach Tradition wie Religion und war der Lauf der Dinge, nichts, was man hinterfragte.

Meine Mutter und wir vier Kinder lebten in zwei Räumen. Sie gingen zum Hof hinaus, der die Teile des Hauses in einem Rechteck miteinander verband. Der Hof war der Mittelpunkt des Familienlebens, hier saßen die Frauen der Familie, also meine Mutter, meine Tante und wir Töchter, und bereiteten die Mahlzeiten vor, während die kleineren Kinder spielten. Wir bekamen Getreide von einem Bauern zwei Häuser weiter. Das Brot wurde zu Hause in einem Feuerofen gebacken, große dünne Weißbrotfladen. Der Hof war vor allem Frauenreich, denn Haus und Hof verließen sie nur mit einem triftigen Grund, für einen Gang zum Markt oder aufs Feld oder in die Moschee.

Die Wurzeln meiner Familie sind aserbaidschanisch, zu Hause und in der Stadt haben alle Menschen Türkisch gesprochen. Dieses aserbaidschanische Türkisch ist meine Muttersprache. In der Schule mussten wir alle Persisch sprechen. Ich hatte Glück, durch regelmäßige Besuche in Teheran bei meinem Großvater hatte ich Persisch schon als Kind gelernt. Aber die meisten Kinder mussten plötzlich in der Schule als Erstes eine fremde Sprache lernen, denn es war uns dort verboten, Türkisch zu sprechen.

Der Iran ist ein Vielvölkerstaat, heute sind rund 51 Prozent der Bevölkerung Perser, 24 Prozent Aserbaidschaner, 7 Prozent Kurden, dazu kommen Araber, Juden und weitere Minderheiten. Persisch ist nach wie vor die Amtssprache, wird aber nur von 58 Prozent der Menschen im Alltag gesprochen. Schon unter der Diktatur des Schahs sollten wir uns alle als Iraner begreifen und deshalb alle dieselbe Sprache sprechen.

Da Aserbaidschan zum Teil auch in der Sowjetunion lag, gab es immer verwandtschaftliche Verbindungen der aserbaidschanischen Bevölkerung im Iran und dem Sowjetreich. Mein Großvater väterlicherseits hat eine Sowjetbürgerin geheiratet, sie war Bolschewistin. Da der Schah sich mit dem Westen verbunden hatte, war der Kommunismus bei Oppositionellen im Iran besonders populär. Die Teilung von Aserbaidschan in Iran und Sowjetunion ging durch die Familien hindurch, Geschwister konnten sich nur schwer besuchen, ihre Kinder sprachen in der Schule Russisch oder Persisch. Iranische Arbeiter gingen schon lange in die aserbaidschanische Hauptstadt Baku und arbeiteten dort in den Fabriken als Gastarbeiter. Sie brachten die Ideen von Marx und Engels mit nach Hause. Schließlich bildete sich im Zweiten Weltkrieg die Tudeh-Partei, die sich kurz darauf Kommunistische Partei des Iran nannte. Gegen ihren Einfluss unterstützen die USA den Schah, an Gotteskrieger dachte damals noch kein Politiker. Auch in der Familie meines Vaters waren viele Mitglieder der Tudeh-Partei, bis hin zu meinem Großvater. Die religiöse Tradition stand im Alltag neben vielen kommunistischen Strömungen der Opposition, in dieser Mischung bin ich aufgewachsen.

Doch so wenig der Kommunismus seinen Ursprung im Iran hatte, so wenig kann man das vom Islam behaupten. Was die religiösen Kräfte in der Revolution von 1979 aber taten: Mit dem Diktat des Islam würden sie den Iran zu seinem Ursprung zurückführen. Aber der Islam hatte sich durch einen kolonialen Eroberungsfeldzug bis nach Persien ausgedehnt. Im siebten Jahrhundert kamen die Eroberer in der Nachfolge Mohammeds bis in das Gebiet des heutigen Iran, 642 unterlagen die herrschenden Sassaniden. Bis zum Jahr 900 war der Islam die tonangebende Religion im einstigen Perserreich geworden.

Den Briten ging es tausend Jahre später um die Macht über das Erdöl und darum, ein Bollwerk gegen die Sowjetunion zu bilden, als sie Reza Khan 1921 bei seinem Staatsstreich gegen die Dynastie der Kadscharen unterstützten. Religion oder Menschenrechte spielten keine Rolle. Rheza Khan war ein Diktator, aber er erlaubte den Schulbesuch auch für Mädchen, sein Vorbild war Atatürk in der Türkei. Er verbot auch das Tragen von Kopftüchern, dieses vermochte er jedoch nicht durchzusetzen. Zwar war ein nicht geringer Teil der Bevölkerung, der vor allem in den großen Städten wohnte, westlich orientiert, aber die Mehrheit der Traditionellen setzte sich durch. Sein Sohn Mohammad Reza musste das Verbot sofort nach seiner Machtübernahme 1941 einschränken, nur in öffentlichen Ämtern mussten Frauen weiterhin ihr Kopftuch ablegen. Der Islam war Bestandteil des Alltags, aber noch benutzte ihn niemand zum Ausbau seiner eigenen Macht.

Im Alltag regelte der Islam traditionell trotz des nun möglichen Schulbesuchs für Mädchen das Leben in engen Bahnen: Meine Großmutter, die Mutter meiner Mutter, war zwölf Jahre alt, als sie von ihrer Tante, der Schwester ihrer Mutter, eines Tages von ihrer Arbeit im Hof weggeholt wurde. Sie wurde ins Haus, in den Wohnraum gebracht, der auch als Küche und Schlafraum der Kinder diente. »Du wirst morgen heiraten. Dein Vater hat einen guten Mann für dich gefunden«, wurde der 12-Jährigen von ihrer Mutter eröffnet. Meine Großmutter hatte keine besonders klare Vorstellung davon, was nun auf sie zukam. Aber sie wusste, dass sie in das Haus und die Familie ihres Mannes wechseln würde, ab morgen würde sie bei fremden Menschen leben und den Haushalt machen. Einer 12-Jährigen macht so etwas Angst, wohl in jeder Kultur. Doch wusste meine Großmutter, was von ihr erwartet wurde – und sie hätte auch keine Alternative gekannt. So behielt sie ihr flaues Gefühl im Magen für sich. Sie wusste, dass keine Entscheidung von ihr erwartet wurde, sondern tugendhafte Folgsamkeit. Sie schwieg also, was als die angemessene Form galt, Zustimmung zu zeigen, und wurde am nächsten Tag die Frau meines Großvaters. Sie bekam drei Kinder, doch mein Großvater verließ die Familie nach zehn Jahren. Er ging nach Teheran, ließ sich scheiden und lebte dort allein. Meine Großmutter lebte bis zu ihrem Tod bei uns. Auch das war das, was von ihr als geschiedener Frau erwartet wurde.

Meine Mutter war 15 Jahre alt, als sie mit meinem Vater verheiratet wurde. Auch sie hatte ihren zukünftigen Ehemann nie gesehen, bevor man ihr verkündete, sie werde heiraten. Auf der Hochzeitsfeier, die die beiden Familien organisiert hatten, begegnete meine Mutter ihrem Bräutigam ebenfalls noch nicht. Sie wurde nach der Feier in ein Schlafzimmer im Haus der Schwiegereltern geführt und dort allein gelassen für die Hochzeitsnacht. Dort wartete sie auf ihren Mann. Was sie erwarten würde, wusste sie nicht, aber dass es bedeutsam war, spürte sie. Ihr war gesagt worden, dass ihr Ehemann zu ihr kommen würde und dass sie für ihn bereit sein müsse. Sie wusste, dass »es« auf der großen Matratze in der Mitte des Raumes geschehen würde, die alle Blicke und Aufmerksamkeit magisch auf sich zog. Als sie mir das vor erst wenigen Jahren erzählte, meinte sie, jeder Mann hätte hereinkommen und alles mit ihr machen können – denn sie hätte ja geglaubt, es sei ihr Ehemann, und ihm willig zu sein erwarteten die Familie und Allah von ihr. Sie lachte, als sie dies erzählte, die Ungeheuerlichkeit der Situation erschien ihr im Nachhinein auf eine zynische Weise komisch. Dann ergänzte sie, dass sie meinen Vater auf ihre Art geliebt habe, dass er gut und verständnisvoll gewesen sei. Das hieß vor allem, dass er nicht gewalttätig war wie manch andere Männer.

Es ist schon an vielen Stellen gesagt und geschrieben worden, niemand kann es wohl mehr leugnen: Im Islam ist die Frau dem Mann untertan, sie ist zunächst Eigentum ihres Vaters und dann ihres Ehemannes. Eine Frau hat ohne Vater oder Mann oder den Bruder des Mannes, wie im Fall meiner Mutter nach dem Tod meines Vaters, kein eigenes Leben. Es geht nicht nur darum, dass Frauen den Mann heiraten müssen, den sie von ihren Eltern zugewiesen bekommen, es geht darum, dass sie *überhaupt* heiraten müssen. Schon das ist unvereinbar mit einer Gesellschaft, die auf der Freiheit der Wahl beruht, die jedes Individuum hat.

Mir haben deutsche Freunde erzählt, dass auch die Frauen in Deutschland noch bis zum Zweiten Weltkrieg in vielen ländlichen, traditionellen und stark von der Kirche geprägten Regionen ohne Heirat nur ein Anhängsel der Familie blieben, alte Jungfern. Eine Alternative war der Gang ins Kloster. Ein solches Leben können sie sich für sich und ihre Töchter nicht mehr vorstellen. Für die Klassenkameradinnen der Töchter, tragen diese nur ein Kopftuch, scheint es aber gut genug zu sein. Das mag hart klingen, aber mir scheint es manchmal tatsächlich so zu sein.

Ich habe nur wenige Erinnerungen an meinen Vater. Tote werden im Iran stark idealisiert, sodass ich auch kaum etwas von meiner Mutter über ihn erfahren werde, was auf einer kritischen Sicht basiert. Er war Lehrer in unserer kleinen Dorfschule, so war ihm wie auch meiner Mutter immer wichtig, dass wir Kinder, auch die Mädchen, die Schule besuchten. Dass ich vor einem Abschluss, vor dem Abitur, verheiratet würde, musste ich nicht befürchten, auch nicht von meiner Mutter nach dem Tod meines Vaters. Die Öffnung der Schulen für Mädchen durch den Schah, der gleichzeitig das Land aussaugte und Reichtum anhäufte, während die Menschen arm blieben, hat mir den ersten Schritt auf dem Weg aus meiner traditionell vorbestimmten Rolle ermöglicht.

Gerade deshalb kann ich immer noch schwer glauben, dass in Deutschland hingenommen wird, wenn Eltern ihre Töchter »aus religiösen Gründen« vom Sportunterricht fernhalten. In der Geschichte des 20. Jahrhunderts mussten sich Frauen das Recht auf Bewegungsfreiheit auch im Sport Schritt für Schritt erkämpfen. Frauen auf dem Fahrrad, auf dem Tennisplatz, bis hin zur neuolympischen Disziplin Frauenfußball 1996, immer ging es gegen männliche Widerstände und Vorurteile. Gesundheitsministerin Ulla Schmidt nennt 2007 den Sport »gleichwertig wichtig allen anderen Schulfächern«. Also ist das Recht auf Bildung berührt, welches den Mädchen im Namen des Islam mit dem Sportunterricht verwehrt wird. Und mit welchem Argument sollten im nächsten Schritt Befreiungen von einem als »unislamisch« empfundenen Biologie- oder Geschichtsunterricht verwehrt werden?

Jedes Jahr gab es im Iran die Feiern zum Todestag von Hussein. Dazu muss man etwas aus der Geschichte des Islam wissen, die Abspaltung der Schiiten, wie sie im Iran leben, von der Mehrheit der Muslime, den Sunniten. Nach Mohammeds Tod im Jahr 632 brach Streit um seine Nachfolge aus. In Mekka wurde Abu Bakr, ein Gefährte Mohammeds, zum ersten Kalifen gewählt, doch Ali, ein Vetter Mohammeds und Ehemann seiner Tochter Fatima, eroberte 656 die Macht. Er wurde 661 ermordet, das Kalifat fiel an die Dynastie der Omaijaden, die in Damaskus lebten. Alis Sohn Al-Hussein ibn Ali verweigerte die Gefolgschaft und wurde mit seinem Bruder Abbas und ihren Gefolgsleuten bei Kerbala in eine Falle gelockt. Laut Überlieferung kämpften sie zehn Tage erbittert gegen ihre

Feinde, bis sie niedergemetzelt wurden. An diesen Kampf und den Opfertod Husseins, des ersten Schiiten, wird im Iran alljährlich gedacht. Feierlicher Abschluss der Festtage sind häufig Umzüge, bei denen sich viele Männer auf Brust und Rücken geißeln.

Wir Mädchen hatten in diesen Tagen mehr Freiheit und konnten noch abends ohne Begleitung auf die Straße, wir konnten bis Mitternacht unterwegs sein mit unseren Freundinnen. Mädchen ab dem 12. Lebensjahr natürlich im Tschador – aber wir konnten sogar mit Jungen auf der Straße sprechen. Die religiöse Seite des Festes war mir immer ein bisschen fremd. Ich erinnere mich, ich war neun Jahre alt, da ging ich mit in die Moschee, und ein Mullah erzählte die Geschichte von Hussein und seinem Tod. Alle weinten, die Männer haben sich gegeißelt – und ich verstand nicht, warum das alles so traurig sein sollte. Ich war die ganze Zeit mit dem Versuch beschäftigt, ein paar Tränen aus meinen Augen zu pressen, da alle zu weinen schienen, aber es ist mir nicht gelungen. Einmal erklärte der Mullah, dass man, wenn man in Nadjaf stirbt, der Stadt, in der Hussein begraben ist, sofort ins Paradies kommt. Also dachte ich mir: Gut, ich werde mein Leben leben, und wenn ich merke, dass mein Tod bevorsteht, gehe ich schnell nach Nadjaf, um zu sterben. Ich wollte nicht in die Hölle. Denn die Vorstellung von der Hölle war entsetzlich. Der Koran gibt selbst eine Furcht einflößende Beschreibung der Hölle. Satan ist ein gefallener Engel, der sich weigerte, vor Adam niederzuknien, da dieser doch nur aus Lehm sei. Satan gab Allah Widerworte. Deshalb schickte Allah ihn aus dem Paradies in die Hölle. Und nun versucht Satan, die Nachkommen Adams vom rechten Weg abzubringen. Es gibt für die Menschen keinen Ausweg: Wer an Gottes Geboten auch nur zweifelt, begibt sich schon in die Arme Satans und des ewigen Höllenfeuers. Ich las als Jugendliche nach, in einer Koranausgabe mit klein gedruckter persischer Übersetzung unter dem arabischen Text: Ich fand die Sure 11,107–108: »Die Unglücklichen werden in das Höllenfeuer kommen, und dort wehklagen und seufzen und ewig darin bleiben, solange die Himmel und die Erde dauern, oder dein Herr müsste es anders wollen; denn dein Herr tut, was er will.« Auch andere Stellen besagen, dass der Tod in der Hölle von allen Seiten käme, aber nie eintreffe, es war einfach ein Ort unvorstellbarer Verdammnis.

Die Furcht vor der Hölle bestimmt das Leben eines Muslims. Und je mehr der politische Islam erstarkt, desto mehr trichtert er den Menschen diese Furcht ein. Der Hölle kann nur entkommen, wer unhinterfragt und bedingungslos Gottes Geboten folgt und damit seinen Mullahs auf Erden – egal ob im Iran, im Sudan oder in deutschen Moscheen. Das ist das Wesen des politischen Islam, und das macht ihn so mächtig. Man kann es auch einfach eine radikale Gehirnwäsche nennen, der Kinder von Anfang an unterzogen werden, wenn wir ihnen nicht die Chance geben, außerhalb dieser Welt des blinden Gehorsams die Kraft der Freiheit und der Wahlmöglichkeiten und den Wert der Menschenrechte kennenzulernen.

Im Ramadan haben wir gefastet und sind um vier Uhr morgens aufgestanden. Dann wurde gegessen und tagsüber gefastet und abends wieder sehr reichlich gegessen.

Abends wurde von den Frauen noch das Essen für den nächsten Tag vorbereitet. Im Ramadan waren die Speisen sehr vielfältig, tagsüber musste man zwar enthaltsam sein, aber jede Nacht gab es zweimal einen Festschmaus. Dieser Fastenmonat ist keine Zeit der Besinnung, sondern es geht wiederum um Folgsamkeit. Dank der üppigen Mahlzeiten und vor allem des Verbots der Flüssigkeitszufuhr auch an heißen Tagen ist das Ramadan-Fasten zudem alles andere als gesund. Da ich als Kind sehr kränklich war, musste ich das Fasten nie ganz streng einhalten, sondern durfte mittags etwas trinken und eine Kleinigkeit essen, denn meine Mutter war sehr pragmatisch eingestellt. Sie beschloss einfach, dass das für kranke Kinder erlaubt sei, ohne dass das Fastengebot damit gebrochen würde.

Mein Onkel, der im selben Haus wohnte, hat häufig aus dem Koran gelesen, über die fünf täglich vorgeschriebenen Gebete hinaus. Er stand dazu mit dem Gesicht Richtung Mekka und wiegte sich ganz leicht zum arabischen Singsang, den wir natürlich nicht verstanden. Ich fand diese eintönigen Laute unheimlich, und die feierliche Atmosphäre, die meinen Onkel bei seinem Gebet umgab, schüchterte mich ein. In meinen Ohren ist Arabisch eine schöne Sprache, aber wenn ich zum Beispiel heute im Fernsehen in einem arabischen Sender höre, wie aus dem Koran rezitiert wird, schaudert es mich immer noch. Auch ich musste Teile des Korans auswendig lernen, in der Schule jeden Tag eine halbe Stunde und zu Hause bei jedem Gebet. Es war einfach ein Nachsprechen von Lauten, die ohne jeden Sinn und Inhalt waren, nichts anderes.

Kirchen und Moscheen – Religionsfreiheit in Deutschland

In Deutschland ist die Trennung zwischen Staat und Kirche nicht so klar wie zum Beispiel in Frankreich. Der Staat zieht die Kirchensteuer ein und der Religionsunterricht an den Schulen wird nach kirchlichen Lehrplänen gegeben – Kinder jeder Religion und Konfession lernen so, schön getrennt voneinander, »ihre« Religion als die wahre kennen, ohne über die Inhalte anderer Religionen aufgeklärt zu werden oder etwas über den Atheismus zu erfahren.

Die Kirche als Arbeitgeberin kann nicht nur von Priestern einen Gläubigkeitsnachweis fordern, sie darf unter kirchlichem Arbeitsrecht von ihren Mitarbeitern das Befolgen von kirchlichen Regeln erwarten, die im Berufsleben keine direkte Rolle spielen.

Wer bei einem katholischen kirchlichen Träger zum Beispiel im sozialen Bereich (!) arbeitet, sich scheiden lässt und wieder heiratet, kann von seinem Arbeitgeber ebenso entlassen werden wie die Ärztin oder der Krankenpfleger, die oder der in einem katholischen Krankenhaus arbeitet und sich gleichgeschlechtlich verpartnern lässt.* Die Kirchen sind wie Inseln, auf denen Diskriminierungen erlaubt sind, die sonst in Deutschland nicht denkbar wären. Kirchenvertreter in Deutschland, egal ob evangelisch oder katholisch, kommen zu fast allen gesellschaftlichen Fragen prominent in den Medien zu Wort, äußern sich zur Stammzellenforschung ebenso wie zur Homosexualität und auch zu Fragen des Islam. Eine unheilige Allianz schließen die Kirchen mit den Islamverbänden in Sachen Religionsunterricht: Um die eigene Hoheit über den konfessionellen Unterricht an staatlichen Schulen zu behalten (und zu zementieren), unterstützen sie deren Bestreben nach einem eigenen Islamunterricht.

Statt endlich einen Ethikunterricht in den Schulen einzurichten, in dem Kinder aller Religionen und religionslose Kinder gemeinsam etwas über Grundrechte und ethisches Handeln lernen, statt also Kinder verschiedenster familiärer Glaubenshintergründe diese Chance zur Integration zu geben, rufen die christlichen Kirchen nach einem islamischen Religionsunterricht parallel zu ihrem Privileg des katholischen und evangelischen Unterrichts.

Religion ist »in«. Die Bundeskanzlerin, und dabei ist sie nicht allein, möchte die »christlichen Wertvorstellungen« in einer möglichen europäischen Verfassung verankert sehen, und der Innenminister lädt ein zu einer Islamkonferenz, auf der Vertreter religiöser Gruppen für Millionen

---

* Vgl. die Erklärung des Ständigen Rats der Deutschen Bischofskonferenz vom 24.06.2002 zur Unvereinbarkeit von Lebenspartnerschaften nach dem Lebenspartnerschaftsgesetz mit den Loyalitätsobliegenheiten nach der Grundordnung des kirchlichen Dienstes im Rahmen kirchlicher Arbeitsverhältnisse: http://backoffice.bistumlimburg.de/Static/Old/media/upload/08amt02.pdf

Einwanderer sprechen sollen. Als Ausländer bleibt man in Deutschland der und die Andere, als Muslim wird man eingeladen, am Religionstisch Platz zu nehmen. Die christlichen Kirchen sind in Deutschland überall präsent: 2005 gehörten 30,8 Prozent der deutschen Bevölkerung der evangelischen, 31 Prozent der römisch-katholischen Kirche an.* Das sind immerhin fast zwei Drittel der Bevölkerung. Religion ist auch in Deutschland keine reine Privatsache. Deshalb macht es so viel Sinn, auch zum Atheismus ein Bekenntnis abzulegen.

Viele Deutsche, die einmal getauft wurden, treten im Lauf ihres Lebens aus der Kirche aus. Ein Verwaltungsakt. Aber auch die türkische und türkischstämmige Bevölkerung ist nicht so religiös, wie die aktuellen Debatten um Islamkonferenz und Moscheenbauten vielleicht vermuten lassen: Nach einer Umfrage des Zentrums für Türkeistudien bezeichnen sich 28 Prozent der 1 760 000 Türken in Deutschland als »sehr religiös«, 55 Prozent als »eher religiös« und rund ein Drittel gab an, selten oder nie eine Moschee zu besuchen.**

Ausgerechnet am Bau einer Moschee entzündete sich die Diskussion um die Integration »der Muslime« und Toleranz gegenüber dem Islam beispielhaft in Köln. Schon vor Jahren war der Bauantrag der DITIB, der Türkisch-Islamischen Union der Anstalt für Religion e. V., genehmigt worden. In einem Wettbewerb gewann der nun disku-

---

* Wikipedia am 29. September 2007: http://de.wikipedia.org/wiki/Konfessionslosigkeit.

** *Süddeutsche Zeitung*, 11. April 2007.

tierte Entwurf des Architekten Böhm. Mitte 2007 spitzte sich die Diskussion auf die Höhe der Minarette zu: Dürfen es mehr als 50 Meter sein? Vertreter der Bürgerbewegung »Pro Köln« meinen: »Es drohen gravierende Lärmbelästigungen, Massenaufmärsche, Parkplatzprobleme und lautstarke, sich ständig wiederholende orientalische Lautsprecherdurchsagen sowie eine Menge sozialer Sprengstoff.«*
Beides geht am Kern des Problems vorbei. Während Pro Köln primitive Ängste vor »den Fremden« anspricht, zeigt die Debatte um die Höhe der Minarette, dass der symbolische Gehalt einer Großmoschee als Ausdruck der Macht durchaus verstanden wird – wie bei dem Bau von Kathedralen. Dabei ist es kaum vorstellbar, dass die Befürworter des Moscheebaus aus der Multi-Kulti-Fraktion für neue christliche Kirchen auf die Straßen gingen. Die Frage nach der Höhe verdeckt aber gerade die darunterliegende Kernfrage: Inwieweit wird mit dieser Moschee, sowohl symbolträchtig wie auch ganz real, ein Raum geschaffen, in dem die Parallelgesellschaft nach ihren eigenen Gesetzen lebt? Weshalb sollte das eine freie Gesellschaft zulassen? Denn ohne diese Moschee ist das Beten nicht verboten, zumal es in Deutschland schon über 2900 Moscheen gibt, einige Dutzend davon in Köln. Necla Kelek schreibt in einem Artikel vom 5. Juni 2007 in der *FAZ*: »Die Architekten haben geliefert, was ihre konservativen Auftraggeber wollten: ein politisches Statement des Islam in Beton.« Ich kann mich dem nur anschließen, ebenso wie ihrer Einschätzung, dass mit der Moschee, in der auch das soziale

* http://www.pro-koeln-online.de/stamm/moscheebau.htm, 2. August 2007.

Leben (einschließlich Einkaufen, Frisörbesuch und Koranschule) stattfindet, eine Parallelgesellschaft zementiert wird. Schon Kinder lernen in Moscheen die Abgrenzung von der deutschen Gesellschaft, die eine der Unreinen sei und somit eine satanische Verlockung darstelle. Das erinnert seltsam an Pro Köln, deren Beschreibung der »lärmenden, in Massen auftretenden Fremden«, gegen die wir guten Deutschen (beziehungsweise Kölner) uns zu unserer Sicherheit abgrenzen sollten. Wir die Guten, ihr die Feinde.*

Statt über neue Moscheen zu diskutieren, sollten alle in dieser Gesellschaft Deutschkurse für Einwanderer fördern, soziale Probleme in den Familien offen angehen und die rechtlichte Gleichstellung der Frau umsetzen. Ganz einfach. In Deutschland sind diese Werte im Grundgesetz verankert. Aber sie brauchen Menschen, die sie konsequent einfordern und umsetzen, jeden Tag. Und zwar ohne Rücksicht auf eine vermeintliche kulturelle Identität, die Integration in einer Kultur der Gleichberechtigung nicht verträgt!

Religionskritik in der Islamkritik

Meine Kritik am Islam lässt sich zu Teilen auf alle Religionen übertragen. Die christlichen Kirchen in Deutschland haben, nimmt man die Medien als Gradmesser,

* Auf http://www.pro-koeln-online.de/stamm/moscheebau.htm am 29. September 2007. Pro Köln setzt sich auf ihrer Homepage auch gegen »Roma-Klau-Kids«, Straßenstrich und Ausländerbanden ein. Pro Köln wird vom nordrhein-westfalischen Verfassungsschutz beobachtet: *FAZ*, 5. Dezember 2007.

scheinbar die höchste Kompetenz, zu ethischen Fragen Stellung zu beziehen. Der große Unterschied der christlichen Religionen zum Islam ist der, dass Erstere die Aufklärung erlebt haben – oder besser gesagt, über sich ergehen lassen mussten. Denn entgegen dem aktuellen Eindruck, gerade die Kirchen seien die Wiege der Menschenrechte und der Ethik, verbreiteten sich diese Ideen der Aufklärung tatsächlich gegen den erbitterten Widerstand der Kirchen. Zur Erinnerung: Das erste Gebot im Buch Exodus des Alten Testaments lautet: »Du sollst neben mir keine anderen Götter haben. (…) Denn ich, der Herr, dein Gott, bin ein eifersüchtiger Gott: Bei denen, die mir Feind sind, verfolge ich die Schuld der Väter an den Söhnen, an der dritten und vierten Generation (…).« Das Prinzip aller vermeintlich göttlichen Glaubenssätze ist das eines absoluten Gehorsams, nicht nur im Islam.

Erst durch die Befreiung des Menschen als Subjekt in der Aufklärung wurde moderne Wissenschaft möglich – und alles hinterfragbar. Das Gottesbild im heutigen Europa ist dadurch ein weitgehend weichgespültes, aus dem drohenden ist ein liebender Gott geworden. Dennoch bleibt die Bibel in ihrer Brutalität und Menschenverachtung nur ein wenig im Tonfall hinter dem Koran zurück. Selbst die Bergpredigt Jesu, deren Friedfertigkeit gerne betont wird, klingt so: »Vom Ehebruch: Ihr habt gehört, dass gesagt worden ist: Du sollst nicht die Ehe brechen. Ich aber sage euch: Wer eine Frau auch nur lüstern ansieht, hat in seinem Herzen schon Ehebruch mit ihr begangen. Wenn dich dein rechtes Auge zum Bösen verführt, dann reiß es aus und wirf es weg! Denn es ist besser für dich, dass eines deiner Glieder verloren geht, als dass dein ganzer Leib in die Hölle geworfen wird. Und wenn dich deine rechte Hand zum Bösen verführt, dann hau sie ab und wirf sie weg! Denn es ist besser für dich, dass eines deiner Glieder verloren geht, als dass dein ganzer Leib in die Hölle kommt.« Das Handeln, Denken, ja, ganze Körperteile an sich sind schlecht – das ist zutiefst unaufgeklärt. Statt der Höllendrohung würde ein moderner aufgeklärter Mensch seine Mitmenschen ermuntern, die eigenen (sexuellen) Bedürfnisse zu spüren und zu benennen – und verantwortungsvoll mit ihnen umzugehen, verantwortungsvoll zu sein auch gegenüber seinen Mitmenschen.

Der Wunsch nach Religion entsteht meines Erachtens oft aus der Angst vor der Freiheit des eigenen Denkens und Entscheidens. Dazu kommt die Suche nach einem Sinn, der nicht alle Verantwortung in unsere eigenen Hände legt. Denn wer ohne Gott bewusst die Verantwortung für ein gutes Miteinander und für soziale Gerechtigkeit übernimmt, tut dies allein für die Menschen im Hier und Jetzt und muss sich immer wieder am Zustand der Welt messen. Das kann sehr unbequem oder schmerzhaft sein, doch ebenso Quelle für ein sinnerfülltes Leben (in dem nach meinem Erachten das Streben nach Genuss, Freude und Glück ebenso seinen Platz im Diesseits haben sollte). In der Sendung »Menschen bei Maischberger« vom 19. Juni 2007 ging es um Nicht-Glauben. Neben zwei Atheisten waren zwei Christen und eine Muslima eingeladen. Letztere, Asiye Köhler, Ehefrau des aktuellen Vorsitzenden des Zentralrats der Muslime, schwieg sich zu jeglichem Inhalt ihrer Religion aus. In der gesamten Sendung stellte sie zum Islam nur Behauptungen auf wie »Das ist eine friedliche Religion«. Vor allem aber sah sie in der westlichen Gesellschaft eine des Werteverlustes, in der ihr der Glaube Halt gegeben hat und – Werte. Selbst Wertmaßstäbe für ethisches Handeln zu entwickeln, mit denen es sowohl einem selbst wie der Gemeinschaft am besten geht, macht offensichtlich vielen Menschen Angst. Angst, dass etwas »Böses« in ihnen schlummert, welches ohne höhere Autorität durchschlagen könnte? Vielleicht werden sie ehebrechen oder homosexuell leben – aber ist das böse? Warum haben viele nicht das Vertrauen, dass sie auch ohne höchste Autorität nicht stehlen und morden, sondern achtsam und fürsorglich mit sich und anderen umgehen werden? Diese Angst vor der Freiheit lässt Menschen Zuflucht suchen in repressiven Glaubensgebäuden, die vermeintliche Sicherheit durch absolute Gewissheiten geben. Moralische Gebote und Verbote ersetzen im religiösen Denken eine Ethik, die sich an den Bedürfnissen der Menschen orientiert. Das betrifft meines Erachtens im Kern alle Religionen.

Die Islamverbände in Deutschland und die Integration

Deutschland ist keine islamische Republik, sondern ein säkularer Staat. Dennoch haben die christlichen Kirchen und das orthodoxe Judentum, vertreten durch den Zentralrat der Juden, Sonderrechte, insoweit sie Staatsverträge abschließen. Diese Sonderrechte, zum Beispiel das auf Religionsunterricht und Kirchensteuer, wollen islamische Gruppen auch erlangen. Deshalb haben sie sich in Verbänden zusammengeschlossen. Diese möchte ich kurz vorstellen und zeigen, dass ihre Ziele mit einem freiheitlichen Staat nicht vereinbar sind.

Die Türkisch-Islamische Union der Anstalt für Religion e. V., türkisch Diyanct Isleri Türk Islam Birligi (DITIB), wurde im Juli 1984 in Köln als bundesweiter Dachverband für die »Koordinierung der religiösen, sozialen und kulturellen Tätigkeiten der angeschlossenen türkisch-islamischen Religionsvereine« gegründet. Sie steht für den türkischen Staatsislam. Im Gründungsjahr 1984 waren 230 Vereine angeschlossen, im Jahr 2005 waren es nach Angaben des Verbandes 870 Vereine. Nach Angaben des Islamarchivs zählen diese etwa 120 000 Mitglieder, nicht gerade viele der dreieinhalb Millionen in Deutschland lebenden »Moslems«. Die der DITIB angeschlossenen Ortsgemeinden haben ihren Sitz zumeist in größeren westdeutschen Städten und betreiben die dortigen Moscheen. Sie sind rechtlich und wirtschaftlich selbstständige eingetragene Vereine, die die Prinzipien und satzungsgemäßen Zwecke der DITIB verfolgen und die DITIB als Dachverband anerkennen, häufig gehören ihr auch die Immobilien. Die DITIB gibt sich nach außen offen, so zum Beispiel für Fragen, die Besucher der Homepage ihrer Gemeinde in Saarbrücken stellen. Dort ist zu lesen:

»Frage Besucher: ›Wie stehen Sie zur Kopftuchfrage?‹

Antwort DITIB: ›Das Kopftuch ist ein Gebot des Gottes im Islam.‹

Frage Besucher: ›Ist nur eine Frau, die den Schleier trägt, eine gläubige und wertvolle Frau?‹

Antwort DITIB: ›Der Wert des Menschen in der Gegenwart Gottes sind nicht Schleier oder Kopftuch, sondern die Einhaltung seiner Gebote.‹«*

Erinnern wir uns an einen großen Denker der vorchristlichen und vorislamischen Antike: Aristoteles. Ihm zufolge kann man Schlussfolgerungen nach folgendem Schema ziehen:

Erste Prämisse: Alle Menschen sind sterblich.

Zweite Prämisse: Griechen sind Menschen.

Schlussfolgerung: Griechen sind sterblich.

Wende ich dieses alte Prinzip der Logik einmal auf die DITIB-Aussagen an, erfahre ich Folgendes:

---

* http://www.ditib-saar.de/de/fragen.htm am 18. Juli 2007.

Erste Prämisse: Das Kopftuch ist ein Gebot Gottes.

Zweite Prämisse: Der Wert des Menschen misst sich darin, dass er die Gebote Gottes einhält.

Schlussfolgerung: Nur die Frau, die ein Kopftuch trägt, hat einen Wert.

Logisch, dass die DITIB wie andere Islamverbände immer wieder beteuern, die Frauen würden das Kopftuch freiwillig tragen. Denn die Hingabe an Gott und die Unterwerfung unter seine Gebote sind alleiniger Sinn und Zweck des irdischen Lebens eines Moslems, also auch, das Kopftuch zu tragen. Ich halte die Verbindung vom Wert einer Frau mit der Kopfbedeckung für einen Verstoß gegen den Gleichheitsgrundsatz, aber vor allem für einen Angriff auf die Würde der Frau und ihre Selbstbestimmung.

Ein weiteres Beispiel von der DITIB-Homepage:

»Frage Besucher: ›Warum dürfen Sie niemanden aus einer anderen Religion heiraten?‹

Antwort: ›Ein moslemischer Mann darf eine gläubige Christin oder eine Jüdin heiraten, jedoch darf eine moslemische Frau nur einen Moslem heiraten, denn da der Mann eine führende Rolle in der Familie hat, kann eine moslemische Frau eventuell hinsichtlich ihrer Religion unter Druck gesetzt werden, und somit können familiäre und religiöse Probleme entstehen.‹«*

Ich erinnere an Artikel 3 des Grundgesetzes: »Männer und Frauen sind gleichberechtigt.« Nirgendwo steht: »Religionsfreiheit ist für Ehefrauen aufgehoben.« Sicher, auch in Deutschland mussten Frauen den Männern mühsam

* ebenda

viele Rechte abtrotzen, und wir sind noch nicht am Ende des Weges angelangt. Aber es gab viele Erfolge der Frauen, meist durch beharrliches Kämpfen von Feministinnen, sowohl aus der Arbeiterbewegung wie auch aus der bürgerlichen Frauenbewegung.

So wurde 1959 der sogenannte väterliche Stichentscheid als verfassungswidrig aufgehoben. Nach ihm war Vätern in den 50er-Jahren das Recht zugefallen, bei zwischen den Eltern strittigen Erziehungsfragen das letzte Wort zu haben! Ein Sieg der Gleichberechtigung? Auch heute haben Väter in Deutschland das alleinige Wort in Sachen Kindererziehung – solange sie Muslime sind. Denn in der Parallelgesellschaft kommen die wenigsten Frauen auf die Idee, ihre durch das deutsche Gesetz verbrieften Rechte einzufordern. Die Gründe dafür sehe ich in mangelndem Wissen über die Gesellschaft, in der sie leben, in der familiären Unterdrückung der Frauen und in der Übernahme des Glaubens, westliche Staaten seien »unislamisch«.

Die DITIB war Mitinitiator der Massenveranstaltung »Gemeinsam für Frieden und gegen Terror« am 21. November 2004 in Köln mit rund 20 000 Teilnehmern. Unter den Gastrednern waren die grüne Politikerin Claudia Roth, der bayerische Innenminister Günther Beckstein und der nordrhein-westfälische Innenminister Fritz Behrens. Ziel der Veranstaltung war es, den Einsatz von Gewalt im Namen des Islam zu verurteilen. Seltsam nur, dass die Rednerinnen und Redner allein vom Bombenterror im Namen des Islam sprachen – nicht von der Unterwerfung der Frau unter ihren Mann im Namen Allahs, von Zwangsheiraten oder von »Ehrenmorden«!

Der Islamrat für die Bundesrepublik Deutschland e.V. (IR) wurde 1986 als bundesweite Koordinierungsinstanz und gemeinsames Beschlussorgan islamischer Religionsgemeinschaften in Berlin gegründet. Er vertritt 37 Mitgliedsvereine mit geschätzten 40 000 bis 60 000 Mitgliedern. Größter Mitgliedsverein ist die Islamische Gemeinschaft Milli Görüş (IGMG), die die Mehrheit der Mitglieder sowie den Vorsitzenden stellt. Der Islamrat versteht sich selbst als Interessengemeinschaft der in Deutschland lebenden Muslime. Er strebt die Anerkennung als Körperschaft des öffentlichen Rechts und damit die Gleichstellung mit anderen Religionsgemeinschaften an. Gemeinsam mit dem Zentralrat der Muslime, auf den ich weiter unten eingehe, hat er Kommissionen ins Leben gerufen, die Lobbyarbeit für die Erteilung islamischen Religionsunterrichts an deutschen Schulen und für eine Ausnahmegenehmigung für das Schächten in Deutschland betreiben. Der türkisch-islamischen IGMG werfen deutsche Staatsorgane islamistische Tendenzen vor. Der Verfassungsschutz vermutet, dass die IGMG den Islamrat für die Vertretung ihrer Interessen nutzt, und verweist darauf, dass der Vorsitzende des Islamrats, Ali Kizilkaya, ehemals Funktionär der IGMG war.* Seit 1992 wird die Organisation vom Verfassungsschutz beobachtet.** Und in der Satzung des Islamrates steht: »Unser Ziel ist die offizielle Anerkennung des Islam. Das

* http://www.verfassungsschutz-bw.de/kgi/islam_orgs_igmg.htm 24. November 2007.

** Nedza, Justyna: Türkisch-islamische Organisationen – integrativ oder seperativ? Bochum 2004, http://www.ruhr-uni-bochum.de/soaps/download/abschlarb-ha-tuerkisch-islamische_organisationen.pdf 24. November 2007 zweite Ziel ist, für Religionsunterricht für muslimische Kinder an Schulen zu sorgen, und das dritte Ziel ist es, den Muslimen zu islamgerechtem Verhalten zu verhelfen.« Islamgerechtes Verhalten ist wiederum unter anderem die Unterwerfung der Frau unter den Mann. Was die deutsche Gesellschaft mit islamischem Religionsunterricht in ihren von uns allen bezahlten Schulen Kindern aus moslemischem Eltern- (oder sagen wir besser Vater)haus beibringen lassen würde. Aktuell gibt es diesen zwar noch nicht flächendeckend, weil weder die islamischen Verbände noch ihr teilweiser Zusammenschluss im Koordinierungsrat als Körperschaft öffentlichen Rechts anerkannt ist (wie die katholische und evangelische Kirche sowie der Zentralrat der Juden in Deutschland). Aber es gibt im ganzen Land Einzellösungen. Seit diesem Schuljahr 2007 auch in Schleswig-Holstein: »Nach den Sommerferien beginnt an neun schleswig-holsteinischen Grundschulen der Islamunterricht in deutscher Sprache. Dabei handelt es sich um ein freiwilliges, zusätzliches Angebot. Fünf der neun Grundschulen sind in Kiel, die anderen in Neumünster, Flensburg, Harrislee (bei Flensburg) und Büchen (Kreis Herzogtum Lauenburg). Für den neuen Islamunterricht ist ein eigener Lehrplan erarbeitet worden. Themen sind der Koran, das Leben des Propheten Mohammed und die Grundlagen des Islam. Dazu kommen islamische Ethik, Prophetengeschichten und das Thema ›Ich und meine Gemeinschaft‹. Die neun Lehrkräfte sind am Kieler Institut für Qualitätsentwicklung an Schulen fortgebildet worden.«*

---

* epd am 10. Juli 2007.

In Niedersachsen beteiligen sich zurzeit 19 Grundschulen an einem Modellprojekt Islamunterricht, nach dessen Durchführung eine flächendeckende Einführung geplant ist. Integrationsminister Armin Laschet aus NRW möchte in seinem Land Islamunterricht ab 2010 einführen. Auf der Homepage des Ministeriums ist zu lesen: »Ein wichtiges Ziel des geregelten Dialogs mit den Muslimen wird es sein, die Grundlagen für einen regulären islamischen Religionsunterricht in Nordrhein-Westfalen zu schaffen. Dieser soll als ordentliches Lehrangebot in deutscher Sprache, von in Deutschland ausgebildeten Lehrern und unter deutscher Schulaufsicht durchgeführt werden. Dazu wird die Landesregierung im Rahmen eines Schulversuchs in zwei ausgewählten Kommunen des Landes das Unterrichtsfach Islamkunde zu einem regulären islamischen Religionsunterricht weiterentwickeln. Für diesen Schulversuch ist der Zusammenschluss der örtlichen Moscheegemeinden zu Schulen erforderlich, die dem Schulministerium als Ansprechpartnerinnen für die erforderliche Lehrplanentwicklung zur Verfügung stehen. Der Schulversuch soll außerdem von einem theologischen Beirat begleitet werden.«*

Der Zentralrat der Muslime in Deutschland e. V. (ZMD) wurde 1994 gegründet. Derzeit hat der ZMD etwa 15 000 bis 20 000 Mitglieder. Er ging 1994 aus dem Islamischen Arbeitskreis Deutschland hervor. Bis 2000 war der e.V. größter Mitgliedsverband des ZMD. Der ZMD finanziert

* http://www.mgffi.nrw.de/integration/dialog-islam/index.php, 29. September 2007.

sich vor allem durch Mitgliedsbeiträge, Spendensammlungen in Moscheen und private Zuwendungen.

Eine grundsätzliche Distanzierung des Zentralrats von der Scharia oder der Steinigung konnte ich nirgends finden. Und es mag harmlos klingen, was da auf der Homepage steht: »In den Bereichen, in denen eine unterschiedliche Behandlung gesondert von Allah oder seinen Gesandten Muhammad (Friede sei mit ihm) vorgeschrieben wurde, liegen Begründungen vor, die einleuchtend sind.«* So ist es der Mann, der für den Unterhalt der Familie zuständig ist, die Frau für die Erziehung. Doch diese Rollenaufteilung ist in der deutschen Gesellschaft – zu Recht – im Zuge der Frauen- und Arbeiterbewegung als diskriminierend entlarvt worden und durch neue Rollenmuster zumindest erweitert worden. Mitglieder des Zentralrats sind laut Homepage des Islaminstituts unter anderem das »Islamische Zentrum Aachen«, das den syrischen Muslimbrüdern, und das »Islamische Zentrum München«, das den ägyptischen Muslimbrüdern zuzuordnen ist, das »Schiitische Islamische Zentrum Hamburg«, die »Deutschsprachigen Muslime vom Haus des Islam«, die »Muslim Studenten Vereinigung in Deutschland (MSV)«, die »Deutsche Muslim-Liga Bonn« sowie die »Deutsche Muslim-Liga Hamburg«.** Nadeem Elyas war Vorstandsmitglied des »Islamischen Zentrums Aachen« und ist heute Ratsmitglied. Der ideologisch radikalste deutsche Ableger der international operierenden

---

* http://islam.de/1641.php#frau/frauen04.html, 24. November 2004

** http://www.islaminstitut.de/Artikelanzeige.41+M552c86946cf.0.html, 24. November 2007

Muslimbrüder ist laut Verfassungsschutz die Islamische Gemeinschaft in Deutschland (IGD); sie ist ebenfalls Mitglied im ZMD und hat ihn zusammen mit dem Islamischen Zentrum München und der MSV auch gegründet.*

Heute gibt sich vor allem der Zentralrat einen aufgeklärten Anstrich, betont immer wieder, dass er auf dem Boden des deutschen Grundgesetzes stehe. Wie dieser »Euro-Islam« sich mit dem Glauben an das unverrückbare Gesetz der Scharia als absolute Pflichtenlehre vereinbaren lässt, diese Frage bleibt unbeantwortet. Denn die Antwort wäre: gar nicht. Auffallend ist, dass auch Mitgliedsverbände des Zentralrats gegen dessen 2002 veröffentlichte »Islamische Charta« protestiert haben. Sie war ihnen zu moderat, betonte sie doch zum Beispiel: »Ob deutsche Staatsbürger oder nicht, bejahen die im Zentralrat vertretenen Muslime daher die vom Grundgesetz garantierte gewaltenteilige, rechtsstaatliche und demokratische Grundordnung der Bundesrepublik Deutschland, einschließlich des Parteienpluralismus, des aktiven und passiven Wahlrechts der Frau sowie der Religionsfreiheit.« Doch selbst das Wahlrecht der Frau ist kaum ausreichend für eine Gleichberechtigung der Geschlechter. Allerdings wäre interessant zu erfahren, wie der ZMD sich im Namen des Islam für das Frauenwahlrecht in Saudi-Arabien stark macht.

Den Grundkonflikt gehen die Islamverbände allesamt nicht offensiv an: Der Islam ist eine vormoderne Kultur, hat keine Aufklärung durchlaufen, und es gibt keine Idee

---

* http://www.verfassungsschutz-bw.de/kgi/islam_dtl_org_islam.htm, 24. November 2007

individueller Menschenrechte. Zwar wird die Scharia nicht in allen islamischen Staaten konsequent umgesetzt, so sind zum Beispiel in Ägypten die Hinrichtung von Apostaten (vom Glauben Abgefallener) und Körperstrafen ausdrücklich verboten, aber der Grundgedanke wird nicht in Frage gestellt: So kann und wird in Ägypten Ehebruch durchaus mit Haft bestraft. Was das mit den Islamverbänden in Deutschland zu tun hat? Sie möchten allesamt ein Leben nach islamischem Gesetz für die Muslime in Deutschland verbindlich werden lassen. Der Einzelne hat kein anderes Recht als das, Gottes Geboten zu folgen und so seinen Platz im Paradies zu sichern. Das steht einer Idee der individuellen Menschenrechte konträr gegenüber. Das Beispiel von Ägypten zeigt, was daraus wird, wenn ein islamischer Staat erklärtermaßen dem Fundamentalismus Grenzen setzen will.

Zur Erinnerung: Auch in Europa war die Aufklärung ein langer und schmerzhafter Prozess, und Widerstand kam nicht zuletzt und sehr vehement aus den christlichen Kirchen, ungeachtet dessen, dass aufgeklärte Teile dieser Kirchen heute die individuellen Menschenrechte auch theologisch erklären.

Da die deutsche Politik in großen Teilen zwar willig scheint, den Muslimverbänden ihre Parallelkultur zu erhalten und deren Ausbau zu fördern, aber den Wunsch angemeldet hat, doch lieber mit einem Verband zu sprechen als mit mehreren, hat sich im April 2007 der Koordinierungsrat der Muslime gebildet. Er fordert die Gleichstellung von Islam und Christentum in Deutschland und unterstützt muslimische Eltern bei der Durchsetzung von nach Geschlechtern getrenntem Sportunterricht. Er nennt sich Spitzenverband der vier größten hiesigen islamischen Organisationen: des Zentralrats der Muslime in Deutschland (ZMD), der Türkisch-Islamischen Union der Anstalt für Religion (DITIB), des Islamrats für die Bundesrepublik Deutschland und des Verbandes der Islamischen Kulturzentren (VIKZ). Milli Görüş ist als dominante Gruppe im Islamrat ebenfalls mit dabei und versucht so, noch mehr Einfluss in Fragen der deutschen Politik zu nehmen. Als Zentralrat der Ex-Muslime nahmen wir in einer Presseerklärung kritisch zur Gründung des Koordinierungsrates Stellung, darin heißt es unter anderem: »Die Forderung nach ›Gleichstellung des Islam mit dem Christentum‹ bedeutet im Kontext der hiesigen staatskirchenrechtlichen Privilegien die Schaffung staatlich finanzierter islamischer Kindergärten, Konfessionsschulen, Universitäten, Krankenhäuser usw., wo dann das Kopftuchtragen per islamischem Arbeitsrecht vorgeschrieben ist. Also die Institutionalisierung der Parallelgesellschaft. Dies wäre das Gegenteil von Integration!«

Es ist seltsam, dass ich, eine Frau, die aus der vormodernen Gesellschaft des Iran geflohen ist, nun deutschen Kulturrelativisten zu erklären versuche, wie sie sich und ihre Kultur verleugnen, wenn sie Räume in ihrer Gesellschaft zulassen, in denen die Gültigkeit der individuellen Menschenrechte außer Kraft gesetzt wird. Denn wenn ich mir einen Frauen- und Männertrakt im Krankenhaus vorstelle, sehe ich keine Freiheit der Bewegung im öffentlichen Raum. Oder wie werden deutsche Gerichte entscheiden, wenn muslimische Männer sich in ihrer religiösen Ehre gekränkt fühlen, wenn ihnen deutsche Frauen ins Gesicht schauen?

Bei dem Versuch, dem Islam in Deutschland die »Religionsfreiheit« zu gewähren, wird der zweite Schritt vor dem ersten gemacht: Erst muss sich dieser Islam aufmachen zu dem langen und schmerzhaften Prozess der Aufklärung, der Ausrichtung auf das Diesseits und das individuelle Leben. Dann muss er sich vom Diktat des Koran und der Scharia befreien. Ich bin zugegebenermaßen skeptisch, inwieweit das in absehbarer Zeit gelingen kann. Zum einen liegt zwischen der Kirche der Inquisition und der Befreiungstheologie Südamerikas nicht zufällig ein halbes Jahrtausend. Ein halbes Jahrtausend, welches der Islam nachzuholen hätte. Zum anderen können die Vertreter des politischen Islam nach wie vor auf Verbündete im Multi-Kulti-Umfeld hoffen.

Unter der Flagge »Schutz für Minderheiten« finden sie Helfer wie den grünen Bundestagsabgeordneten Volker Beck, der den Bau von Moscheen mit Religionsfreiheit gleichsetzt und den Kampf für die Rechte der Muslime betreibt wie seinen Einsatz für die Gleichberechtigung von Lesben und Schwulen. Er verkennt dabei, dass es der Lesben- und Schwulenbewegung um gleiche individuelle Rechte geht, den Muslimen aber um vor dem deutschen Gesetz geschützte Parallelräume, in denen diese Rechte für ihre Mitglieder, insbesondere die Frauen, aufgehoben sind. Lippenbekenntnisse wie die »Islamische Charta« sind diesen Unterstützern sehr willkommen, bewahren sie sie doch davor, von Islamvertretern ein grundsätzliches Hinterfragen ihrer frauen- und damit menschenfeindlichen Gebote und die Anerkennung individueller Menschenrechte zu verlangen.

»Es besteht kein Widerspruch zwischen der islamischen Lehre und dem Kernbestand der Menschenrechte.« Das klingt gut. Nur, was ist dann mit Scharia und Koran, dem Kernbestand des Islam? Und was ist der Kernbestand der Menschenrechte? Welche Menschenrechte gehören nicht dazu? Diese Fragen sollten deutsche Politiker den Islamvertretern stellen – bevor sie sich mit ihnen an einen Tisch setzen.

Man sollte in diesem Zusammenhang auch nicht vergessen, dass sich mindestens die Hälfte der in Deutschland lebenden Muslime selbst nicht als gläubig bezeichnet. Und dass auch unter den Muslimen viele mitreden über Islam und Religion, ohne tiefere Kenntnisse über ihre Religion und Geschichte zu haben – übrigens kein Privileg von Menschen mit anderem kulturellen Hintergrund, auch an deutschen Stammtischen hat jeder das Recht, alles zu sagen, ohne sich erst um Hintergrundwissen zu bemühen. So ist manches von Deutschen formulierte Argument gegen einen Moscheebau durchaus plump fremdenfeindlich: »Die gehören hier nicht hin.«

Sie »gehören« nicht nur hierhin, sie sollten auch die Chance bekommen, in der deutschen Gesellschaft anzukommen. Dem steht eine Befreiung vom Unterricht, egal welchen Faches, »aus religiösen Gründen« entgegen. Und auch ein nach Konfessionen getrennter Religionsunterricht kann nicht integrieren. Nur das gemeinsame Lernen einer Ethik auf der Basis der Menschlichkeit kann dies leisten. Die Erkenntnisse der Naturwissenschaften über die

Entstehung der Welt und der Menschen wären das zweite Lernziel. Und dann, erst dann, können meines Erachtens Kinder aus all den verschiedenen religiösen und nichtreligiösen Elternhäusern gemeinsam die Religionen der Welt kennenlernen.

Dem stehen natürlich nicht nur die großen christlichen Kirchen feindlich gegenüber, die auch in Deutschland erstarkenden evangelikalen Kreationisten stoßen ebenfalls zu dieser »unheiligen« Allianz. Deren Feldzug, in deutschen Schulen zu lehren, dass die Welt so erschaffen wurde wie in der Bibel geschrieben, trifft sich mit der islamischen Lehre von der absoluten Unverrückbarkeit des Koran, in beiden Fällen steht »Gottes Wort« für die absolute Wahrheit. Der Kreationismus fällt hinter das aufgeklärte Christentum zurück, das die Bibel als Werk von Menschen nahm und entsprechend interpretieren konnte. Denn, machen wir uns nichts vor, auch im Alten Testament wird die Steinigung gefordert.*

---

* 3. Buch Mose 24, 10-23: »Eines Tages mischte sich der Sohn einer Israelitin, der einen Ägypter zum Vater hatte, unter die Israeliten. Es gerieten der Sohn der Israelitin und ein Israelit in Streit. Dabei lästerte der Sohn der israelitischen Frau den Namen Jahwes und fluchte. Deshalb brachte man ihn zu Mose. (...) Man hielt ihn in Gewahrsam, bis er ihnen aufgrund eines Ausspruches Jahwes eine Entscheidung gäbe. Jahwe sprach zu Mose also: ›Lass den Lästerer vor das Lager hinausführen, und alle, die es gehört haben, sollen ihre Hände auf das Haupt legen, und die ganze Gemeinde soll ihn steinigen. Zu den Israeliten aber sollst du sagen: Wenn einer seinem Gott flucht, so lädt er dadurch eine Schuld auf sich. Wer den Namen Jahwes lästert, soll mit dem Tod bestraft werden; die ganze Gemeinde soll ihn steinigen. (...) Wer ein Stück Vieh erschlägt, muss es ersetzen; wer einen Menschen erschlägt, muss sterben. Das gleiche Gesetz gelte euch für die Fremden wie für die Einheimischen. Denn ich bin Jahwe, euer Gott.‹ Als Mose dies zu den Israeliten gesagt hatte, führten sie den Lästerer vor das Lager hinaus und steinigten ihn. Die Israeliten taten, wie es Jahwe Mose befohlen hatte.«

Der Kampf um den rechten Glauben findet also nicht nur im Islam statt, und die Schule ist deshalb ein so wichtiges Schlachtfeld, weil die Kinder gewonnen werden sollen. Deshalb ist die in Deutschland inzwischen alltägliche Auseinandersetzung um Nichtteilnahme am Schwimm- und Sportunterricht, an Schulausflügen und Kunstunterricht so politisch. Gerade in einem neuen Ethikunterricht statt des herkömmlichen konfessionellen Religionsunterrichts könnte eine aufgeklärte Gesellschaft wieder Land gewinnen. Das steht der Religionsfreiheit ja in keiner Weise entgegen, die Kinder können nach wie vor von ihren Eltern und der Gemeinde in der Religion unterrichtet werden, an die diese glauben. Eltern haben das Recht, ihren Kindern die eigene Religion oder den eigenen Unglauben nahezubringen. Kinder haben genau so das Recht, vom (Un-)Glauben der Eltern abzuweichen.

Der Zentralrat der Ex-Muslime entsteht

Die beleidigte muslimische Volksseele

»Milliarden Moslems fühlen sich durch die Mohammed-Karikaturen beleidigt.« So der Fernsehsprecher zu Bildern hasserfüllter Menschenmassen, die dänische Flaggen verbrennen und aussehen, als warteten sie nur darauf, dass ihnen die »Beleidiger des Propheten« zum Lynchen in die Hände geraten. Mich lässt der Anblick des entfesselten Mobs frösteln. Dabei funktioniert die Heizung gut in meinem Wohnzimmer in diesem Januar 2006.

Ich bin keine Muslima, denke ich, also muss ich mich auch nicht beleidigt fühlen. Ich weiß aber, dass das nicht alle so sehen. Erst am Tag zuvor hatte mich ein Journalist auf »meinen Glauben« angesprochen: »Frau Ahadi, islamische Gelehrte beziehen sich auf den Koran, wenn sie Steinigung bei Ehebruch für die angemessene Strafe halten. Wie können Sie als Muslima dann dagegen sein?« »Ich bin keine Muslima«, hatte ich geantwortet. Ich habe ihn immer wieder erlebt, diesen Eiertanz deutscher Journalisten. Sie interviewten mich als Menschenrechtlerin, um dann doch wieder die Muslima in mir zu sehen. Sicher, nicht alle waren so provokant-platt wie der eben beschriebene junge Mann. Trotzdem: Da ich in den Augen vieler deutscher Medienvertreter doch Muslima war, musste ich ihrer Ansicht nach auch beleidigt sein. Sie meinten, ich könnte mich freuen, da die meisten Medienvertreter Land auf, Land ab von einem Missbrauch der Freiheit redeten, den die dänischen Redakteure mit dem Abdruck der Mohammed-Karikaturen im September 2005 verübt hätten. Ich fragte meinen Mann und meine Töchter. Auch sie waren nicht beleidigt, als sie hörten, dass irgendeine Zeitung der Welt Mohammed karikierte. Sie meinten, die Karikatur wäre höchstens gelungen oder nicht gelungen, aber Satire sei doch keine Beleidigung. Zudem läge es im Wesen der Satire und der politischen Karikatur, wehzutun.

Was geht in diesen Menschen vor, die mit vor Hass verzerrten Gesichtern nach Blut rufen für eine Beleidigung, so sie sich denn subjektiv wirklich beleidigt fühlen, durch ein paar Zeichnungen? Es sind geschickte Führer und Agitatoren, politische Imame wie der Däne Raede Hlayhel, die die Mobilisierung der Massen für den Zuwachs eigener Macht schüren. Ihre Agitation trifft auf Menschen, die nur zu bereit sind, sich gemeinsam stark zu fühlen als Opfer gottesfeindlicher Ungläubiger. Weil sie nie gelernt haben, sich stark zu fühlen als autonome Individuen. Der Ursprung, die vermeintliche Tat gegen ihre Ehre als Moslems, ist nicht wirklich wichtig, es reicht, dass ein Feind ausgemacht ist, der mit einem Verbrechen gegen die Ehre assoziiert wird. Dann folgen diese Massen ihren Führern auf jede Demonstration – im Fall der dänischen Karikaturen, ohne je eine der vermeintlich beleidigenden Abbildungen zu Gesicht bekommen zu haben. Der Feind ist ausgemacht, und Tod dem Feind. Doch nicht nur der *Spiegel*, auch Günter Grass (»die Proteste sind eine fundamentalistische Antwort auf eine fundamentalistische Tat«) und Politiker von den Grünen und der SPD nahmen sich der verletzten Gefühle »der Muslime« an.

Mich interessierte, wie die Menschen im Iran diesen Streit beurteilten. Also rief ich eine Bekannte an: »Seid ihr beleidigt?« Ich wollte es wirklich wissen, denn diese Bekannte ist Muslima aus Tradition, Religion ist Bestandteil ihres Alltags. Sie aber lachte: »Mina, die Menschen hier sind nicht beleidigt, wir machen doch selbst die schlimmsten Witze über die Mullahs, um dieses Regime zu ertragen!«

Politische Islamisten erklären die muslimische Seele für beleidigt und fordern Rache. Westliche Medien und Politiker sehen Demonstrationen im Fernsehen, eindrucksvolle Massenaufmärsche, und gehen den Islamisten auf den Leim, indem sie sich um die religiösen Gefühle »der Muslime« sorgen. Der damalige Vorsitzende des Islamrates, Nadeem Elyas, berichtete der »Tagesschau«, die Karikaturen seien eine Provokation und verletzten die religiösen Gefühle aller Muslime zutiefst. Er stünde zwar zur Pressefreiheit, aber »diese gezielte Entwürdigung kann nicht im Namen der Kunst toleriert werden«. Was denn nun, denke ich – Freiheit für Presse und Kunst oder Karikaturenverbot? Die »Tagesschau« scheint dieser Widerspruch nicht zu stören, Herr Elyas darf noch betonen, dass er aber an die Muslime appelliere, ihre ausgewogene Haltung zu bewahren. Das finde ich in den deutschen Medien immer wieder – Dankbarkeit, wenn »muslimische Vertreter« die Gewalt ablehnen, und breiten Raum für Verständnis, dass ihre Gefühle verletzt seien. Die Bilder des entfesselten Mobs in der islamischen Welt sind bestechend. Bilder, die scheinbar zeigen, wie tief verletzt die Menschen sind. Von Zeichnungen, die die meisten nie zu Gesicht bekommen haben. Weil ihre religiösen Führer »im Namen Gottes« zur kollektiven Wut aufriefen.

Ich möchte dieses unfreie System an einem ganz anderen Beispiel verdeutlichen: Gerne wird hierzulande von Islamvertretern die Friedfertigkeit des Islam betont und als Beweis angeführt, dass alle Muslime Almosen geben. Doch die Gebote des Islam zur Almosensteuer sind keine Beweise für die Friedfertigkeit und Güte des Islam, sondern zeigen nur ein weiteres Mal, wie sehr der Mensch unterjocht wird unter die Religion: Die Almosensteuer ist Pflicht (!) jedes Moslems. Auf der Homepage des Islamischen Zentrums München* findet sich dazu folgendes Zitat: »Der Islam legt großen Wert auf Großzügigkeit und Mildtätigkeit als Mittel zur Läuterung der eigenen Seele und zur Annäherung an Allah. Dem Muslim ist auferlegt, freiwillige Gaben zu verteilen, wenn immer es ihm möglich ist; doch ist es davon abgesehen seine Pflicht, einmal jährlich eine Almosen-Steuer von etwa 2,5 Prozent seines Kapitalvermögens zu geben, die an Arme und Bedürftige etc. geht.« Selbstredend geht das Geld nur an Muslime, bedürftige

* http://islamisches-zentrum-muenchen.de/html/islam_-_die_5_saeulen.html, 24. Juni 2007

Ungläubige sind von seinem Segen ausgeschlossen. Mildtätigkeit ist im Islam nicht aus der Erkenntnis eines freien Individuums geboren, dass es als ein soziales Wesen Verantwortung für die Gemeinschaft und die Gerechtigkeit für alle hat, sondern allein ein Mittel, selbst dem Paradies näher zu kommen. Es geht darum, Punkte zu sammeln, um im Jenseits auf der guten Seite und nicht in der Verdammnis zu landen. Das geht mit Almosen und für eine wachsende Zahl von Moslems mit Mord im Heiligen Krieg, dem Djihad. Dieses Denken fand sich auch im christlichen Mittelalter, die Anführer der christlichen Kreuzzügler mobilisierten ihre heiligen Soldaten ebenfalls mit dem Versprechen auf einen Platz im Himmel.

Ich rief in den Tagen der heißen Debatten um die Mohammed-Karikaturen einige Journalisten an, die ich aus den letzten Jahren kannte. Ich versuchte zu erklären, dass ich zwar qua Definition Muslima bin (als Tochter eines muslimischen Vaters), mich aber seit meiner Jugend als Atheistin begreife und sie ihr Augenmerk auf die vielen Menschen wie mich richten sollten, statt gläubig den Äußerungen der Imame und der Organisationen der Muslime zu folgen, diese sprächen für »alle Muslime weltweit«. Ich fand kein Gehör. Ich versuchte zu provozieren: »Die Darstellung von Mohammed mit einem Turban, der eine Bombe ist, scheint mir eher treffend für einen Mann, der kriegerisch, gewaltsam und frauenfeindlich war.« »Das möchten wir lieber nicht schreiben, man muss vorsichtig sein und die erhitzten Gemüter besänftigen. Das könnte als zusätzliche Beleidigung aufgefasst werden, unsere Verantwortung ist es, kein Öl ins Feuer zu gießen.« So oder ähnlich antwortete man mir. Merke: Der Mob muss nur laut genug sein, dann finden seine Argumente Gehör.

Ich erinnere mich an die Demonstrationen nach dem 11. September 2001. Auch in Köln gingen viele Menschen auf die Straße und riefen: »Wir sind Moslems, aber keine Terroristen!« Und sie riefen: »Nicht alle Moslems sind Terroristen!« Diesem Ruf habe ich aus vollem Herzen zugestimmt. Aber dieser Ruf reichte mir nicht. Denn es war ja trotzdem kein Zufall, dass die Anschläge des 11. September im Namen Allahs begangen wurden – dahinter stand der politische Islam, der die Macht an sich reißen und die Ungläubigen töten will. Deshalb hielt ich eine Rede auf einer Demonstration, in der ich sagte: »Nicht alle Moslems sind Terroristen, aber es ist kein Zufall, dass diese Terroristen alle Moslems sind. Das müssen wir sehen! Der politische Islam ist terroristisch. Das fängt im Alltag islamischer Staaten an, wenn Frauen im Iran verhaftet werden, sobald Haar unter ihrem Kopftuch hervorguckt, und wenn Frauen in Saudi-Arabien kein Auto fahren dürfen. Harmlos? Nein, es ist eine Beschneidung der elementaren Menschenrechte, an deren anderem Ende der Tod Tausender durch Selbstmordattentäter steht.« Ich muss sagen, dass diese Rede auch unter vielen der muslimischen Demonstranten kein Gehör fand. Sie wollten sich nur von einer Tat abgrenzen und nicht hinterfragen, ob die Ursache für diese Tat auch in ihrer Religion angelegt war.

Viele deutsche Politiker und Intellektuelle folgten diesem Denken, sie wollten auch nicht genau hinschauen, ob der Islam etwas mit Unterdrückung und Terror zu tun hat, der Islam, dem sie auch in Deutschland mehr Raum geben wollten. Hingegen hörte man auch unter Muslimen in Deutschland häufig die beliebte Verschwörungstheorie von der Täterschaft des Mossad: Am 11. September 2001 seien mehrere Tausend jüdische Angestellte nicht an ihrem Arbeitsplatz im World Trade Center erschienen, wie könne das sein, wenn nicht Israel hinter den Anschlägen stehe? In arabischen Staaten war diese Theorie sogar Teil offizieller Berichterstattung in Zeitungen und Fernsehen. Die Muslime der Welt als Opfer einer gigantischen Verschwörung der USA und Israels ist ein immer wiederkehrender Mythos. Tatsächlich fand diese Version des 11. September in der arabischen Welt mehr Anhänger als die Wirklichkeit. Die Attentäter seien auf perfide Weise vom Mossad in die Taten verstrickt worden und in Wahrheit Opfer einer Entführung. Auch Verwandte der Täter behaupten dies teilweise bis heute, so der Vater von Mohammed Atta, nach dessen Aussage (im *Spiegel* vom 1. Oktober 2001) sein Sohn viel zu friedlich für eine solche Tat gewesen sei – der Mossad dagegen wäre als Einziger dazu in der Lage. Diese Verschwörungstheorie ist eine von vielen, in denen die Muslime Opfer sind – wie bei den Beleidigungen durch die Karikaturen dänischer Zeichner. Opfer aber sind von jeder Verantwortung freizusprechen. In dieser Argumentation blieben leider auch viele Muslime, die in Deutschland nach den Anschlägen von New York und Washington auf die Straße gingen, stecken. Mehr noch: Wenn nach einem Zusammenhang zwischen dem politischen Islam und den Anschlägen gefragt wurde, sahen sie sich zu Unrecht verdächtigt, anstatt zu überlegen, welche Ideen eines politischen Islam vielleicht Nährboden solcher Taten sein könnten.

(Als Anmerkung sei mir an dieser Stelle erlaubt, dass die USA es Verschwörungstheoretikern natürlich leicht machen, wenn sie bewusst falsches Beweismaterial zur Initiierung des Irakkriegs einsetzen. Und man denke nur an den tränenreichen Auftritt der vermeintlichen Augenzeugin vor dem ersten Irakkrieg während eines sorgfältig inszenierten Erscheinens vor dem US-Kongress 1990. Diese war angeblich aus dem Irak geflohen und hatte gesehen, wie dort neugeborene Babys aus Brutkästen gerissen und ermordet wurden. Die junge Frau war in Wirklichkeit Tochter des kuwaitischen Botschafters und noch nie im Irak gewesen. Aber ihr Auftritt brachte die gewünschte Unterstützung des Kongresses für den Krieg. Auch die USA sehen nicht das Recht aller Menschen auf individuelle Menschenrechte als Motor ihrer Politik, sondern eigenes Machtstreben.)

Zurück nach Deutschland: Die »Gutmenschen« hierzulande treibt in ihrem Verständnis für die beleidigten religiösen Gefühle der Muslime meines Erachtens eine Mischung aus der Scheu davor, rassistisch zu sein, und der Scheu davor, einen Glauben anzugreifen in einem Land, welches selbst Blasphemie noch als Straftatbestand kennt. So sagt § 166 des deutschen Strafgesetzbuches: »(1) Wer öffentlich oder durch Verbreiten von Schriften (§ 11 Abs. 3) den Inhalt des religiösen oder weltanschaulichen Bekenntnisses anderer in einer Weise beschimpft, die geeignet ist, den öffentlichen Frieden zu stören, wird mit Freiheitsstrafe bis zu drei Jahren oder mit Geldstrafe bestraft.« Dass der öffentliche Friede in Gefahr gewesen sei, das könnte man so sehen beim Aufruhr nach dem Karikaturenstreit. Doch sind es wirklich die Karikaturisten, die ihn gefährdet haben, oder nicht doch die, die diese Karikaturen geschickt für ihre Politik genutzt haben?

Immer noch wissen die meisten Deutschen nicht, was hinter den Mauern deutscher Moscheen und Islamvereine vor sich geht. Ich appelliere an sie, wissen zu wollen. Dann ist es vermutlich nicht mehr so einfach, schnelle Urteile über den Islam als Religion, die Islamverbände als Erbauer neuer Moscheen zu fällen. Aber Argumente und Urteile würden fundierter.

Auf der Suche nach Verbündeten

In meiner Arbeit gegen Steinigungen und Ehrenmorde arbeitete ich immer wieder mit Collin Schubert von Terres des Femmes zusammen. Ihre Kampagne gegen Verbrechen »im Namen der Ehre« definiert Terres des Femmes so: »Gewalt im Namen der Ehre ist eine Form von Gewalt gegen Frauen und Mädchen, die im Rahmen von patriarchalen Familienstrukturen, Gemeinschaften und Gesellschaften stattfindet. Die Ausübung von Gewalt wird in der Regel mit dem Erhalt oder der Wiederherstellung von Ehre gerechtfertigt. Ehre als Wertesystem, Norm oder Tradition ist dabei immer sozial konstruiert.« Terres des Femmes wendet sich gegen sogenannte Ehrenmorde, Zwangsheirat, häusliche Gewalt und Genitalverstümmelung. Somit war Collin Schubert eine quasi natürliche Mitstreiterin, die ich bis 2005 noch nie getroffen hatte, aber mit der ich seit Jahren regelmäßig telefonierte und mich über die Arbeit austauschte.

Im Sommer 2005 schlug sie mir vor, an einer Tagung in Köln teilzunehmen, die vom Internationalen Bund der Konfessionslosen und Atheisten gemeinsam mit der Giordano Bruno Stiftung ausgerichtet wurde: »Leitkultur Humanismus und Aufklärung«. Sie meinte, das sei eine gute Gelegenheit, dass wir uns einmal persönlich kennenlernen könnten. Zudem war sie überzeugt, dass die Richtung der Säkularisten mir gefallen würde. Auf der Homepage der humanistischen Giordano Bruno Stiftung fand ich zum Stichwort »Leitkultur Humanismus und Aufklärung« folgende Worte: »Weder die konservative Wiederbelebung der Idee einer ›christlichen Festung Europa‹ noch die postmoderne Beschwichtigungspolitik gegenüber dem Islam oder anderen religiösen bzw. esoterischen Strömungen werden das Projekt einer ›offenen Gesellschaft‹ voranbringen. Vielmehr sollten wir konsequenter als je zuvor auf jene Leitkultur setzen, mit der der gesellschaftliche Fortschritt in der europäischen Geschichte tatsächlich verknüpft war, nämlich dem Zusammenspiel von diesseitigem Humanismus und wissenschaftlicher Aufklärung.«* Das sprach mich in der Tat an, und so meldete ich mich zur Teilnahme an. Rund 150 Menschen diskutierten an

* www.giordano-bruno-stiftung.de. Die Stiftung wurde 2004 von dem ehemaligen Unternehmer Herbert Steffen gegründet und formuliert ihre Ziele so: »Die Giordano-Bruno-Stiftung sammelt neueste Erkenntnisse der Geistes-, Sozial- und Naturwissenschaften, um ihre Bedeutung für das humanistische Anliegen eines ›friedlichen und gleichberechtigten Zusammenlebens der Menschen im Diesseits‹ herauszuarbeiten. Ziel der Stiftung ist es, die Grundzüge eines naturalistischen Weltbildes sowie einer säkularen, evolutionär-humanistischen Ethik zu entwickeln und einer interessierten Öffentlichkeit zugänglich zu machen.«

diesem Tag, unter anderem über Ehrenmorde und Zwangsheirat. Collin Schubert erläuterte die katastrophale Lage vieler Zwangsbräute in der Parallelgesellschaft mitten in Deutschland und von Frauen, die um ihr Leben fürchteten, weil sie ihren Mann verlassen hatten – und deren gesamte Familie sie jagte, um die Ehre durch ihren Tod wiederherzustellen. In der Diskussion nach ihrer Rede meldete ich mich zu Wort und erklärte: »Wir sollten nicht vergessen, Ursache sind nicht einfach Tradition und Familie, diese Zustände werden systematisch von den politischen Islamisten gefördert, denn ihnen sichern diese Praktiken die Macht.« Mir wurde aufmerksam zugehört, als ich meine Geschichte erzählte und von der Verfolgung vor allem der Frauen unter der Scharia, im Iran und auch in deutschen Familien. Ich fühlte mich, als sei ich angekommen, angekommen unter Menschen, die die Trennung von Staat und Kirche als Grundlage einer freien und aufgeklärten Gesellschaft sahen und die in keiner Weise kulturrelativistisch dachten.

Auf dieser Tagung begegnete ich das erste Mal dem Vorstandssprecher der Giordano Bruno Stiftung, Michael Schmidt-Salomon. Ihn traf ich ein halbes Jahr später wieder, auf einem Arbeitstreffen islamkritischer Säkularisten, zu der mich der Bielefelder Sozialwissenschaftler und Autor Hartmut Krauss eingeladen hatte. Mit ihm sprach ich über seine Idee einer kritischen Islamkonferenz, denn die Pläne von Innenminister Schäuble, sich mit den Vertretern der islamischen Verbände zwecks »Integration der Moslems« an einen Tisch zu setzen, waren schon spruchreif geworden. Ich zweifelte, ob dort Platz für die Meinung von

Atheisten und Säkularisten sein würde. Diese Zweifel äußerte ich auch auf dem Säkularisten-Arbeitstreffen, welches in Osnabrück stattfand. Zufällig fuhr ich im selben Zug zurück nach Köln wie Michael Schmidt-Salomon. Ich erzählte ihm, wie wenig die Position nichtgläubiger Muslime in der deutschen Öffentlichkeit Gehör finden würde und wie die Islamverbände kritiklos als einzige Ansprechpartner in Sachen Integration von Menschen aus Ländern, in denen der Islam die verbreitetste Religion ist, gesehen würden. Ihm war das nicht neu, und in unserem Gespräch meinte er plötzlich: »Man müsste die Medien wachrütteln. So wie in den 70ern die Feministinnen mit ihrem Slogan ›Ich habe abgetrieben‹.« Daraus sponnen wir die Idee, parallel mit dem Slogan herauszukommen: »Wir haben abgeschworen«! Zudem könnten wir dem medienpräsenten Zentralrat der Muslime einen Zentralrat der Ex-Muslime entgegensetzen. Mir fielen auf Anhieb rund ein Dutzend Exil-Iranerinnen und -Iraner ein, bei denen ich mir vorstellen konnte, dass sie sofort und begeistert mitmachen würden. Michael überlegte, wie er für die Idee in der türkischen Community werben könne. Die erste Islamkonferenz war schneller als wir. Innenminister Schäuble bezeichnete seine Gesprächspartner beim ersten Treffen am 27. September 2006 unhinterfragt als Vertreter der 3,5 Millionen Muslime in Deutschland. Wieder wurde ich mitgezählt.

Auch ich tagte weiter – im Oktober 2006 nahm ich, unter anderem zusammen mit Gisela Notz, der Vorsitzenden von Pro Familia, an einer Podiumsdiskussion zum Thema »Let's talk about Sex« im Rahmen der Jahrestagung des Internationalen Bundes der Atheisten teil. Diesmal war es eine andere Frau aus dem Publikum, die sich engagiert in die Debatte einbrachte. Es war Arzu Toker, Schriftstellerin und Übersetzerin, in der Türkei geboren und lange Jahre im Rundfunkrat des WDR tätig. Ich ging nach der Veranstaltung auf sie zu und erzählte ihr von der Idee der Kampagne »Wir haben abgeschworen«. Sie hatte schon davon gehört und sagte, dass sie vor allem auf diese Veranstaltung gekommen sei, um mich kennenzulernen.

Auf dem Podium hatte ich mit Feministinnen gesessen, die von der Geschichte des § 218 erzählten. »Ich habe abgetrieben« – der *Stern*-Titel vom Juni 1971 war ein Meilenstein in ihrem Kampf für ein liberales Abtreibungsrecht gewesen. Debatten mit den Kirchen, konservativen Politikern, die Änderungen nach der Wende, alles schien mir interessant zu sein – aber keineswegs das, was mir zu »Let's talk about sex« einfiel. Also meldete ich mich nach einiger Zeit zu Wort und bat darum, etwas Persönliches erzählen zu dürfen. Natürlich durfte ich. »Ich bin in einem Land aufgewachsen, in dem die Religion Sexualität zum Teufelsthema gemacht hat. Und Frauen zu Trägerinnen dieser teuflischen Verlockung für den Mann. Ich musste mich mit zwölf in einen Tschador hüllen, wenn ich in meinem Dorf auf die Straße ging, um die Männer nicht mit dem Anblick meines Körpers ins Verderben zu stürzen. Sexualität reduzierte sich auf die Erhaltung der Jungfräulichkeit bis zur Hochzeitsnacht. Lustempfinden für die Frau war nie ein Thema. Hingabe, um Söhne zu gebären, das war die Sexualität, die Frauen zugestanden wurde. Es gab unter dem Schah in den großen Städten vorsichtige Annäherungen, zarte Flirts. Das alles ist seit der Revolution 1979, nachdem die Religiösen die Macht übernommen haben, wieder zunichte gemacht, heute sind die Frauen in ihrer Sexualität noch unterdrückter, als ich es früher war. Ihr Körper gehört nicht ihnen, sondern dem Ehemann. Sexualität außerhalb der Ehe und Homosexualität werden für beide Geschlechter mit der Todesstrafe geahndet. Ich bin eine Frau, die in zweiter Ehe lebt, die 50 Jahre alt ist – und ich fühle mich immer noch nicht völlig frei in meiner Sexualität, die Bürde dieser Erziehung und des Frauenhasses darin ist zu groß. Und nun sehe ich in Deutschland eine Parallelgesellschaft wachsen, in der Mädchen lernen, ihren Körper ebenso als Verlockung des Teufels zu sehen, allein hin auf eine von den Eltern arrangierte Ehe zu leben, in der ihre Sexualität darin besteht, sich einem Mann hinzugeben, den sie sich nicht ausgesucht haben. Vor der Ehe gilt es nur, die Jungfräulichkeit zu bewahren, in der Ehe nur, Mutter, am besten von Söhnen, zu werden.«

Ich bin eine durchaus kritische *EMMA*-Leserin, denn die Hofierung konservativer Politikerinnen, nur weil sie Frauen sind, ist mir unverständlich. Dennoch ist es in meinen Augen kein Zufall, dass die Zeitschrift *EMMA* eine der ersten Stimmen gegen die Frauenunterdrückung im Islam war. Schließlich war in den 90er-Jahren, nachdem der Feminismus so viel für Frauen erreicht hatte in Sachen sexueller Selbstbestimmung und Teilhabe an der Macht, kaum zu übersehen, dass mit dem Kopftuch auf deutschen Straßen diese Rechte einer zunehmenden Zahl von Frauen wieder abgesprochen wurden. Aber selbst in den Reihen der Feministinnen gab es solche, die dem Kulturrelativismus frönten und kritische Stimmen des Rassismus bezichtigten. Ich bin immer wieder empört, so etwas zu hören, und da man mir schlecht Rassismus gegen meine Kultur unterstellen kann, kann ich nur sagen: Tut eine Vergewaltigung weniger weh, weil der Täter denkt, Gott habe ihm persönlich das Recht dazu gegeben?

Im Gespräch mit Arzu Toker merkte ich schnell, dass ich eine Verbündete vor mir hatte. Sie hatte mit 22 Jahren ihr Heimatland verlassen und war 1974 nach Deutschland ausgewandert. Ausgestattet mit einem, wie sie selbst formulierte, ungeheuren Freiheitsdrang, kritisierte sie bereits früh die Frauenfeindlichkeit des Islam und arbeitete als Journalistin auch zu diesem Thema für zahlreiche Printmedien sowie für den Hörfunk. Großes Aufsehen erregte dabei ihr Hörfunkfeature »Die Frau im Islam, eine psychoanalytische Annäherung an Mohammed als Ehemann«, das für den Hessischen Rundfunk produziert worden war. Neben der journalistischen Arbeit war und ist Arzu Toker auch als Schriftstellerin, Pädagogin, Dolmetscherin und Übersetzerin tätig. Von 1985 bis 1997 war sie als Ausländervertreterin Mitglied des Rundfunkrats des WDR. Nebenher initiierte sie auch noch zahlreiche Bildungs- und Frauenprojekte. Als wir uns trafen, arbeitete Arzu gerade an der Übersetzung des Werks *»Frauen sind eure Äcker!« Frauen – Scharia – Islam.* (Alibri Verlag 2008) Ich war sehr froh, eine solche Mitstreiterin gefunden zu haben!*

---

* Arzu Toker ist im September 2007 von ihrem Posten als stellvertrtende Vorsitzende des Zentralrats der Ex-Muslime zurückgetreten, um fortan im Internationalen Bund der Konfessionslosen und Atheisten IBKA e.V. aktiv zu sein.

Der Islam und der »Abfall vom Glauben«

Kurz nachdem ich Michael Schmidt-Salomon kennengelernt hatte, im März 2006, war ein Aufschrei durch die Medien gegangen: Ausgerechnet in Afghanistan, mit seinem in westlicher Demokratierhetorik kundigem Staatschef Hamid Karsai, war ein zum Christentum konvertierter Muslim, der 40-jährige Abdul Rahman, von einem Todesurteil bedroht. Denn mag auch die afghanische Verfassung in manchen Punkten modern sein – die Scharia steht über ihr, und sie verbietet den Abfall vom Islam, die Apostasie, unter Androhung der Todesstrafe. Zwar steht in der afghanischen Verfassung etwas von Religionsfreiheit, aber Familienmitglieder des Angeklagten hatten ihn bei der Polizei angezeigt und damit ein Verfahren nach den Gesetzen der Scharia in Gang gesetzt. Für Abdul Rahman fand sich schließlich eine diplomatische Lösung: Da er selbst unter Androhung der Todesstrafe nicht vom Christentum ablasse, könne er nur verrückt sein, beschied ein Richter und entließ den Gefangenen ins Ausland. Dies geschah auf der Grundlage des islamischen Rechts, das Strafminderung bei Geisteskrankheit vorsieht. Es war also keineswegs ein Sieg der Religionsfreiheit, sondern eine diplomatische Lösung als Folge des politischen Drucks aus Europa und Nordamerika. Ich frage mich nur, was gewesen wäre, wenn Abdul Rahman nicht das Christentum zur neuen Religion gewählt hätte, sondern öffentlich erklärt hätte, Atheist zu sein? Das Todesurteil wegen Apostasie wäre ihm sicher gewesen – aber der Protest deutscher Politiker? Hätte Angela Merkel die afghanische Regierung auch an »die

Einhaltung ihrer internationalen Verpflichtungen« gemahnt? Ich weiß es nicht, kann aber meinen Zweifel nicht verhehlen.

Während der Kirchenaustritt aus einer der christlichen Kirchen in Deutschland ein reiner Verwaltungsakt ist, gilt dies im Islam nicht. Wer einen moslemischen Vater hat, ist Moslem. Zudem ist es möglich, zum Islam zu konvertieren, ein Austritt aus der Religion aber ist nicht vorgesehen. Es würde auch ihrer Ideologie widersprechen, in der alles zum Islam hin ausgerichtet ist. So beginnt die Kairoer Erklärung der Menschenrechte unter dem Islam: »Die Mitglieder der Organisation der islamischen Konferenz betonen die kulturelle und historische Rolle der islamischen Umma (Glaubensgemeinschaft), die von Gott als die beste Nation geschaffen wurde und die der Menschheit eine universale und wohlausgewogene Zivilisation gebracht hat, in der zwischen dem Leben hier auf Erden und dem Jenseits Harmonie besteht und in der Wissen mit Glauben einhergeht (...) Sie glauben, dass die grundlegenden Rechte und Freiheiten im Islam ein integraler Bestandteil der islamischen Religion sind und grundsätzlich niemand das Recht hat, sie ganz oder teilweise aufzuheben, sie zu verletzen oder zu missachten, denn sie sind verbindliche Gebote Gottes, die in Gottes offenbarter Schrift enthalten und durch seinen letzten Propheten überbracht worden sind, um die vorherigen göttlichen Botschaften zu vollenden. Ihre Einhaltung ist deshalb ein Akt der Verehrung Gottes und ihre Missachtung oder Verletzung eine schreckliche Sünde, und deshalb ist jeder Mensch individuell dafür verantwortlich, sie einzuhalten – und die Umma trägt die Verantwortung für die Gemeinschaft. (…) Alle Menschen bilden eine Familie, deren Mitglieder durch die Unterwerfung unter Gott vereint sind (…).« Diese Erklärung wurde 1990 von der Organisation der islamischen Konferenz verabschiedet, eine zwischenstaatliche Einrichtung von 57 Staaten mit islamischer Gesetzgebung, die für sich in Anspruch nimmt, für die islamische Welt zu sprechen. Auch wenn man das bezweifelt und die Erklärung des Öfteren abgeändert wurde – ihre Grundaussage ist der Kern des Islam. Islam heißt denn auch wörtlich »Unterwerfung unter Gott«. Nur logisch ist deshalb, dass der Islam mehr ist als eine Religion, nämlich ein geschlossenes politisches und rechtliches System, mit festen Regeln und einer göttlichen Gesetzgebung (der Scharia), denen unbedingt Folge zu leisten ist. Denn der Sinn alles irdischen Lebens ist die beste Pflichterfüllung nach den unverrückbaren Geboten Allahs und das Leben auf das Jenseits hin.

Neben dem Koran umfasst die Scharia ausführliche Texte, die als Mohammeds Überlieferung gelten und ab dem Jahrhundert nach seinem Tod (dem 8. Jahrhundert christlicher Zeitrechnung) verschriftlicht wurden. Die rechtlichen Bestimmungen, die im Detail Fragen zum Ehe- und Familienrecht, Straf-, Erb- und Zeugenrecht regeln, sind verbindlich und nicht interpretierbar, denn es sind die Worte Allahs, zeitlos gültig und unantastbar. Mitunter stehen Koran und Traditionstexte im Konflikt, dann sind nach Auffassung gängiger Rechtsschulen die Ausführungen der Traditionstexte von höherer Autorität. Hierunter fallen auch die Bestimmungen zur Apostasie: Der Koran nennt kein konkretes Strafmaß außer der Hölle im Jenseits.

In der Überlieferung aber wird Mohammed zitiert: »Wer seine Religion wechselt, den tötet!« Laut der Islamwissenschaftlerin Christine Schirrmacher »wird diese Anweisung von den vier sunnitischen Rechtsschulen – also der absoluten Mehrheit der muslimischen Theologie – als verbindliches Strafmaß betrachtet, auch wenn in der Praxis nur äußerst selten ein Apostasiefall vor Gericht verhandelt wird«. Dies allerdings, so vermute ich, hängt auch mit dem geschlossenen Weltbild zusammen, in dem viele Menschen heute in islamischen Staaten aufwachsen. Die Idee eines Zweifels am Glauben kann in dieser geschlossenen Welt nur schwer aufkommen, und wer einen Zweifel in sich spürt, behält diesen sicherheitshalber besser für sich.

Zwar betonte der Islamrat der Muslime in Deutschland im Fall des vom Tode bedrohten christlichen Konvertiten in Afghanistan: »Der Zentralrat der Muslime in Deutschland (ZMD) bedauert zwar zutiefst jeden Fall eines Abfalls vom Islam – wir akzeptieren aber auch das Recht, die Religion zu wechseln. Der Koran untersagt jeden Zwang in Angelegenheiten des Glaubens. Außerdem bietet das islamische Recht einen breiten Spielraum für andere Lösungen in derartigen Fällen. In diesem Sinne bittet der ZMD die afghanische Justiz, von einer Bestrafung des zum Christentum übergetretenen Abdul Rahman abzusehen.«

Wie schon erwähnt, wurde ja eine Lösung innerhalb des islamischen Rechts gefunden, Abdul Rahman wegen »Geistesgestörtheit« nicht zum Tode verurteilt. Die Berufung des Zentralrats auf die Religionsfreiheit aber bleibt ein Lippenbekenntnis, denn das Apostasie-Verbot steht über ihr, da es göttliches Gesetz ist. Wer es bricht, verletzt

Gottes Ordnung, die über der der Menschen steht. Apostasie ist Hochverrat gleichzusetzen, es ist ein Verbrechen an der Gemeinschaft der Gläubigen und gegen Gott und deshalb ohne jede Verjährung mit dem Tode zu bestrafen. Ein Gesetzesverständnis, welches auch Europa kennt – aus dem Mittelalter, der Zeit vor der Aufklärung mit dem Absolutheitsanspruch der christlichen Kirche.

Ich bin bis heute nicht mit einer Fatwa, einer von einem islamischen Rechtsgelehrten verhängten Mordaufforderung, belegt. Das erleichtert mich natürlich, denn ein Leben auf der Flucht, wie es die Autoren Salman Rushdie und Taslima Nasrin führen müssen, deren Tötung aufgrund einer Fatwa jedem gläubigen Moslem den direkten Weg ins Paradies verheißt, möchte ich nicht erleben. Auch der französische Philosoph Robert Redeker muss seit der Veröffentlichung eines islamkritischen Artikels in der Zeitschrift *Figaro* wegen Verhängung einer Fatwa versteckt leben. Ich habe die Angst gespürt, die Todesdrohungen auslösen, den erhöhten Puls, die Magenschmerzen, das Kopfdrücken, und vor allem die Sorge um meine Töchter und meinen Mann sowie meine Familie im Iran, nicht zu vergessen meine inzwischen rund 200 Mitstreiterinnen und Mitstreiter im Zentralrat der Ex-Muslime. Die politischen Islamisten haben vermutlich gelernt, dass eine solche Fatwa meiner Stimme noch mehr Gewicht in den Medien bringen würde – sie versuchen es mit vereinzelten Drohungen direkt in mein Postfach und kollektivem Totschweigen. Letzteres ist auch die Strategie der Islamverbände in Deutschland, die die neue und laute Stimme der Ex-Muslime möglichst klein halten wollen.

Leben unter Polizeischutz

Am Morgen des 12. Februar 2007 ging ich morgens als Erstes zum Kiosk drei Straßen weiter und kaufte mir einen *Focus.* Sofort blätterte ich den Artikel auf Seite 40 auf: »Erstmals wollen sich in Deutschland Ex-Muslime öffentlich zu ihrer Abkehr vom Glauben bekennen.« Ich steckte schnell das Wechselgeld ein und wünschte dem Verkäufer einen guten Tag. Für ihn schien die Zeitschrift in meinen Händen nichts Besonderes zu sein, und mein Gesicht schien er auch nicht zu kennen, kam ich doch nur unregelmäßig vorbei, um eine Zeitung zu kaufen. Auf dem Heimweg blieb ich alle paar Schritte stehen und las wieder ein paar Sätze. Ich schaute mich um und sah die Leute auf der Straße an. Natürlich starrte mich niemand an, nicht die Kinder auf dem Schulweg, nicht die ältere Frau mit Kopftuch, nicht der junge Mann in Jeans und Turnschuhen. Doch war es ein seltsames Gefühl, nun, da es dermaßen exponiert in die Welt gebracht war: Ich habe abgeschworen. Mina Ahadi, Menschen- und Frauenrechtlerin. Ich hatte keine Kontrolle mehr darüber, wer davon erfuhr und wer wie reagieren würde. Das alles hatte ich gewusst und gewollt, aber nun war es greifbar geworden und löste ein konkretes Gefühl, ein Ziehen im Magen aus. Zu Hause zeigte ich meinem Mann den Artikel und griff dann zum Telefon, um Michael Schmidt-Salomon anzurufen: »Michael, guten Morgen! Was hältst du davon, von dem Artikel? Ich bin aufgeregt! Und wird das frühe Erscheinen der Wirkung unserer Pressekonferenz schaden?« Meine Stimme überschlug sich fast, ich war wirklich aufgeregt. Ich war schon oft in Zeitungen zitiert worden, hatte Interviews vor Fernsehkameras gegeben, aber das hier war anders. Michael antwortete: »Ich war erst besorgt wegen der frühen Veröffentlichung. Aber der Artikel ist gut und der *Focus* immerhin eines der großen deutschen Nachrichtenmagazine. Mein Telefon hat schon mindestens zwanzigmal geklingelt, vermutlich, da ich im Impressum der Homepage des Zentralrats der Ex-Muslime stehe. Alle Zeitungen und Sender wollen Interviews. Es muss uns nur gelingen, die Spannung bis zur Pressekonferenz hochzuhalten. Aber das schaffen wir schon!«

Bevor wir dazu kamen, über unsere weiteren Schritte im Umgang mit den Medien zu diskutieren, klingelte es an der Tür. Durch das Guckloch sah ich zwei Männer mit schnittigen Kurzhaarschnitten, dunklen Anzügen und ernsten Gesichtern. Mir war klar, wer das war: »Das ist die Polizei«, sagte ich in den Hörer, »ich möchte, dass du mithörst.«

Ich öffnete die Tür halb und sagte fragend: »Guten Tag?« Einer stellte sich vor als Herr Schneider* vom Bundeskriminalamt. »Michael, sie sagen, sie sind vom Bundeskriminalamt«, sagte ich in den Telefonhörer. Ich merkte, wie ich mich versteifte. Zwar sahen die Männer nicht gerade freundlich aus, aber ich wusste, dass meine Körperreaktion eine alte Angst widerspiegelte. Die vor dem Savak, dem Geheimdienst des Schahs, der im Iran so viele meiner Weggefährten der linken und kommunistischen Opposition zu Folter und Hinrichtungen abgeführt hatte. Und mehr noch die Angst vor den Pasdaran, den Revolutionswächtern des

---

* Name geändert

islamischen Regimes nach der Revolution von 1979, und dem neuen Geheimdienst Vevak, der scheinbar den Savak an Grausamkeit noch zu überbieten versuchte, der meinen Mann gefoltert und ermordet hatte wie so viele andere. Es war die Angst vor den Schergen des politischen Islam und des iranischen Regimes, das seine Schlagkraft bei der Verfolgung und Ermordung Oppositioneller in der ganzen Welt unter Beweis gestellt hat. In Deutschland war man sich dessen spätestens seit dem Bombenanschlag vom 21. September 1992 in der Berliner Diskothek Mykonos bewusst. Dort starben vier Vertreter der iranischen Opposition, Mitglieder der Demokratischen Partei Kurdistans, durch Mörder des iranischen Geheimdienstes Vevak.

Bis heute habe ich Albträume, in denen drei Männer im Anzug an meine Wohnungstür schlagen: »Mina Ahadi, sofort aufmachen!« – In meinem Traum sind das Agenten der Savak, des Geheimdienstes des Schahs – oder Männer mit Bart und Gewehren, die meinen Mann abführen, während ich aus einem Versteck zusehe – Agenten des Vevak, dem Geheimdienst der Mullahs.

Ich zögerte, die Beamten in die Wohnung zu lassen, überlegte, ob sie vielleicht einen Termin mit mir außer Haus machen könnten. Das fragte ich Michael am Telefon, aber der meinte, ich könne beruhigt sein, es ginge nur um meinen Schutz. Also gut, dachte ich: »Kommen Sie herein, aber was immer wir besprechen – ich möchte meine Kinder nicht beunruhigen.« Zudem bat ich um einen Ausweis, den einer der beiden mir daraufhin bereitwillig zeigte. Im Wohnzimmer nahmen sie mir gegenüber am Tisch Platz, und ich verabschiedete mich von Michael mit dem Versprechen, ihn später wieder anzurufen und zu berichten. Einer der Männer fragte mich aufgebracht, wie ich das Interview habe geben können. Ich war nun auch aufgebracht, wegen seines Tonfalls, versuchte aber ruhig und freundlich zu bleiben: »Ich habe meine Meinung geäußert. Ich bin EU-Bürgerin und habe von meinem Recht auf freie Meinungsäußerung Gebrauch gemacht. Und von meinem Recht auf Religionsfreiheit, welches ausdrücklich auch das Recht, keiner Religion anzugehören, umfasst.« Ob ich nicht an die Folgen gedacht habe. »Bin ich verantwortlich, wenn meine Meinung und religiöse Überzeugung, mit der ich niemanden angreife, von anderen zum Anlass genommen wird, mich zu bedrohen, gar töten zu wollen?« Es herrschte Schweigen, und ich dachte schon, sie würden gar nichts mehr sagen, als die Frage kam, weshalb ich sie denn nicht vor der Veröffentlichung benachrichtigt hätte. Ich erklärte, dass dies im Vorfeld der Pressekonferenz am 28. Februar noch geschehen sollte, die Veröffentlichung im *Focus* zu diesem frühen Zeitpunkt auch mich überrascht hätte und mir erst Stunden vor dem Erscheinen angekündigt worden war. Schließlich boten sie mir und meiner Familie Polizeischutz an, da sie die Lage aufgrund dieses öffentlichen Abfalls vom Islam als ernst einschätzten und für potenziell lebensbedrohlich hielten. Ich willigte gerne ein, vor allem für meine beiden Töchter. Sie taten mir leid, denn ich ahnte, was nun auf sie zukam.

Nachmittags kamen acht Männer, das Team zu meinem Schutz, und besprachen mit mir die Einzelheiten. Sie würden erst einmal jede halbe Stunde einen Kontrollgang vor dem Haus machen, jeden Morgen anrufen und mit mir die Pläne des Tages besprechen, und bei jedem Gang aus dem Haus würden mich Bodyguards begleiten. So wurde es gemacht, der *Focus* war das Letzte, was ich mir spontan »mal eben um die Ecke gehend« gekauft hatte.

Pressekonferenz in Berlin

Arzu Toker und ich stellten uns auf der Gründungsversammlung des Zentralrats der Ex-Muslime im Januar 2007 beide für den Vorsitz zur Wahl. So wurde ich Vorsitzende und Arzu meine Stellvertreterin, gewählt von Menschen aus dem Iran, dem Irak und der Türkei. Wir planten eine Pressekonferenz am 28. Februar im Berliner Haus der Bundespressekonferenz, trafen aber zu Hintergrundgesprächen schon Ende Januar mit einzelnen Journalisten zusammen. Der *Focus* kam mit der Veröffentlichung des Artikels über unseren »Tabubruch« am 12. Februar 2007 der Pressekonferenz zuvor. In diesem Artikel wurde unser Schritt als nicht risikofrei geschildert. Ein führender islamischer Theologe wird aus dem Jahr 2006 im Text mit folgenden Worten zitiert: »Der Abfall vom Islam ist die größte Gefährdung der islamischen Gemeinschaft. Alle vier Rechtsschulen des Islam sind sich einig, dass der Abgefallene hingerichtet werden muss.«

Der *Focus*-Artikel trat eine Lawine von Interviewwünschen mit Arzu Toker und mir los. Es war, als hätten die Journalisten landauf, landab zum ersten Mal realisiert, dass es so etwas wie Atheisten auch unter den Muslimen geben könne. Am 26. Februar erschien im *Spiegel* unser Kampagnenplakat »Wir haben abgeschworen« in einem Artikel vorab. Auch in der Optik hatten wir uns an das Vorbild »Wir haben abgetrieben«, dem *Stern*-Cover vom Juni 1971, gehalten. Wir standen mit Namen und Foto für unsere Überzeugung ein. Darüber hatten wir lange diskutiert, alle miteinander, die wir unser Gesicht als Ex-Muslime zeigten. Herr Schneider, der Leiter meiner Bodyguards, hatte gefragt, ob wir nicht wenigstens den Nachnamen abkürzen, also Mina A. und Arzu T. schreiben könnten. Aber wir hatten uns dagegen entschieden. Zum einen schien uns das nicht wirklich mehr Schutz zu bieten, falls uns jemand persönlich angreifen wollte – vor allem aber wäre ein solcher Versuch von Anonymität konträr zu unserer Botschaft gewesen: dem politischen Islam die Stirn zu bieten und uns die »Sünde des Abfalls«, unser Recht auf Religionsfreiheit, zu nehmen. Und der deutschen Öffentlichkeit zu zeigen, dass es andere Stimmen unter den Muslimen gab als die Islamverbände.

Trotz der Vorabartikel war unsere Gründungspressekonferenz am 28. Februar 2007 im Haus der Bundespressekonferenz in Berlin so überfüllt, dass wir zunächst in einen größeren Raum wechseln mussten. Das erste Mal in meinem Leben stand ich in einem Blitzlichtgewitter. Unser bewusst provokanter Schritt war aus der Erfahrung entstanden, dass unsere Stimmen, die der »ungläubigen Menschen aus Ländern, deren Religion mehrheitlich der Islam ist«, nicht gehört wurden. Jetzt aber waren wir, stellvertretend für die unzähligen »abgefallenen« Muslime, unübersehbar.

Neben Arzu und mir saß Michael auf dem Podium, er begrüßte die anwesenden Medienvertreter und stellte uns beide vor. Die rund 100 anwesenden Journalisten hörten aufmerksam zu. Wir stellten die Ziele des Zentralrats vor. Ich hatte mich schwergetan, eine Rede vorzubereiten. Erst hatte ich einen Text in Persisch geschrieben und übersetzen lassen, in Deutsch erschien er mir jedoch zu pathetisch. Dann hatte ich Arzu um Rat gefragt, und sie hatte sich angeboten, einfach in den Computer zu tippen, was ich spontan sagen würde. So hatte ich in ihrem Arbeitszimmer vor einem imaginären Publikum gesprochen, und sie hatte in die Tasten gehauen. Später waren wir den Text gemeinsam durchgegangen. Auf dem Podium aber las ich ihn nicht ab, in einer freien Rede erzählte ich meine Geschichte: »Als ich 1990 als Flüchtling nach Europa kam, musste ich auf Asyl warten, bis ich einen EU-Pass bekam. Heute erlebe ich immer wieder, dass Freunde kein Asyl erhalten und in ihre Papiere ein ›abgelaufen‹ gestempelt wird, Ausreise, Abschiebung. Und ich sage heute zu den Islamverbänden und Islamisten in Deutschland: ›Ihr seid abgelaufen! Die Zeiten, in denen Ihr vorgeben konntet, für Millionen zu sprechen, sind vorbei. Wir erheben unsere säkulare Stimme für Integration. Und wir fordern die deutsche Öffentlichkeit auf, sich nicht mehr blenden zu lassen, sondern Toleranz nur dem zu gewähren, der und die die individuellen Menschenrechte anerkennt und Kinder zu freiem Denken erzieht.‹« In Interviews, und davon mussten Arzu und ich nach der Pressekonferenz Dutzende geben, führte ich das aus: »Ihr erkennt sie, die sich integrieren wollen: Sie sind aktiv für die Gleichberechtigung der Frauen, gewähren Mädchen Zugang zur gesamten Bildung und erlauben jungen Menschen, vor allem Frauen, ein Leben vor und außerhalb der Ehe!«

Seit dieser Pressekonferenz hat sich mein Leben verändert. Wir, die Muslime, die abgeschworen haben, werden gehört. Das ist gut so.

Was wir zu sagen haben, ist auch: Der Islam ist nicht nur eine Religion und fromme Lebensführung, er ist ein Gesetz für das ganze Leben, welches intolerant ist gegenüber allen anderen Gesetzen. Toleranz muss immer gegenseitig sein. Die Attentäter des 11. September und die Islamverbände, die Eltern unterstützen, ihre Töchter vom Sportunterricht auszuschließen und mit einem Kopftuch einzuhüllen, kommen aus denselben Wurzeln des intoleranten Denkens. Auch dann, wenn sich Letztere von den Attentaten ehrlich distanzieren.

Es ist ein Wertesystem, welches die Umma, die Gemeinschaft der Gläubigen, eint, so steht es im Koran, dem Wort Allahs, Sure 3, Vers 111: »Ihr seid das beste Volk, das je unter Menschen entstand. Ihr gebietet nur das Rechte und verbietet das Unrecht und glaubt an Allah.« Wer zur Umma gehört, denkt nicht, sondern gehorcht, wie es zum Beispiel in Sure 4, Vers 60 heißt: »O Gläubige, gehorcht Allah, gehorcht seinem Gesandten und euren Vorgesetzten.« Der Einzelne in der Gemeinschaft der Gläubigen bezieht sein Ehr- und Selbstwertgefühl aus dem Gedanken »Wir sind die Besten«. So ist zu erklären, dass der Einzelne und insbesondere die Frauen, die die Verlockung des Bösen sind, das Ehrgefühl der Gruppe durch Abweichung von gebotstreuem Verhalten verletzen können. Wer Missstände aufdeckt, beschmutzt immer die Ehre – so ist es kaum möglich, dass von innen, aus der geschlossenen Gemeinschaft heraus, etwa Gewalt gegen Frauen angeprangert werden kann. Auch kann ein in diesem Denksystem erzogenes Mädchen nur sehr schwer »freiwillig« das Kopftuch ablehnen: Sie riskiert die Hölle, alle, die sie liebt, denen sie sich in der Familie zugehörig fühlt, vermitteln ihr das.

Dem Islam drohen immer Verunglimpfungen von außen, die die kollektive Seele beleidigen, wie die Mohammed-Karikaturen oder Romane wie die von Salman Rushdie und Taslima Nasrin. Der Islam neigt dazu, sich selbst ständig verletzt und unverstanden zu fühlen, man schließt sich zusammen im Opfer-Sein. Statt sich selbst zu ändern, werden die anderen, die Ungläubigen, verantwortlich gemacht, denn die Umma ist von Gott geschaffen und damit unhinterfragbar. Das ist eine sehr hohe Lernbarriere, die man bei Wünschen nach der Reformierbarkeit des Islam nicht vergessen sollte.

Dieses eine Wertesystem teilen die Terroristen im Namen des Islam weltweit mit den politischen Bewegungen in Ländern wie Libanon und Algerien, wo die Hamas und die FIS mit einer Mischung aus Wohltätigkeitsorganisation und Infiltration in den eigenen Koranschulen die Bevölkerung auf ihre Seite ziehen. Dasselbe Wertesystem finden wir in den religiösen Diktaturen im Iran oder in Saudi-Arabien. Schließlich finden wir es wieder in der auf Verbreitung ausgerichteten Bewegung des politischen Islam in den westlichen Ländern, die sich hierzulande in den Islamverbänden organisiert und Deutschland mit Moscheenbauten überzieht. Allen diesen Gruppen und Bewegungen ist gemeinsam, dass sie nach innen Terror verbreiten durch Verfolgung jedes abweichenden Verhaltens, vermeintlicher Ehrverletzungen und vom Glauben Abgefallener. Und sie verbreiten Terror nach außen, indem sie gegen Ungläubige wettern und das Ziel einer Gesellschaft verfolgen, die sich nach der Scharia ausrichtet. Nur wenige benutzen zur Verfolgung dieses Ziels (bisher) Bomben. Die meisten bauen ihr Netz von Koranschulen, Moscheen und damit ihren Einfluss aus, so auch in Deutschland. Man mag sich mit Ungläubigen an einen Tisch setzen, aber das geschieht aus Berechnung, denn niemals befinden sich Ungläubige auf gleicher Augenhöhe mit den Mitgliedern des einzig wahren Glaubens.

Die UNO gab in den letzten Jahren Studien über die Entwicklung in arabischen Ländern in Auftrag. Der »Arab Human Development Report« von 2002, 2003 und 2004 wurde unter der Leitung von ägyptischen Sozialwissenschaftlern erhoben. In den 22 Staaten der Arabischen Liga findet nach diesen Studien nur ganz wenig eigene Forschung und Bildungsförderung statt. Durch die Diskriminierung der Frau fehlt die Hälfte der Bevölkerung für die Produktivkraft der Wirtschaft – körperlich wie geistig. Konkret: Nur jede zweite Frau in diesen Ländern kann lesen und schreiben. Wissen und Literatur aus anderen Kulturen werden kaum ins Arabische übersetzt. Da kaum geforscht und entwickelt wird, müssen die Ölquellen mit westlicher Wissenschaft und Technik erschlossen und nutzbar gemacht werden. Die geistigen Schätze aus anderen Kulturen aber sind den Menschen fast gänzlich unbekannt. Die Durchdringung der Gesellschaft mit dem Religiösen mündet kulturell in eine Selbstblockade. Da diese nicht in Frage gestellt werden kann, da sie eine Folge der heiligen Worte und Gesetze Gottes ist, wird die Ursache im

Außen gesucht: die USA, der Westen sind schuld. Karikaturisten im fernen Dänemark. Vom Glauben Abgefallene. In dasselbe Horn stoßen Islamverbände in Deutschland – wer Moscheenbauten und Islamunterricht, Kopftuch und Schächten in Frage stellt, ist »islamophob«.

Vor diesem Hintergrund ist es leider sehr naiv, wie viele deutsche Politiker an die Reformierbarkeit des Islam glauben. Dies scheint mir weitestgehend ein Irrglauben zu sein. Eine Integration wäre dann erreicht, wenn alle Migranten fest auf dem Wertefundament der individuellen Menschenrechte stünden. Erst dann kann man über Religion diskutieren. Obwohl, was wäre dann noch zu diskutieren: Religion wäre dann eine Geschmacksfrage, man könnte einer Religion angehören, sie wechseln oder ablegen. Ganz individuell und geschützt durch das individuelle Menschenrecht auf Religionsfreiheit. Allerdings, das will ich noch einmal betonen, würde das auch von den christlichen Kirchen erfordern, auf einige der ihnen in Deutschland exklusiv verliehenen Privilegien zu verzichten. Konfessioneller Religionsunterricht, ihr Sonderstatus als Arbeitgeber und eine vom Staat eingezogene Kirchensteuer ständen ganz oben auf dieser Liste. Die christlichen Kirchen müssen sich fragen, ob sie auf diesen Privilegien beharren wollen – mit dem Risiko, dass mit der Etablierung eines Islam mit denselben Privilegien die Spaltung der Gesellschaft und die Abwendung großer Teile der Bevölkerung von den Grundrechten für den Einzelnen noch rapide gefördert wird. Ein Festhalten an ihren Privilegien stellt die Kirchen vor die Frage nach ihrer Mitverantwortung.

Meine Jugend im Iran

Emanzipation braucht Bildung

Ich habe die Gültigkeit der These, dass Emanzipation Bildung braucht, am eigenen Leib erfahren. Deshalb möchte ich an dieser Stelle etwas aus meiner Kindheit erzählen. Knapp ein Jahr nach der Hochzeit meiner Eltern wurde mein ältester Bruder, Amir, geboren. Zwei Jahre später kam mein Bruder Sohrab zur Welt, wieder zwei Jahre später meine Schwester Mariam, dann im gleichen Abstand ich. Nur bei meiner kleinen Schwester Mahtab hat es nach mir sechs Jahre gedauert. Noch vor ihrer Geburt ist mein Vater gestorben.

Meiner Mutter stand als Witwe nur ein Achtel des Besitzes ihres verstorbenen Ehemanns zu, den Rest bekam sein Bruder, der nächste männliche Verwandte. Es ging nicht um einen großen Besitz, dennoch war es ungerecht. Sie beschwerte sich bei diesem Bruder, und es gab einen großen Familienrat. Erstaunlich war, dass überhaupt darüber debattiert und meine Mutter angehört wurde. Sie sagte, diese Erbregelung sei Unrecht, sie habe fünf Kinder und erhalte nur ein Achtel des Geldes ihres eigenen Mannes.

Mein Vater war der Familienernährer gewesen, aber sie hatte in Haus und Hof ihren Teil der Arbeit genauso getan. Das waren sehr rebellische Worte, es war das einzige Mal, dass ich meine Mutter so sehr aufbegehren sah. Sie wurde gehört, aber sie hatte keine Chance. Vielmehr sollte meine Mutter davon überzeugt werden, dass es gut sei, wenn der Bruder meines Vaters sich nun auch um sie und ihre Kinder kümmern würde. Wir wohnten in seinem Haus und waren damit unter männlicher Obhut. Doch ich fand, dass meine Mutter recht hatte, wieso bekam sie nicht das Geld ihres Mannes? Die Lektion war mir klar: Als Frau muss man sich in sein Schicksal fügen. Ich wollte keine Frau werden, ich wollte mich nicht in mein Schicksal fügen, auch wenn ich keine genaue Vorstellung davon hatte, was das heißen könnte.

Mein Onkel hatte elf Kinder, an Spielkameraden hat es mir zu Hause also nie gemangelt. Aber auch Hausarbeit gehörte zu meinem Alltag, so hatten wir zwar Strom, mussten aber unsere Kleidung und das Geschirr in einem kleinen Fluss am Straßenrand waschen. Erst als ich neun war, wurde eine öffentliche Wasserleitung in Abhar verlegt, danach gab es einen öffentlichen Wasserhahn neben der Schule, dort konnten wir Leitungswasser holen. Vorher hatten wir unser Wasser nachts aus dem am Dorfrand fließenden Fluss geholt. Tagsüber wuschen die Frauen dort die Wäsche, laut meiner Mutter war in der Nacht aber wieder sauberes Wasser nachgeflossen. Natürlich hatten wir auch kein Wasserklosett. Die nächtlichen Gänge auf die Latrine, eine tiefe Grube mit einem kleinen Loch in einer Ecke des Innenhofes, waren mir immer unheimlich. Auch stank es dort entsetzlich, die Leerung einmal im Jahr half dem Gestank in keiner Weise ab.

Unser großer Luxus war ein Radio. Meine Mutter hörte abends immer die Nachrichten, und wir Kinder setzten uns manchmal um sie herum und lauschten dem persischen Kinderprogramm, welches vor allem aus Liedern bestand, die ich heute noch alle singen kann. Zu Hause war meine Mutter vor ihrer Witwenschaft westlich angezogen, Kleid, Rock, offene Haare. Aber auf der Straße musste sie den Tschador tragen, in unserem kleinen Dorf ging es traditionell zu wie überall auf dem Land. Ich musste wie alle Mädchen ab dem 12. Lebensjahr außerhalb des Hauses einen Tschador tragen. Auch das Spielen mit anderen Kindern auf der Straße war ab diesem Zeitpunkt vorbei. Dorthin durfte ich wie die erwachsenen Frauen nur noch, wenn ich einen bestimmten Weg zu einem bestimmten Ziel, und das ohne Innehalten oder Umwege, verfolgte. Also zur Schule oder manchmal mit der ganzen Familie eine andere Tante besuchen. Frauen waren sehr auf die Welt des Hauses beschränkt.

Mein Onkel war geschäftlich viel unterwegs. Er war Verwalter bei einem Großgrundbesitzer. Eines Tages kam eine Frau mit einem sechsjährigen Jungen zu uns und sagte: »Dieses Kind ist von ihm.« Meine Tante war tief getroffen, aber es gab für sie keine Möglichkeit, etwas gegen die Situation zu tun, die mein Onkel nun schuf: Er mietete eine kleine Wohnung für seine zweite Frau, wo diese mit ihrem Sohn lebte. Den Sohn heiratete 15 Jahre später meine ältere Schwester Mariam. Die Ankunft der zweiten Frau war im Dorf ein kleiner Skandal, zwar waren Zweitehen durchaus gestattet, in der Praxis aber selten. Nach ein paar Wochen hatten sich die Gemüter allerdings beruhigt, und die zweite Frau meines Onkels wurde in der Dorfgemeinschaft akzeptiert. Ich fragte mich, weshalb Männer mehrere Frauen haben durften, Frauen aber nur einen Mann. Das schien mir ungerecht, aber ich wusste instinktiv, dass ich das besser keinen Erwachsenen fragen sollte. Ich habe als Jugendliche nur einmal eine persische Übersetzung des Koran gesehen, normalerweise gab es ihn nur auf Arabisch und er war damit unverständlich für mich. Aber heute kenne ich auch Sure 4, Vers 4: »Überlegt gut und nehmt nur eine, zwei, drei, höchstens vier Ehefrauen. Fürchtet ihr auch so noch, ungerecht zu sein, nehmt nur eine Frau oder lebt mit Sklavinnen (die unter euerer Hand, unter euerem Rechte stehen), die ihr erwarbt.«

Im schiitischen Islam, also auch im Iran, ist neben der Polygamie auch die Zeitehe erlaubt: Ein Mann heiratet eine Frau auf eine vorher festgelegte Zeit, diese beträgt zwischen einer Stunde und 99 Tagen. Danach muss sie 45 Tage warten, bis sie sich erneut verehelichen kann, wohl, um eine Schwangerschaft auszuschließen, oder, im Fall einer solchen, den Vater genau bestimmen zu können. Die Frau bekommt nach Ablauf der Ehe meist eine Entschädigung. Ob man diese Art der Ehe als eine Form der Prostitution betrachtet, mag man selbst entscheiden. Interessant erscheint mir eine Studie, die die Islamwissenschaftlerin Christine Schirrmacher in ihrem mit Ursula Spenger-Stegemann geschriebenen Buch *Frauen und die Scharia* erwähnt: Nach ihr sind Zeitehen besonders bei Mullahs beliebt, die üblicherweise vor Heiligenschreinen von bestimmten Frauen direkt darauf angesprochen werden.

Als Kind blieben mir solche Einsichten natürlich unerreichbar, doch die Ungerechtigkeit, die in der untergeordneten Stellung der (Ehe-)Frau lag, begriff ich gefühlsmäßig sehr gut.

Immerhin war der Schulbesuch für Mädchen etabliert. In unserem Dorf gab es eine Mädchen- und eine Jungenschule. Ich bin vom ersten Tag an gerne in die Schule gegangen, ich war neugierig, und Lernen hat mir Spaß gemacht. Schreiben war etwas Wunderbares, und es ermöglichte das Lesen. Englisch, welches wir ab der siebten Klasse hatten, ermöglichte mir weitere Lektüren. Aber auch Mathematik fand ich spannend, weil sie so logisch war.

Lernen machte mir nicht nur Spaß, ich war auch sehr gut darin: In der zweiten oder dritten Klasse gab mir meine Mathelehrerin die Aufgaben für die fünfte Klasse, da ich mich sonst gelangweilt hätte. Die Schule hatte sechs Jahrgänge, es gab jeweils eine Klasse pro Jahrgang mit rund 30 Schülerinnen. Zweimal die Woche hatten wir eine Stunde Koranunterricht, also stupides Auswendiglernen fremder arabischer Laute durch Nachsprechen. Ebenso stupide waren auch die ewigen Lobeshymnen unserer Lehrerinnen und Lehrer auf den Schah. Der Geburtstag des Schahs wurde jedes Jahr feierlich begangen, mit einer großen Veranstaltung im dörflichen Sportstadion. Als ich in der dritten Klasse war, habe ich auf dieser Feier ein Gedicht vorgetragen, vor rund 400 Personen. Es ging um eine Mutter, die ihren Sohn liebt. Der hatte eine Geliebte, die ihm sagte, du musst deine Mutter töten. Da ging er hin und stieß seiner Mutter ein Messer in die Brust. Doch seine Mutter sagte ihm noch im Sterben, dass sie ihn liebe, egal was er getan habe, denn er sei ihr Sohn. Es war ein sehr pathetisches Gedicht, und ich habe es mit all meinem kindlichen Pathos vorgetragen. Es war meine erste Rede vor Publikum, und mir gefiel, wie alle mir zuhörten. Als das Publikum nach meinem Vortrag klatschte, freute ich mich sehr und war stolz auf mich. Dieser Stolz steigerte sich noch, als ich am nächsten Tag in der Tageszeitung ein Foto von mir sah. Dass ich mit dem Gedicht einem Sohnes- und Männerkult gehuldigt hatte, der Frauen Stolz nur in der Rolle als Mutter von Söhnen gewährte, machte ich mir nicht bewusst, zu schön war der Erfolg.

Die Schule machte mir zwar Spaß, aber die Pädagogik bestand aus Pauken, Prüfen und Strafen. Eine meiner Cousinen, ein Jahr älter als ich, war sehr schlecht in der Schule. Eines Tages forderte mich eine Lehrerin auf, diese Cousine mit einem Stock zu schlagen, da sie eine Aufgabe nicht lösen konnte. Die Lehrerin sagte, ich müsse meine Cousine schlagen, damit diese lerne zu lernen. Ich schüttelte den Kopf und war wie erstarrt. »Das musst du machen«, sagte die Lehrerin drohend. Ich verstehe bis heute nicht, was sie damit bezweckte, aber ich weigerte mich und sagte leise: »Das mache ich nicht. Sie ist größer als ich, und ich liebe sie.« Dann fing ich an zu weinen, denn es war entsetzlich, einer Erwachsenen zu widersprechen, es war absolut böse. Die Lehrerin schaute auch ganz empört, damit hatte sie wohl nicht gerechnet. Schließlich aber ließ sie mich gehen, ich weiß nicht mehr, ob sie meine Cousine dann selbst schlug. Zu Hause musste ich meiner Mutter einfach davon erzählen, aber ich wusste nicht, ob sie mich bestrafen würde, denn ich hatte ja einer Lehrerin widersprochen! Doch zu meiner Überraschung lobten mich meine Mutter und auch meine Tante, die während meines tränenreichen Geständnisses ins Zimmer kam. Ich lernte, dass es richtig ist, dem eigenen Gewissen zu folgen, und dass mich mein Gefühl für das, was richtig und falsch war, nicht trog. Ich habe mir damals geschworen, diesem meinem Gewissen immer zu folgen – egal, wer mir etwas befehlen würde.

Den Tschador, den alle Mädchen ab zwölf trugen, durften wir innerhalb der Schule ablegen und konnten uns in unseren Kleidern bewegen. Morgens kamen wir verhüllt in die Eingangshalle, dort zogen wir den Umhang über den Kopf aus. Jedes Mädchen faltete ihren Tschador sorgfältig zusammen und schob ihn in eine Schublade unter ihrem Tisch. Ich mochte es, dass wir dann nicht mehr alle gleich aussahen. Auch war der Stoff des Überhangs schwer und machte mich unbeweglich. Unter dem Schah hatten wir an der höheren Schule auch männliche Lehrer, ihnen begegneten wir innerhalb der Schulmauern unverhüllt. Das schien mir nicht logisch, aber ich war viel zu froh, den verhassten Umhang loszuwerden, um viel darüber nachzudenken.

Besuche in Teheran

Die Unterschiede zwischen Stadt und Land waren im Iran meiner Kindheit gravierend, vor allem in Teheran gab es einen starken westlichen Einfluss auf den Lebensstil. Der Vater meiner Mutter lebte seit seiner Scheidung in Teheran. Er war im Gegensatz zu dem Vater meines Vaters nicht in der kommunistischen Tudeh-Partei, aber er war ein großer Freidenker, ein mit dem Westen sympathisierender Liberaler. Jedes Jahr haben wir die gesamten drei Monate der Sommerferien bei ihm verbracht. Er lebte in einer Wohnung mit seinem Sohn, meinem Onkel, der Physik studierte. In den Sommerferien habe ich in seinen Physikbüchern gestöbert, sah meine Zukunft als Physikstudentin vor mir. Denn meinen Onkel bewunderte ich, er war ein großer attraktiver Mann, der viel lachte und gerne all meine Fragen zu beantworten suchte. Physik war für ihn die Möglichkeit, die Gesetzmäßigkeiten des Universums naturwissenschaftlich zu erklären, das weckte meine Neugier. Außerdem nahm mich mein Onkel oft mit ins Kino. Ich kann mich nicht mehr an Einzelheiten der Filme erinnern, aber es waren iranische und ausländische, unterhaltsame und kritische, und ich habe sie in mich aufgesogen. Im dunklen Kinosaal saßen damals Frauen und Männer zusammen, selbst zaghaftes Händchenhalten zwischen Mädchen und Jungen, so erzählte mir mein großer Bruder später, war damals möglich.

In den drei Sommermonaten in Teheran haben wir Mädchen, meine ältere Schwester und ich, keinen Tschador getragen. Ich fühlte mich dort viel freier in meinen Bewegungen. Wir sind Eis essen gegangen mit meinem Großvater und durch die Straßen geschlendert, einfach so, ohne Ziel und Zweck. Viele Frauen in Teheran saßen in Cafés und rauchten, sie hatten kurze Röcke und ärmellose Blusen mit Ausschnitt an. Mein Großvater sagte gerne: »Männer und Frauen sind gleich. Es ist falsch, was die

Religion sagt.« Er kritisierte Mohammed, der eine Neun- oder Zehnjährige zur Frau genommen habe, also ein Kind. Meine Mutter schimpfte daraufhin mit ihm, er solle dies nicht vor uns Kindern diskutieren. Doch er meinte, wir sollten das hören, denn sonst käme Gott und mische sich in die Leben der Menschen, das werde er nicht zulassen. Meine Mutter verteidigte nicht Mohammed, sondern stritt mit ihrem Vater über dessen Tonfall uns Kindern gegenüber. Was es mit Mohammed, von dem ich natürlich wusste, dass er der letzte Prophet Allahs gewesen war, und dieser Mädchen-Ehefrau, die jünger war als ich, auf sich hatte, fragte ich meinen Großvater einmal, als er mit mir alleine in seinem Wohnzimmer saß.

Mohammed, der Mensch

Mein Großvater erzählte mir, dass Mohammed im siebten Jahrhundert gelebt hatte und ein Eroberer gewesen sei. »Er hatte Offenbarungen, wie sie ihm gerade passten. Einmal verliebte er sich in die Frau seines Adoptivsohnes Zaid. Da erschien ihm Allah und machte die Sünde nicht nur legitim, sondern von Gott befohlen. So gibt es nun diese schöne Sure im Koran, Sure 33, Vers 37 und 38: ›Es ziemt den gläubigen Männern und Frauen nicht, wenn Allah und sein Gesandter irgendeine Sache beschlossen haben, sich die Freiheit herauszunehmen, anders zu wählen, denn wer Allah und seinem Gesandten ungehorsam ist, der befindet sich in offenbarem Irrtum. Als du zu jenem, dem Allah und dem du Gnade erzeigt hattest, sagtest: ›Behalte dein Weib (Seineb) und fürchte Allah‹, suchtest du deine Liebe im Herzen zu verheimlichen, welche doch Allah veröffentlicht haben wollte, und du fürchtetest die Menschen da, wo es billiger gewesen wäre, Allah zu fürchten. Da sich endlich Zaid hinsichtlich ihrer (zur Scheidung) entschlossen hatte, da gaben wir sie dir zur Frau, damit für die Gläubigen kein Vergehen mehr darin bestehe, wenn sie die Frauen ihrer angenommenen Söhne heiraten; denn was Allah befiehlt, das muss geschehen.‹ Praktisch, nicht wahr?!«, meinte mein Großvater.

Mohammed wurde 571 in Mekka geboren, er gehörte zum Stamm der Haschemiten. Gegen 595 bot ihm seine damalige Arbeitgeberin, die 15 Jahre ältere zweifache Kaufmannswitwe Chadidscha bint Chuwailid (555 – 619) aus dem angesehenen quraischitischen Geschlecht Abd al-Uzza, die Heirat an. Mit ihrer Hilfe erlangte Mohammed finanzielle Unabhängigkeit und soziale Sicherheit, eine Wende in seinem Leben.

616 bis 622 wuchs eine kleine Schar von Anhängern um den selbst ernannten Propheten, dem angeblich einige Jahre vorher der Erzengel Gabriel erschienen war und ihm die erste Offenbarung Gottes brachte. Diese »Offenbarungen« ereilten ihn fortan immer wieder, nach seinem Tod schrieben Anhänger sie auf – der Koran entstand. In Mekka war der Prophet nicht mehr wohlgelitten, die Stadtherren sahen ihre Macht bedroht. Er ging nach Medina und begann seine Feldzüge. Im Jahr 624 besiegte er die Mekkaner. Seine Rache war göttlich, wie es in Sure 59, Vers 4 bis 6, heißt: »Und wenn auch Allah die Verbannung nicht über sie niedergeschrieben und verhängt hätte, so

hätte er sie doch auf eine andere Weise in dieser Welt gestraft, und in jener Welt ist ihnen außerdem die Strafe des Höllenfeuers bereitet. Dies traf sie, weil sie sich Allah und seinem Gesandten widersetzten, denn wer sich Allah wiedersetzt, gegen den ist Allah streng im Bestrafen. Was ihr auch an Palmen fälltet oder auf seinen Wurzeln stehen ließt – so oder so –, es geschah, wie Allah will, um die (jüdischen) Übeltäter mit Schmach zu bedecken.«

Wie in allen monotheistischen Religionen ist die Psychologie der Angst vor der ewigen Verdammnis ein machtvolles Instrument der Führer, hier Mohammeds, seine Anhänger untertan zu halten. Als 625 die Mekkaner im Gegenzug die Mediner besiegten, war Gott diesmal auf der Seite der Unterlegenen, so Sure 3, Vers 173: »Alle die, welche Allah und seinem Gesandten gefolgt sind und, nachdem sie verwundet wurden, dennoch entsprachen und Allah fürchteten, werden großen Lohn empfangen.« 627 aber vernichtete Mohammeds Armee die Mekkaner entscheidend. Er überließ es einem verbündeten arabischen Stamm, um sich dessen Wohlwollen zu sichern, wie sie mit einem jüdischen Stamm umgehen wollten, der sich bedingungslos ergab. Er verhinderte nicht nur nicht das Massaker, dem alle Männer des Stammes zum Opfer fielen, ließ zu, dass Frauen und Kinder versklavt wurden – er teilte sich auch die Beute mit den Arabern. Zu seinem Beuteanteil gehörte auch eine Konkubine. Wieder schickte Gott Mohammed die passende Offenbarung, die die Tötung der Juden (»Leute der Schrift«) gutheißt, in Sure 33, Vers 26 bis 28: »Die Ungläubigen mit ihrem Mute hat Allah zurückgetrieben, und sie konnten keinen Vorteil erringen; den Gläubigen aber war Allah hinreichender Schutz im Kampfe; denn er ist stark und allmächtig. Er veranlasste auch, dass von den Schriftbesitzern mehrere aus den Festungen herabkamen, um ihnen, den Verbündeten, Beistand zu leisten, und er warf Schrecken und Angst in ihre Herzen, sodass ihr einen Teil umbringen und einen anderen Teil gefangen nehmen konntet. Und Allah ließ euch ihr Land erben, ihre Häuser und ihr Besitztum und ein Land, das ihr früher nie betreten hattet: Denn Allah ist aller Dinge mächtig.«

Der Eroberungskrieg Mohammeds und der seiner Anhänger über seinen Tod hinaus bis heute im Namen Allahs hatte begonnen. Sure 9, Vers 29: »Bekämpft diejenigen der Schriftbesitzer, welche nicht an Allah und den Jüngsten Tag glauben und die das nicht verbieten, was Allah und sein Gesandter verboten haben, und sich nicht zur wahren Religion bekennen, so lange, bis sie ihren Tribut in Demut entrichten (und sich unterwerfen).« Christen und Juden standen und stehen eine (kleine) Stufe über den Ungläubigen, worunter auch Anhänger aller anderen Religionen und Kulte fallen. Denn Mohammed behauptete, die Religion Abrahams zu vollenden, in der Konsequenz bleibt aber der Islam die »einzig wahre Religion«.

Mohammeds Lieblings- und Hauptfrau war Aisha bint Abu Bakr. Strittig ist, ob sie 6, 14 oder 19 Jahre alt war, als er sie zur Frau nahm. Mohammed war damals 53 oder 56 Jahre alt. Diese Diskussion um ihr Alter ist wichtig, weil zum Beispiel der von einem Islamisten ermordete niederländische Regisseur Theo van Gogh behauptet hatte, Mohammed sei nach heutigen Maßstäben ein Kinderschänder gewesen. Es wäre schön für Aisha, wenn er es nicht war. Dass auch heute noch in einigen Ländern unter Berufung auf ihn und seine Lehren Männern die Polygamie erlaubt ist, ist aber nach meinem Verständnis von Menschenrechten – Frauenrechten – heutzutage keinesfalls zu tolerieren.

Ein anderes Leben

Die Besuche in Teheran eröffneten mir eine Fülle von alternativen Vorstellungen, wie ich mein Leben leben könnte, fernab von dem einer verheirateten Ehefrau auf dem Dorf. Ich würde studieren und einen Beruf erlernen wie die meisten Frauen, die mir in dieser Stadt begegneten. Ich kann mich noch erinnern, dass ein Mann in Teheran aus dem Bekanntenkreis meines Großvaters seine Frau alleine mit ihren Freundinnen ausgehen ließ. Er blieb zu Hause bei den Kindern, und meine Mutter hat mit anderen Frauen diskutiert, ob dies nun ein guter oder ein schlechter Ehemann sei. Meine Mutter meinte, er sei ein gutherziger Mann – aber sie war der Frau gegenüber misstrauisch, ob da nicht eher ein Liebhaber dahintersteckte als ein Kinobesuch mit Freundinnen. Eine Frau, die ohne Mann einer Vergnügung nachging, schien ihr doch zu allem fähig zu sein.

Als Jugendliche habe ich in den Sommern in Teheran gerne Miniröcke gekauft und getragen, überhaupt war ich begeistert vom »shoppen gehen«. Ich mochte es, in den Läden hübsche Kleidung durchzusehen, anzuprobieren und manchmal sogar etwas zu kaufen. Wir hatten nicht viel Geld, aber gerade mein Onkel machte sich einen Spaß daraus, mir und meiner Schwester einen neuen Rock und noch eine Bluse dazu zu kaufen. Meine Mutter schimpfte dann mit ihm. Sie war in Sorge, dass ich das Leben mit dem Tschador dann noch mürrischer nehmen würde. Und sie hatte recht, meine Schwester Mariam war viel stoischer darin, die Dinge hinzunehmen, wie sie eben waren. »Man kann doch nichts ändern«, versuchte sie mir manchmal beizubringen. Was mir nur ein trotziges »ich schon!« entlockte. In unserem Dorf bin ich die anderen neun Monate des Jahres auf der Straße natürlich trotzdem weiter mit einem Tschador bekleidet gegangen. Wie sollte ich dabei nicht murren: In Teheran brach keine unkontrollierte Anarchie aus, wenn Männer unbedeckte Frauenhaare – und sogar Frauenbeine – sahen. Weshalb sollte das auf dem Land anders sein? Aber ich wusste, dass ich in Abhar nicht einfach in einem Rock mit Bluse über die Straße gehen konnte. Ich verstand nicht warum, es schien, als herrsche Allah auf dem Land anders. Diese Zerrissenheit verfolgte mich bis in meine Träume: Nachts habe ich jahrelang immer wieder geträumt, ich sei in Abhar auf der Straße unterwegs und hätte keinen Tschador an, sondern tatsächlich nur einen Rock mit Bluse. Einen wadenlangen dunkelroten Rock und eine hochgeschlossene Bluse, cremefarben mit Blümchenmuster. Alle starren mich an, die Frauen in ihren Schleiern, die Männer anklagend und in Sorge um ihren Sexualtrieb, die Kinder werden wegen meines Aussehens in die Häuser gescheucht. Ich fühle mich wie nackt vor all diesen Menschen und suche verzweifelt meinen Tschador. Schließlich bin ich aus diesen Träumen immer schweißnass aufgewacht.

Die Welt in Teheran brachte mich mit neuen Möglichkeiten in Kontakt. Einerseits waren offensichtlich nicht alle Frauen unter einen Schleier gebannt – und sie sahen dabei aus, als würden sie Freude haben, wenn sie im Café saßen, Kaffee tranken, lachten, sich mit Männern und anderen unverhüllten Frauen unterhielten, rauchten. Aus heutiger Sicht ist es paradox: Da lebte ich in einer brutalen Diktatur, in der der Schah viele Menschen verhaften, foltern, hinrichten ließ – und ich erfuhr mehr darüber, dass ich in manchen Dingen die Wahl hatte, dass eben nicht alles von Gott bestimmt ist, als manches Mädchen in einer heutigen streng islamischen Familie in Deutschland, einem demokratischen Land. Denn diese Mädchen sehen zwar dieselben Möglichkeiten wie ich damals in Teheran, doch viele von ihnen sind schon tief indoktriniert mit der Angst vor den Verlockungen des Satans. Dann sehen sie zwar andere Mädchen, die nicht verschleiert sind, die schwimmen, die Freunde haben, aber wollen schon selbst nicht mehr mit deren Welt in Kontakt kommen, denn die ist in ihren Augen unislamisch.

Mein Großvater hat nach seiner Scheidung nicht mehr geheiratet, hatte aber eine Freundin, eine Sängerin. Was das genau hieß, eine Freundin haben, das haben wir damals als Kinder noch nicht verstanden, aber er sagte immer, er wolle nicht mehr heiraten, und diese Frau nannte er seine Freundin.

1967 änderte der Schah die Scheidungsgesetzgebung, Männer konnten sich nur noch erschwert scheiden lassen, Frauen war es nun auch möglich, nach einer Scheidung das Sorgerecht für ihre Kinder zu erhalten. Ein Fortschritt, der nicht wirklich bis in die Dörfer drang. Vielleicht, weil die Ablehnung des Schahs zu groß war, der sich im gleichen Jahr, an seinem 48. Geburtstag, zum Kaiser krönte.

Auch der Antiamerikanismus wurde durch das Regime geschürt: Die Aufrüstung Irans zur größten Militärmacht der Region geschah zunächst mit US-Krediten, später waren bis zu 41 000 militärische und 20 000 zivile US-Berater im Iran. Der Mehrheit der Bevölkerung blieb Wohlstand ein Fremdwort – der Schah schwelgte in amerikanischem Luxus. Dies hat es Khomeini und seinen Nachfolgern zumindest erleichtert, den Hass des Volkes auf den Schah und die USA anschwellen zu lassen, wie der Sturm auf die amerikanische Botschaft oder die unzähligen Demonstrationen gegen Amerika zeigten.

Wenn wir nach dem Sommer aus Teheran nach Hause kamen, fühlte ich mich wie aufgetankt und fragte meine Mutter oft, warum wir nicht ganz dort leben könnten. Aber sie hatte nicht das Geld dafür, sie war von dem kostenfreien Wohnen bei ihrem Schwager abhängig, denn ihre kleine Rente als Witwe eines Lehrers reichte kaum, uns mit dem Nötigsten zu versorgen. Das war für mich schwer zu verstehen, als Jugendliche kam mir das Dorf nach dem Sommer so eng vor wie die Luft unter dem Tschador. Unter dem Tschador habe ich weiter versucht, hübsch gekleidet zu sein, um zumindest in der Schule, in deren Mauern wir den Tschador ablegen durften, auszusehen, wie ich es wollte. Stolz zeigte ich mich dort in Rock und Bluse aus der Hauptstadt.

Lustgefühle und unterdrückte Sexualität

Eines Tages hatte ich beim Aufwachen Blut in der Schlafanzughose. Erschrocken zog ich sie aus, holte einen Eimer Wasser vom Hof und wusch sie heimlich aus. Doch bald merkte ich, dass ich weiterblutete, lief in die Küche zu meiner Mutter und zeigte auf meinen Unterleib, wo das Blut schon durch die Hose zu sehen war. Meine Mutter kreischte auf, mein Bruder war im Zimmer, und sie schimpfte: »Wie kannst du dich so deinem Bruder zeigen!« Ich fühlte einen Kloß im Hals und hielt mir die Hände vor den Leib. »Was soll ich tun?«, fragte ich leise. »Geh zu deiner älteren Schwester«, antwortete meine Mutter. Diese zeigte mir, wie man mit Stofffetzen das Blut auffing, und erklärte, dass ich nun jeden Monat bluten würde. Sie führte mich nach meiner ersten Menstruation auch zum rituellen Baden, denn in der Vorstellung islamischer Männer ist eine menstruierende Frau unrein und muss sich folgerichtig nach den Tagen gründlich baden – vor allem, bevor sie wieder mit ihrem Ehemann verkehrt. Es war ein seltsames Gefühl, denn nun war ich eine Frau. Ab nun, auch diese Botschaft war mir schon tief eingepflanzt worden, würde mein Anblick die Männer in Versuchung führen. Es ist schwer zu beschreiben, wie dieses Gefühl ein Mädchen beeinflusst. Im tiefsten Wesen unrein zu sein, eine Gefahr für die Gemeinschaft, aber sein Wesen nicht ändern zu können, das ist schwer zu begreifen. Es bürdet einem eine Schuld auf, die sich bedrohlich und schwer anfühlt. Eine tiefe Angst begleitet das Mädchen von diesem Tag an sein ganzes Leben, die Angst, dieses satanisch verführerische sexuelle Wesen in sich nicht bändigen zu können. Selbst ich, die ich mich aus diesen Vorstellungen des Islam und der unterdrückten Sexualität der Frau intellektuell ganz gelöst habe, habe einen Rest dieser Angst noch immer tief in mir sitzen. Ganz frei werde ich nie werden. Auch daran denke ich, wenn ich heute Mädchen in Deutschland mit Kopftuch sehe. Natürlich lachen diese Mädchen, freuen sich an Spielen, Filmen, mögen ihre Freundinnen, den Schulunterricht. Ihre Lebensfreude bricht sich Bahn, dennoch ist ihnen die Suche nach einem selbstbestimmten Leben nicht gestattet. Darüber reden sie nicht, damit bleibt jede für sich allein.

In der Vorstellung des Islam genügt allein der Anblick eines unverhüllten Frauenkopfes, um in Männern für sie unkontrollierbare Triebe auszulösen, die Frau an sich ist die Verführerin. Eine Frau, die nicht als Jungfrau in die Ehe geht, bedroht die Ehre der ganzen Familie, waren doch ihre Brüder und ihr Vater nicht in der Lage, sie zu kontrollieren. Durch den islamischen Ehevertrag erhält der Mann das Recht auf die »sexuelle Nutzung« seiner Frau. Manchmal hört man, der Islam sei im Gegensatz zum Christentum eine sexualitätsfreundliche Religion. Zwar wird der Sexualität im Koran viel Raum gegeben, aber immer nur im Hinblick auf die Befriedigung des Mannes. Selbst im Paradies locken die Jungfrauen, wie in Sure 44, Vers 52 bis 56: »Die Gottesfürchtigen aber kommen an einen sicheren Ort, in Gärten mit Wasserquellen, und sie werden sich, gekleidet in Seide und Samt, einander gegenübersitzen. So soll es sein, und wir werden sie mit schönen Jungfrauen vermählen, jede Huri mit großen schwarzen Augen. Dort können sie mit Gewissheit alle Arten von Früchten fordern.« Dies ist nur eine Sure von vielen, die die fleischlichen Genüsse beschreiben, die auf die Männer im Paradies warten. Bekanntlich kann auch eine Frau das Paradies erreichen – wenn ihr Ehemann mit ihr zufrieden war. Nur fragt man sich, was sie dort soll, auf sie warten keine Männer, um sie zu verwöhnen, während ihr Mann fleischlichen Gelüsten mit unzähligen Jungfrauen frönt!

Sinnlichkeit auf Erden gibt es manchmal für Frauen, die ein öffentliches Bad besuchen können: Hier können sie alle Varianten von Sinnlichkeit und Zärtlichkeit erleben, und es gibt lesbische sexuelle Begegnungen, die sich im Bad anbahnen. Da Frauen eine eigene Sinnlichkeit ohne Bezug zum Mann nicht zugestanden wird, ist das Bad – wie der Harem – ein Freiraum, in dem manche Frauen ihre Körper lustvoll erleben können. Heimlich und natürlich nicht als weibliche Sinnlichkeit und Sexualität anerkannt. Es ist auch kein Paradies für Lesben, denn weder existiert dieser Begriff, sogar die Vorstellung einer solchen Lebensweise ist kaum möglich, noch ist der Eintritt in die Ehe damit in Frage gestellt. Ein Lebensweg außerhalb der Ehe ist für Frauen nicht vorgesehen. Allein dieses Diktat der Eheschließung sollte doch alle Multi-Kulti-Toleranten aufhorchen lassen – und Frauen sowieso!

Auch ich habe meine ersten sinnlichen und sexuellen Erfahrungen mit einer Freundin gemacht. Wir waren 13 und wussten, dass wir »das« heimlich tun mussten, aber es fühlte sich schön und nicht böse an. Wir hätten »es« auch nie Sexualität genannt, Sexualität begann in der

Hochzeitsnacht mit der Entjungferung. Wir umarmten uns einfach nackt beieinanderliegend und streichelten unsere Körper.

Vermutlich hätte ich diese Lust mit einer Freundin in jedem Fall ausprobiert, aber nichtsdestotrotz vermisste ich es sehr, mit Jungs ungezwungen umgehen zu dürfen. Ich erinnere mich an einen Abend im Winter, als wir um den Tisch mit der Familie meines Onkels saßen und zu Abend aßen. Über unsere Beine war eine große Decke gelegt, damit der Holzkohleofen unter dem Tisch alle Füße und Beine wärmen konnte. Neben mir saß ein Cousin, der ungefähr im gleichen Alter wie ich war. Plötzlich spürte ich einen Fuß, der an mein Bein strich. Ich merkte, dass er mich verstohlen anschaute, und lächelte ihn vorsichtig an, hoffend, dass es keiner der Erwachsenen mitbekam. Während des ganzen Essens füßelten wir heimlich, mein Herz schlug vor Aufregung, und ich fühlte in meinem Bauch ein unbekanntes Prickeln, welches aufregend war und Lust auf »mehr« machte.

Wie ich Atheistin wurde

Ich habe als Kind fünfmal am Tag gebetet, so hatte ich es von meiner Mutter gelernt, so haben es alle in der Familie gemacht. Mit neun Jahren fing man an, niemand lehrte es einen, sondern man machte einfach mit. Auf der Straße mussten wir den Tschador erst ab dem 12. Lebensjahr tragen, beim Gebet aber verhüllte man sich immer. Der Kopf ist demütig zu senken, man blickt dort auf den Boden, wo man ihn mit der Stirn bei der Verneigung vor Allah berührt. Die totale Unterwerfung unter Gottes Willen, die totale Lossagung eines eigenen Willens außer dem, alles Denken und Tun nach seinen Geboten auszurichten, wird damit fünfmal täglich demonstriert. Man spricht nie frei zu Gott, sondern arabische Suren, zunächst die erste des Koran, Verse 1 bis 7: »Im Namen Allahs, des Allbarmherzigen! Lob und Preis sei Allah, dem Herrn aller Weltenbewohner, dem gnädigen Allerbarmer, der am Tage des Gerichts herrscht. Dir allein wollen wir dienen, und zu dir allein flehen wir um Beistand. Führe uns den rechten Weg, den Weg derer, welche sich deiner Gnade freuen – und nicht den Pfad jener, über die du zürnst oder die in die Irre gehen!« Natürlich in Arabisch.

Dann folgen weitere Suren, deren Auswahl ich nicht verstanden, aber auch nicht hinterfragt habe. Ich habe dieses Ritual den Erwachsenen und meinen älteren Geschwistern einfach nachgemacht. Das Beten hat keinen anderen Sinn als den, unhinterfragt zu tun, was Gott will. Als Lohn ist jedes Gebet ein Schrittchen hin zum Paradies, weg vom Abgrund der Hölle.

Meine Mutter traf sich mit den Frauen des Dorfes ungefähr einmal im Monat zur religiösen Unterweisung. 20 bis 30 Frauen kamen in einer Wohnung zusammen, dort begrüßten sie sich herzlich mit einer kurzen Umarmung und redeten, über ihre Kinder, ob der neue Dorfschullehrer so gut war wie der alte, der nach Teheran gegangen war, wie die Bohnenernte dieses Jahr ausfiel. Vor jedem dieser Treffen wusch sich meine Mutter und zog frische Kleidung und den Tschador an, ein Gefühl von Feierlichkeit und Vorfreude umgab sie wie sonst zu keiner Gelegenheit. Als Kind ging ich manchmal mit zu diesen Treffen, dort spielte ich mit den anderen Kindern. Nach einiger Zeit, vielleicht einer halben Stunde, rief eine der Frauen von der Tür, dass der Mullah käme. Wir Kinder wurden in eine Ecke gescheucht, wo wir still auf dem Boden hocken mussten, und die Frauen setzten sich in einen Kreis, auch auf den Boden. Ein Sessel stand in den Kreis einbezogen, dort nahm der Mullah Platz und predigte. Allah ist groß, fing er an, und die Frauen wiederholten im Chor »Allah ist groß«. Dann sprach er von Hussein und seinem Tod, vom Heiligen Krieg gegen die Ungläubigen und dass man als Gläubiger, auch als Frau, nach dem Tod ins Paradies kommen könne. Ich staunte jedes Mal, wie die Frauen, auch meine Mutter, bei seinen Worten anfingen zu weinen. Nach einem gemeinsamen abschließenden Gebet endete das Treffen, alle verabschiedeten sich wieder wortreich und mit Umarmungen voneinander, und wir gingen nach Hause. Meine Mutter war für den Rest eines solchen Tages mehr in sich gekehrt und strahlte eine innere Ruhe aus. Es schien, als hätte diese Mischung aus sozialen Kontakten und tränenreichem Gebet ihr neue Kraft gegeben.

Als ich 14 war, ging ich nur noch selten mit zu diesen Treffen, aber ich erinnere mich, dass statt des Mullahs nun eine junge Frau aus Teheran kam. Sie war sehr hübsch, Mitte 20, und lehrte den Islam ganz neu. Sie erzählte nicht einfach alte Geschichten. Ich erinnere mich, dass sie erklärte, eine gute Muslima wolle sich in jedem Augenblick dem Willen Allahs verschreiben und seine Gebote befolgen. Und sie beschrieb die Verlockungen des Teufels, denen gerade wir Frauen zu widerstehen hätten, denn wir seien eine dieser Verlockungen für fremde Männer. Die Vorschriften und Rituale der Religion sollten wir nicht nur befolgen, sondern wir sollten immer wieder überprüfen, ob wir in Gedanken und Tun noch auf dem rechten Weg seien. Zudem prangerte sie die Gottlosigkeit der iranischen Regierung und des Schahs mit seinem Luxusleben an.

In dieser Zeit wurde mir die Kluft zwischen diesem Lebensweg und dem westlich geprägten meines Großvaters immer deutlicher, und ich selbst spürte immer mehr den Riss, den diese beiden Wege mitten durch mich hindurch gezogen hatten. Ich ahnte, ich würde mich entscheiden müssen. Aber eine Entscheidung war im Islam nicht vorgesehen. Allah ist unantastbar. In den Sommerferien wohnte ich bei meinem Bruder Amir und seiner Frau. Beide waren berufstätig, sie arbeitete in einem Büro bei der Armee, und beide teilten sich die Hausarbeit und die Kinderbetreuung. Doch auch in Teheran breitete sich die islamistische Bewegung aus. Eine meiner Lehrerinnen hatte mir Bescheid gegeben, dass sie den Sommer über die Islamschule in der Erschad-Moschee besuchen würde. Dies ist eine große Moschee in Teheran, die islamistische Bewegung war dort schon in den 70er-Jahren erstarkt. Die Volksmudschaheddin waren aus der linken Opposition entstanden, sie wollten die Monarchie stürzen und ein islamistisches Linksregime errichten. Die Schriften ihres Vordenkers, des Soziologen Ali Shariati, waren bei vielen Jugendlichen populär. Er hatte in Paris studiert und kritisierte die Ausrichtung des Schahs nach Westen. Der Iran sollte eine stolze und eigenständige Nation werden. Dieser Teil seiner Schriften, die nationalistischen, machten mich skeptisch. Ich konnte mich nicht dem Gedanken anschließen, dass der Iran ein von Allah besonders geliebtes Land sei. Aber mir war klar, warum Shariati so großen Anklang fand: Er versuchte, dem Volk, das sich vom Schah und den USA gedemütigt fühlte, Stolz zu geben, Stolz auf die eigene Nation. Shariati war zu dieser Zeit im Iran wesentlich bekannter als Khomeini. Dieser kam später mit Hilfe der Anhänger Shariatis, den Volksmudschaheddin, und ihrer großen Anhängerschaft, gerade unter jungen Leuten, an die Macht – und sie wurden von ihm in den 80er-Jahren fallen gelassen, ihre Anhänger verfolgt und hingerichtet, wie vorher die linke Opposition.

In Abhar, in unserem Haus, waren ganz andere Gedanken eingezogen – in Form der Bücher meines Großvaters, der 1975 zu uns zog. Er hatte ein kleines Zimmer für sich, und dieses bestand zur Hälfte aus Büchern. Ich begann mich durch sie hindurchzulesen, wenn ich nicht im Haushalt helfen oder Hausaufgaben machen musste. Rausgehen durfte ich in diesem Alter sowieso nur noch für direkte Wege, immer in einen Tschador gehüllt, den Blick zu Boden gesenkt. Marx, Lenin und Sartre aber warteten zu Hause auf mich. Bei ihnen gab es nicht nur keinen Gott, sondern dessen »Tod« eröffnete ganz neue Möglichkeiten für ein freies Denken und Handeln. Es waren Sätze wie diese von Sartre, die mich zu dieser Zeit langsam und mühsam, wegen meiner tief verankerten Angst vor Gott, vom Islam befreiten: »Wenn wir sagen, dass der Mensch für sich selbst verantwortlich ist, so wollen wir nicht sagen, dass der Mensch gerade eben nur für seine Individualität verantwortlich ist, sondern dass er verantwortlich ist für alle Menschen.«* Der ganz auf sich selbst zurückgeworfene Mensch ist im eigentlichen Sinne verantwortlich für das Wohl aller Menschen – da er nur noch menschliche Gebote befolgen muss, können diese nur sozial gerechte Gebote sein. In meinem letzten Schuljahr bereitete ich mich somit nicht nur durch Schullektüre auf die Universität vor, sondern begann, mich für die Ideen von Sozialismus und Kommunismus zu begeistern. Mein Großvater war ein liberaler Mann, er freute sich an meiner Wissbegier und diskutierte gerne über Politik und Philosophie. Abends durfte ich in sein Zimmer kommen und mich auf den Boden hocken, während er auf einem Stuhl saß, dem einzigen, den wir besaßen. Ich las ihm aus seinen Büchern vor, und er kommentierte das Gehörte. Als ich ein Jahr später fortzog, vermisste ich diese abendlichen Lesestunden sehr. Bei jedem meiner Besuche zu Hause nahmen wir unser Leseritual aber wieder auf. Bis zu seinem Tod 1980 wohnte er bei meiner Mutter, den Sieg der Islamisten musste er zu seinem eigenen Entsetzen noch miterleben.

Schon bevor mein Großvater mit seinen Büchern eingezogen war, hatte ich angefangen, Fragen zu stellen. Ich überlegte immer wieder, ob es eine Sünde sei, nicht mehr zu beten, denn ich begann an meinem Glauben zu zweifeln, aber ich hatte Angst zu sündigen. Ich hatte manchmal das Gefühl, in meinem Kopf wäre ein Knoten – wenn es keinen Gott gäbe, könnte ich durch Unglauben nicht

* Zitiert nach Thomas Seibert, *Existenzialismus, Rotbuch 3000*, Hamburg 2000.

sündigen, da es auch keine Sünde gäbe. Aber wenn ich sündigte, indem ich nicht glaubte, musste es ja einen Gott geben. Von klein auf hatte ich es als selbstverständlich betrachtet, dass da immer ein Gott ist, der alles sieht, und ihm zu Gefallen sein, war der höhere Sinn des Lebens. Diese Botschaft war selbst mit einem atheistischen Großvater bei mir angekommen. Religion war auch von meinem Alltag nicht zu trennen.

Wenn mein Onkel aus Teheran zu Besuch kam, stritt er mit meiner Mutter über die Existenz Gottes. Sie verbat sich gottloses Reden in ihrem Haus. Dass es Gott nicht gibt, war für sie eine genauso unsinnige Aussage wie wenn jemand behauptet hätte, es gäbe keine Sonne. Gott war eine Tatsache. Nicht mehr, aber auch nicht weniger. Mein Onkel aber erzählte uns Kindern, dass man an der Universität überall ganz offen darüber streite, ob es überhaupt einen Gott gäbe, und dass er nicht mehr an seine Existenz glaube.

Als kleines Kind hatte ich meinem Großvater noch erklärt, es sei nicht gut, wenn er Witze über Mohamed mache und Gottes Existenz leugne. Ich war besorgt um seinen Platz im Paradies.

Und mit 16 habe ich dann selbst aufgehört zu glauben. Meine Mutter tolerierte stillschweigend, dass ich meine Gebete nicht mehr sprach, wenn ich alleine war. Nur in der Moschee betete ich im hinteren Teil des Saales, dort, wo die Frauen ihren Platz hatten. Diese innere Abkehr vom Glauben war in linken Kreisen, vor allem später an der Uni, häufig anzutreffen. Es war radikal, sich als Atheist zu bezeichnen, aber es schien uns fatalerweise nicht politisch. Politisch war der Antiimperialismus, der Kampf gegen den Schah und seine westlichen Verbündeten. Zwar hatte die Diktatur einige Verbesserungen der westlichen Moderne gebracht, so die Bildung für Frauen. Doch war es eben eine Diktatur, es gab keine Meinungsfreiheit, keinen Pluralismus und keine Achtung der individuellen Menschenrechte. Da die Menschen im Iran diese individuellen Menschenrechte nicht kennenlernten, mit voller Billigung der USA und Großbritanniens, die im Schah einen Verbündeten gegen das Sowjetreich sahen und den Zugang zu den Ölfeldern für wichtiger als Freiheit für Millionen Iraner erachteten, konnte die Theokratie der Mullahs mit ihrem fanatischen Khomeini an der Spitze nahtlos an das Regime des Schahs anknüpfen. Das Diktat des Schahs wurde durch das Diktat der Religion ersetzt. Eine Chance, freies Denken und ein Gespür für Individualität zu bekommen, hatte das iranische Volk nie. Gott, besser gesagt die Mullahs, die sich Führer in seinem Namen nannten, haben sich als die größten Diktatoren erwiesen.

Ich bin in einer Diktatur aufgewachsen, in der das freie Denken unterdrückt wurde. Auch wenn die Menschen sahen, dass es Ungerechtigkeiten gab, war es schwer, Ideen für eine bessere Gesellschaft zu entwickeln, denn dazu fehlten Informationen und die Möglichkeit zum offenen Austausch. Das hat es den Ayatollahs leicht gemacht, die Macht zu übernehmen. Die Menschen im Iran waren es gewohnt, zu folgen, nicht zu entscheiden. Die meisten hatten nicht die Chance, verschiedene Möglichkeiten für ein neues politisches System gegeneinander abzuwägen. Der Befreiung vom Regime des Schahs folgte keine Zeit der

Orientierung hin zu Aufklärung, Individualität und positiv selbst bestimmter Freiheit. Wie in vielen Umbrüchen der Weltgeschichte nutzte der nächste Diktator diese Zeit der Verunsicherung durch die neue Freiheit dazu, den Menschen eine scheinbare Sicherheit zu bieten – wenn sie ihm nur folgten. In einer sozial unsicheren Zeit des Umbruchs tendieren Menschen seit Menschengedenken dazu, regressive Lösungen zu suchen – wenn ihnen nicht die Chance geboten wird, die neue Freiheit selbst positiv zu füllen. Zudem stand Khomeini als vermeintlich antiwestliche Lösung da. Denn dass die USA, denen die Rechte der Menschen außerhalb ihrer Staatsgrenzen auch im Fall des Iran schlicht egal waren (und bis heute sind), keine positive Alternative waren, ist völlig einsehbar.

Dass ich in der Diktatur gelernt habe, den Wert und die Rechte des Einzelnen zu schätzen und dafür einzutreten, habe ich vor allem dem Recht auf Bildung zu verdanken. Denn erst, wer verschiedene Möglichkeiten und Ansichten kennenlernt, kann lernen zu entscheiden und Verantwortung für seine Entscheidungen zu übernehmen.

Die islamische Revolution im Iran und der Gottesstaat

Vor der Revolution: Das Regime des Schahs

Im Jahr 1976 begann ich mein Medizinstudium in der Millionenstadt Tabriz. Meinen Traum, Physik zu studieren, musste ich aufgeben, da mit dem Abschluss meines nicht streng naturwissenschaftlichen Gymnasiums nach den Regeln des Landes maximal ein Studium der Medizin möglich war. Als mir meine Lehrer das erklärten, schrieb ich einen Protestbrief an das Kultusministerium und wurde in das Büro des Direktors zitiert, der eine Anfrage bezüglich seiner aufmüpfigen Schülerin bekommen hatte. Er sagte mir, ich könne nicht mit dem Kopf durch die Wand, doch ich wollte das nicht einsehen. Ich unterhielt mich mit meinen Klassenkameradinnen auch immer mehr über die Verschwendungssucht des Schahs, der nicht in die Entwicklung des Landes investierte, sondern lieber Champagner fließen ließ. Die Bilder der »Kaiserin« Farah Diba Pahlavi, der Frau des Schahs in ihren Luxusgewändern, standen in zu großem Gegensatz zu unseren Lebensverhältnissen und denen der vielen Menschen im Lande, die wirklich arm waren. Ein Mädchen, Rahele, hatte in einem Schulaufsatz Farah Diba Pahlavi als verschwenderisch bezeichnet. Daraufhin wurden sie und ihre Eltern von der Savak, der Geheimpolizei des Schahs, zu einem Verhör in die Hauptstadt unserer Provinz, nach Sandjan, gefahren. Erst nach zwei Tagen kamen sie wieder, und Rahele war sehr still. Wir Klassenkameradinnen ließen sie nicht in Ruhe, bis sie schließlich sagte, sie sei auch nach uns gefragt worden und insbesondere nach mir. Mich durchfuhr ein tiefer Schreck. Proteste im Klassenzimmer schienen mir bis dahin mit keiner besonderen Gefahr verbunden zu sein, aber dem Savak bekannt zu sein, das war etwas ganz anderes. Schließlich war ich gerade erst 16 Jahre alt geworden. Der Geheimdienst Savak war von Schah Reza Pahlavi 1957 gegründet worden. Vier Jahre zuvor war er durch einen von Washington und London mithilfe des CIA organisierten Putsch zum zweiten Mal an die Macht gekommen. Diese hatten den nationalistisch ausgerichteten Premierminister Mossadegh loswerden wollen, der eine Landreform mit der Zerschlagung des alten Feudalsystems durchführte und versuchte, der iranischen Führung mehr Einfluss auf die Ölförderung im eigenen Land zu geben. Reza Pahlavi hatte die Macht von seinem Vater zuerst 1941 übernommen, dieser hatte 1925 die Dynastie der Kadscharen gestürzt, die das Land seit Ende des 18. Jahrhunderts regiert hatte, und sich zum Schah ernannt. 1941 musste er auf Druck der Alliierten abdanken und die Macht seinem Sohn überlassen – Iran war offiziell neutral geblieben, hatte jedoch deutliche Sympathien für das nationalsozialistische Regime in Deutschland gezeigt.

Nach Raheles Rückkehr beschloss ich, die letzten beiden Schuljahre unauffällig zu bleiben und mich darauf zu konzentrieren, ein gutes Abitur zu machen, um dann zum Studium fortzuziehen aus unserem Dorf. Der Schrecken und die Angst vor Verhaftung und Folter waren mir das erste Mal in meinem Leben tief in die Glieder gefahren. Ein sehr gutes Abitur – das beste meines Jahrgangs – habe ich dann wirklich gemacht, und meine Bewerbung in der eine Tagesreise entfernten Großstadt Tabriz um ein Medizinstudium wurde angenommen. Mein Bruder Sohrab, der sich nach dem Wegzug unseres älteren Bruders nach Teheran ganz als Familienoberhaupt fühlte, war wütend, er hielt das Studium für Mädchen für überflüssig. Doch meine Mutter setzte sich durch und fuhr eines Tages mit mir nach Tabriz, wo ich mich an der Uni einschrieb und ein Zimmer im Studentinnenwohnheim mietete. Das teilte ich mit einer Zimmergenossin, die meine beste Freundin werden sollte – Susan. Sie kam aus einer reichen Teheraner Familie, ihr Vater war Apotheker, ihre Brüder waren Ärzte. Ich fuhr ein Jahr später einmal mit zu ihren Eltern zu Besuch. In ihrem großen Haus erwartete uns auch ein kleiner Pudel. Im Iran hatten Leute keine kleinen Hunde nur zur Zierde, ich sah das zum ersten Mal. Es gab Wein zum Essen, und sie hatten ein Dienstmädchen, Fatima. Susan freundete sich als Jugendliche mit Fatima an, die nur wenige Jahre älter war als sie. Ihre Mutter sah nicht gerne, wenn sie mit dem Dienstmädchen Staub wischte – denn spielen durfte Fatima natürlich nicht. »Ich fand es ungerecht, wie wenig ich tun musste und wie viel Fatima, die nie die Chance gehabt hatte, eine Schule zu besuchen.

Deshalb begann ich mich für die Arbeiterklasse und den Marxismus zu interessieren«, erzählte mir Susan. Ihre Mutter schlug das Dienstmädchen auch schon mal, wenn sie ihrer Meinung nach nicht schnell genug arbeitete, das war für ein iranisches Dienstmädchen nichts Ungewöhnliches. Fatima lebt noch im Iran, sie und Susan, die inzwischen in Schweden lebt, haben weiterhin Kontakt und telefonieren alle paar Wochen miteinander.

Eines Tages war es so weit – ich fuhr allein nach Tabriz, um mein Studium aufzunehmen. Meine Mutter und Sohrab brachten mich zur Schnellstraße, die an unserem Dorf vorbeiführte. Irgendwann kam ein Bus Richtung Tabriz, den musste man nur an den Rand winken, damit er anhielt. Die Fahrt in die Millionenstadt dauerte sieben Stunden.

Meine Zimmergenossin Susan kam erst einen Tag später, so war ich nervös und unsicher, wie ich mich verhalten sollte. Tabriz war eine große Stadt, es ging vielleicht nicht so liberal zu wie in der Hauptstadt Teheran, aber Frauen in westlicher Kleidung, die in Cafés saßen und mit Männern redeten, waren auch hier zu sehen. Dennoch war ich so verunsichert in der neuen Umgebung, dass ich es fast wie in der Schulzeit machte: Ich überlegte lange, ob ich im Tschador zur Uni gehen sollte. Schließlich entschied ich mich für einen Kompromiss: Ich ging mit Kopftuch. In der Universität angekommen, bemerkte ich, dass es hier keine Schubladen gab, um einen Tschador für die Unterrichtszeit zu verstauen. Es waren nur sehr wenige Studentinnen mit einem solchen Umhang verhüllt. Einige gingen allerdings mit Kopftuch. Prompt sprach mich eine Vertreterin der Volksmudschaheddin an, denn es waren vor allem ihre weiblichen Mitglieder und Sympathisantinnen, die Kopftücher trugen. Ich ging dann mit zu einer ihrer Versammlungen, doch der Raum voller Frauen, die mit verhülltem Kopf einem Vortrag lauschte, wie der Islam die Revolution bringen würde, stieß mich ab. Wieder sollte ich mich auf Gott verlassen, sogar in der Revolution? Denn dass es einer Revolution bedürfe, davon war ich überzeugt. Einer Revolution, um das Schah-Regime zu stürzen und den iranischen Menschen die Freiheit und die Möglichkeit zu bringen, sich zu entwickeln und zu Selbstbestimmung zu gelangen. Dazu brauchte es Zeit, Bildung für alle und auch eine gerechte Verteilung des Reichtums.

Wie auch im Westen, waren an den Universitäten des Iran in den 70er-Jahren verschiedene marxistische Gruppen aktiv. Die größte dieser Gruppen waren die Fedayi. Als geheime Organisation gegen das Schah-Regime 1970 gegründet, verfolgten sie eine Art islamtoleranten Marxismus. In erster Linie waren die Fedayi in der Ausrichtung antiimperialistisch. Diese Haltung bewog die große Mehrheit der Organisation später, nach der islamischen Revolution, das amerikafeindliche Mullah-Regime zu unterstützen, bis die Mitglieder der Fedayi selbst Mitte der 80er-Jahre durch das Regime verfolgt und ermordet wurden, ebenso wie vorher die Kommunisten und nach ihnen die Anhänger der Volksmudschaheddin. Weder ich noch Susan, mit der ich in politischen Fragen weitgehend übereinstimmte, fühlten uns bei den Fedayi wirklich wohl, sodass wir nie beigetreten sind. Zum einen fand ich deren Überzeugung, Attentate auf hohe Persönlichkeiten des

Schah-Regimes würden das Volk aufrütteln und zu einem Aufstand führen, falsch. Zum anderen waren die Mitglieder sehr streng, sie schienen mir oft ohne Lebensfreude ganz dem Kampf verschrieben zu sein. Die traditionellen Rollenbilder von Frau und Mann blieben weitgehend unangetastet, selbst als Frauen auch an Waffen ausgebildet wurden. Ich mochte zwar kein »Partygirl« sein, aber ich hatte Freude an schöner Kleidung, und ab und an legte ich gerne Make-up auf. Bei Fedayi-Frauen war so etwas verpönt. Entscheidend für meine Distanz war aber ihre Idee des Guerillakampfes. Ich fand, man sollte mit den Arbeitern und Menschen reden, zu ihnen gehen und sie überzeugen. Heimlich lasen Susan und ich das *Kapital* von Marx, eine kleine Ausgabe auf Persisch wurde von Hand zu Hand gereicht und war schon völlig zerknittert, als ich das Werk in die Hände bekam.

Einmal verliebte ich mich ein bisschen in einen Kommilitonen, er war Volksmudschaheddin. Er studierte auch Medizin, und wir gingen regelmäßig zu zweit spazieren. Sowohl bei den Volksmudschaheddin als auch bei den Linken war es ein Tabu, der Sehnsucht nach körperlicher Berührung nachzugeben. Sie flirrte in der Luft zwischen uns auf jedem Spaziergang, doch wir haben nicht einmal darüber geredet.

Man hat geheiratet, bevor man mit jemandem zusammen war, das hatte ich verinnerlicht. Dass ich als Jungfrau in die Ehe gehen würde, war einfach keine Frage. Einen Freund wollte ich haben, mit einem Jungen alleine sein dürfen, zum Reden, auch um ein bisschen zu flirten. Über mehr nachzudenken hatte ich mir verboten. So diskutierte ich mit meinem Gefährten über Religion und Politik, und wir stritten viel über unsere verschiedenen Ansichten. Zwei Semester währte unsere Spazierliaison, dann haben wir uns aus den Augen verloren. In Europa hörte ich, dass er nach der Revolution, Mitte der 80er-Jahre, als Volksmudschaheddin verhaftet und hingerichtet worden war.

Gemeinsam mit Susan suchte ich Kontakt zu verschiedenen kommunistischen Gruppierungen. Anders als im Westen war die Opposition gegen den Schah natürlich geheim – und Entdeckung lebensgefährlich. Das erfuhr ich am eigenen Leib, als mich ein ehemaliger Chemielehrer aufsuchte, von dem schon an der Schule alle flüsterten, dass er politisch in der Opposition aktiv sei. Niemand wusste genau, welcher Gruppierung er angehörte, aber es war eine radikale, so wurde gemunkelt. Er hieß Ali Djabari. Als ich schon einige Monate in Tabriz lebte, suchte er mich auf und fragte, ob ich Interesse hätte, mit ihm eine Woche nach Teheran zu gehen, um seine Organisation und ihre Arbeit kennenzulernen. Ich war wie immer neugierig und machte mir keine Gedanken, ob das gefährlich sein könnte – und sagte Ja. So fuhr ich mit ihm nach Teheran. Ich ging mit in eine geheime Wohnung dieser Gruppe. Sie hatten sich von den Volksmudschaheddin getrennt und in Richtung einer marxistischen Organisation entwickelt. Ali Djabari schärfte mir als Erstes ein: »Wenn du von der Geheimpolizei des Schahs festgenommen wirst, dann darfst du nichts über uns sagen.« Spätestens jetzt wusste ich, eine Verbindung zu dieser Gruppe wäre Grund für ein Todesurteil.

Es waren nur drei Männer in der Wohnung, die Organisation bestand aus kleinen Zellen, die sich untereinander nicht kannten. Nur wenige Verbindungsleute hielten den Kontakt der Zellen zur Führung. So war die Möglichkeit, etwas unter Folter zu verraten, am geringsten. Wer die Wohnung verließ, versteckte eine Pistole unter seiner Jacke und trug eine Kapsel mit Gift bei sich, die er schlucken wollte, wenn er verhaftet würde. Alle drei Männer, auch Ali Djabari, sind noch unter dem Schah-Regime ermordet worden.

Als ich nach einer Woche zurück nach Tabriz fahren wollte, gab es eine Szene, die sich tief in mein Gedächtnis eingebrannt hat. Ich war erst 20, und Ali Djabari und ein Mann mit dem Namen Nabavi Nourie hatten mich zum Bus gefahren und an der Haltestelle abgesetzt. Ich wollte schon einsteigen, da kam mein Lehrer zurück und war sehr nervös, und dann sah ich Blut an seiner Jacke. Ich fragte erschrocken, was los sei, und er sagte, dass ein Geheimpolizist sie angehalten und ihnen befohlen habe, zur nächsten Polizeistation zu fahren. Da hätten sie geschossen – der Polizist war tot. Er ermahnte mich, nie zu erwähnen, dass ich in Teheran gewesen sei oder ihn und seine beiden Freunde kennen würde. Ich stieg benommen in den Bus und fuhr wie in Trance nach Tabriz. Ich hatte Angst, jeden Moment würde der Bus angehalten und Männer des Savak würden einsteigen, um mich herauszuholen und zu verhaften. Aber nichts passierte, auch wartete niemand in meinem Zimmer auf mich. Trotzdem fand ich in dieser Nacht kaum Schlaf. Susan war nicht im Wohnheim, sie übernachtete in einer angemieteten Wohnung im Arbeiterviertel der Stadt. Wir hatten uns schließlich einer Organisation angeschlossen, die Programme in den Fabriken durchführten, sie nannte sich »Der dritte Weg«. Mehrere Tage die Woche standen Susan und ich am Fließband einer Textilfabrik und versuchten, in Kontakt mit den Arbeiterinnen und Arbeitern zu kommen, um ihnen die Ideen des Marxismus näherzubringen.

Am nächsten Tag ging ich zur Universität und erfuhr von Freunden, dass meine Mutter just in der Woche meiner Abwesenheit unangemeldet zu Besuch gekommen war. Ich rief sie sofort an. Susan hatte auch nicht gewusst, wo ich war, auch sie hatte sich schon Sorgen gemacht. Meine Mutter war sehr erleichtert: »Ich war krank vor Angst«, weinte sie. Abends hielt mich der Pförtner im Studentenwohnheim an und erzählte, dass am Abend zuvor zwei Männer nach mir gefragt hätten, sie hätten eine Telefonnummer hinterlassen, die ich anrufen müsste. Mir war klar, wer diese Männer waren, und ich wusste: Ich musste mich bei der Geheimpolizei melden oder in den Untergrund abtauchen. Diese Entscheidung musste ich alleine treffen, schon weil es zu gefährlich gewesen wäre, andere zu Mitwissern zu machen. Schließlich entschied ich mich gegen ein Leben im Untergrund, ohne Kontakt zu meiner Familie, ohne Studium. In dieser Nacht wünschte ich mir sehr, dass ich mich nie politisch engagiert hätte. Dieses Gefühl hatte ich bisher nur zwei- bis dreimal in meinem Leben, ein tiefer, verzweifelter Wunsch nach einem unpolitischen, ungefährlichen, lieber etwas langweiligen Leben. Ich fühlte mich schrecklich einsam und quälte mich durch eine schlaflose Nacht.

Am nächsten Morgen suchte ich eine Telefonzelle auf und meldete mich bei der Geheimpolizei unter der Telefonnummer, die der Pförtner mir gegeben hatte. Eine männliche Stimme gab mir eine Adresse, dorthin sollte ich am nächsten Tag um 14 Uhr kommen. Bis zum nächsten Mittag blieb ich in meinem Zimmer und hatte große Angst davor, was passieren würde. Die Sekunden erschienen mir endlos, dann wieder raste die Zeit davon. Und schlafen konnte ich wieder kaum. Susan kam an diesem Abend zurück ins Wohnheim und schimpfte mit mir: »Wo bist du gewesen, wir haben uns Sorgen gemacht!« Aber auch ihr konnte ich nichts erzählen, und so antwortete ich ausweichend, bis sie aufgab. Vermutlich ahnte sie, dass ich ihr nichts erzählen konnte, ohne sie durch Mitwisserschaft zu gefährden. Wir lebten in einer Welt, in der Heimlichkeiten zum Überleben gehörten.

Am nächsten Mittag nahm ich ein Taxi und gab dem Fahrer die Adresse, die mir am Telefon genannt worden war. Wir fuhren durch eine belebte Einkaufsstraße, wo ich eine Kommilitonin mit Einkaufstüten sah. Es war, als wäre mein Leben durch die Scheiben des Taxis abgetrennt von dem Leben der Menschen auf der Straße, die in die Geschäfte gingen oder nach Hause zum Essen. Ich fühlte mich ausgeschlossen, schrecklich allein und wünschte mir, einfach nur eine Passantin zu sein. Ich stellte all meine politischen Entscheidungen in Frage – waren sie denn wert, dafür misshandelt oder gar getötet zu werden?

Bei der angegebenen Adresse angekommen, sah ich ein Haus mit Gittern vor den Fenstern und einer großen Eisentür am Eingang. Ich bezahlte den Taxifahrer und klingelte. In der Tür ging ein Guckloch auf, ein Mann schaute heraus, und als ich meinen Namen sagte, öffnete er die

Tür und ließ mich herein. Ich fühlte mich, als würde ich ein Gefängnis betreten, und kam mir noch verlassener als im Taxi vor. Der Mann führte mich durch verschiedene Gänge in ein Zimmer, eines von vielen Zimmern auf vielen Gängen, wie mir schien. Dann sagte er mir, dass ich warten solle. Im Raum waren ein paar Stühle, sonst nichts. Keine Bilder, nur nackte Steinwände und ein kleines Fenster, das auf den Hof ging. Mich fröstelte, obwohl es nicht kalt war. Ich dachte an meine Mutter, an meine Schwestern, kleine Szenen unserer Kinderspiele fielen mir ein und machten mir das Herz schwer. Ich weiß nicht mehr, ob ich Minuten oder Stunden warten musste, ich hatte jegliches Zeitgefühl unter dieser Klammer, die mein Herz umpresst hielt, verloren. Plötzlich ging die Tür auf, und herein kamen fünf Männer. Ich kann mich an ihre Gesichter nicht mehr erinnern, aber ich weiß, dass ich dachte: »Zwei Riesen und drei zu kurz Geratene.« Sie setzten sich mir gegenüber: »Sind Sie Frau Ahadi?«, fragte einer, was ich bestätigte. Einer der Riesen übernahm das Gespräch und fragte: »Wo ist Ihre Geburtsurkunde?« Ich sagte: »In meinem Schrank in meinem Zimmer.« »Nein«, sagte er, und ich wurde etwas ruhiger – es ging nicht um meine Reise nach Teheran. »Wir haben Ihre Geburtsurkunde in einer Geheimwohnung der Fedayi gefunden.« Ich war ehrlich erstaunt. »Ich weiß nicht wieso«, entgegnete ich. Schließlich kam heraus, dass ihrer Meinung nach eine Mitbewohnerin im Studentenwohnheim meine Urkunde für die Fedayi gestohlen hatte. Die Fedayi suchten immer nach Urkunden, um falsche Ausweispapiere für Leute im Untergrund herzustellen. Der Verhörton blieb höflich, ich leugnete

Kontakte zur Fedayi, und mein Gegenüber meinte, er wisse, dass ich nicht in der Fedayi aktiv sei, aber ich ging ja mit Mitgliedern der Gruppe wandern, dann könne ich ihnen ab nun immer berichten, welche politischen Pläne auf den Wanderungen geschmiedet würden. Es konnte mich nicht überraschen, dass sie Kenntnis von unseren Wanderungen hatten. Diese machten wir, meist sechs bis zwölf Menschen aus verschiedenen linken Gruppierungen, samstäglich in die Berge bei Tabriz. Wandern war so beliebt, weil man in der Natur ungestört reden konnte, nicht zuletzt über Politik. Trotzdem erschütterte mich die Erkenntnis, dass diese fremden Menschen hinter uns herspioniert hatten, körperlich. Mein Magen zog sich zusammen, als ich sagte, dass ich aus einer armen Familie auf dem Land käme und von meiner Mutter so erzogen sei, fleißig zu lernen, damit ich Ärztin werden könne. Meine Mutter würde nicht erlauben, dass ich politisch tätig würde, ich könnte keine Berichte abliefern. »Doch, Sie machen das«, sagte er, immer noch höflich, aber mit einem bedrohlichen Unterton. Ich sagte noch einmal Nein, er sagte noch einmal, ruhig und sehr bestimmt: »Doch, Sie machen das. Sie werden ab sofort einmal die Woche Bericht erstatten.« Ich wurde nicht geschlagen, aber ich wusste, ich hatte keine Garantie, dass ich aus diesem Zimmer je wieder herauskommen würde, und so schwieg ich. Die Bedrohung war greifbar, allein die Anwesenheit der fünf Männer mit mir in einem Raum, aus dem sie mich nicht lebend herauslassen mussten, machte die ernsthaften Folgen, die meine fortgesetzte Weigerung unweigerlich mit sich bringen würde, greifbar. Die Klammer legte sich noch fester um meine Brust, und ich fragte mit belegter Stimme: »Wie?« Ich bekam eine neue Telefonnummer und die Anweisung, den Gesprächsführer einmal die Woche anzurufen. Ich stimmte dem zu, und obwohl ich wusste, dass ich kaum etwas anderes hätte machen können, fühlte ich mich schuldig und feige. Ich rief später am Tag meinen Chemielehrer an und berichtete ihm vor allem, dass die Polizei nichts von meiner Woche in Teheran erfahren hatte. Er sagte, falls ich das Gefühl bekommen würde, sie wüssten doch davon, sollte ich mich sofort melden, und er würde mir helfen, unterzutauchen. Das war das letzte Mal, dass ich mit ihm gesprochen habe.

Ich meldete mich ab diesem Zeitpunkt einmal wöchentlich telefonisch bei der Geheimpolizei und erzählte, dass nichts passiert sei und ich keine politischen Gespräche gehört hätte. Einen Monat nach meinem Verhör war ich ein paar Tage in Abhar und rief nicht an, ich wollte meine Mutter nicht beunruhigen. Ich aber war sehr unruhig, was würde passieren? Würde ich verhaftet werden, sobald ich zurück nach Tabriz käme? Zwar wartete kein Polizist auf mich, aber als ich in der darauffolgenden Woche anrief, schimpfte mein Gesprächspartner: »Warum haben Sie sich letzte Woche nicht gemeldet?« »Ich war bei meiner Mutter und wollte ihr keine Angst machen. Wir haben dort kein Telefon außer dem in der Poststation, wo alle im Raum den Anruf mithören. Außerdem habe ich wieder keine politischen Aussagen erlauscht.« In den nächsten Jahren meldete ich mich erst wöchentlich, dann weniger und schließlich noch einmal im Monat. Ich habe nie jemandem davon erzählt und hatte Angst, Susan und meine politischen Gefährten würden mich bei Entdeckung als Verräterin brandmarken. Das war natürlich Sinn der Sache: Der Savak versuchte, möglichst viele Leute in die Angst vor dem Verrat zu treiben und die linke Opposition so von innen zu schwächen. Dass ich keine Informationen lieferte, war eher nebensächlich. Ich war in einer Diktatur groß geworden, es gab immer irgendetwas, was man verstecken musste, das gehörte einfach zum Leben dazu. Vor Beginn der Revolution Ende 1978 hörte ich schließlich auf mit den Meldungsanrufen, im allgemeinen Chaos entstanden Schlupflöcher. Doch ich hatte mit Anfang 20 gelernt, mit der Angst vor Verhaftung und Ermordung zu leben und zu versuchen, so weit mit dem Geheimdienst zu kooperieren, dass mir mein Leben blieb, ohne jedoch etwas über meine Genossinnen und Genossen zu erzählen. Später, im Exil, merkte ich schnell, dass viele Oppositionelle im Iran vom Savak auf diese Weise benutzt worden waren. Die Folterknechte der Mullahs zwangen viele ihrer Gefangenen vor laufender Kamera, ein »Geständnis« abzulegen und sich selbst als Verräter zu beschimpfen – die Gebrochenen suchten später oft die Schuld bei sich statt bei ihren Folterern. Ein Phänomen, das in der ganzen Welt zu beobachten ist. Nicht wenige brachten sich später um, aus falscher Scham und gefangen in den Erinnerungen an die erlittenen Qualen. Deshalb ist diese Vorgehensweise ja auch bis heute ein beliebtes Mittel von Folterknechten weltweit.

Ich erwähnte schon, dass Susan und ich uns einer marxistisch orientierten Gruppe anschlossen, die die Arbeiter an der Basis erreichen wollte. Deshalb arbeiteten wir ne-

Mina Ahadi in der achten Klasse beim Besuch einer Delegation aus Teheran in ihrem Dorf. Unter der Schahregierung durften die Mädchen kein Kopftuch tragen.

Die 18-jährige Mina Ahadi auf dem Foto für ihr Schul-Examenszeugnis.

Mina Ahadis Mutter mit einem ihrer Enkelkinder in der Mitte der 90er-Jahre.

Mina Ahadis Großmutter mütterlicherseits in den 80er-Jahren.

Dreimal Mina Ahadi in den 70er-Jahren: Als Studentin *(Bild oben links)* und Braut westlich unverhüllt, in ihrem Heimatdorf mit Tschador.

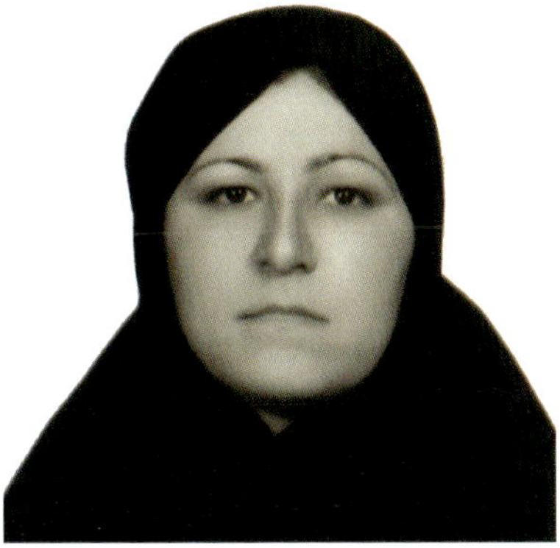

ناسبت چهلمین‌روز درگذشت
گهانی اسماعیل یگانه دوست
سر اینجانب مینا احدی و
ادر اینجانبان رضا ـ عصمت ـ
یدرو محمد مجلس بزرگداشت
طره اسماعیل عزیز روز
جشنبه ۲۲ر۵ر۶۰ در منزل
خصی از ساعت ۵ الی ۸
گزار میشود. آدرس: تبریز ـ
های کوچه باغ ـ جنب
سجد خان کوچه ۲۹ بهمن
انواده‌های: یگانه دوست ـ
حدی ـ سلیمانی

Esmail Yeganedost, Mina Ahadis erster Mann: Abgebildet ist die Einladung der Familie zur Trauerfeier nach seiner Ermordung, an der Mina Ahadi nicht teilnehmen konnte, weil sie polizeilich gesucht wurde.

Mina Ahadi und ihr zweiter Mann Mohammad Asangaran, Mitte der 80er-Jahre im Lager der Komalah in den kurdischen Bergen.

Frankfurt/Main, Februar 2007: Nazanin Afshin-Jam, Miss Canada 2003, kämpfte gemeinsam mit Mina Ahadi erfolgreich für die Freilassung der zum Tode verurteilten Nazanin Fatihe im Iran.

Mina Ahadi mit Mitgliedern des Komitees gegen die Todesstrafe bei einer Unterschriftensammlung in Köln im April 2007.

Das Plakat, mit dem der Zentralrat der Ex-Muslime im Februar 2007 seine Kampagne lancierte.

Bei einer Pressekonferenz in Den Haag präsentieren die Ex-Muslime Ehsan Jami (Niederlande), Mayam Namazie (England) und Mina Ahadi die »European Declaration for Tolerance«.

Mina Ahadi, Richard Dawkins und Fiona Lorenz (Giordano Bruno Stiftung) bei der Verleihung des Deschner-Preises an Richard Dawkins am 12.Oktober 2007 in Frankfurt.

»Aufklären statt verschleiern! – Islam in Deutschland« – Günter Wallraff, Michael Schmidt-Salomon, Mina Ahadi und Ralph Giordano am 1.12.2007 bei einer Podiumsdiskussion in Köln.

ben dem Studium in der Fabrik. Auch wohnte ich teilweise mit Susan in einer Wohnung in einem Arbeiterviertel. Die Revolution kommt durch Bewusstseinsbildung bei den Massen in Gang, so war die Idee. Susan und ich standen mehrmals wöchentlich am Fließband in einer Nähfabrik. Tabriz war eine Studentenstadt, viele Leute vermieteten an Studenten ein Zimmer. Man hat dann mit der Familie gelebt, oft war in einem Raum die Familie mit fünf, sechs Leuten, und wir hatten zu zweit das andere Zimmer. Ein Zimmer zu bekommen war einfach, eine polizeiliche Anmeldung gab es nicht. Die Miete, rund 80 Tuman, haben wir monatlich bar bezahlt, von den 500 Tuman, die wir als Studenten im Monat als eine Art Studienstipendium erhielten. Manchmal haben wir sogar mit der Familie, bei der wir wohnten, gegessen. Alle paar Monate wechselten wir die Unterkunft. Wir haben später auch mit Männern der Organisation zusammen gewohnt, offiziell waren wir dann ein Ehepaar. Diese Wohngemeinschaften waren sehr keusch, auch die Linken waren durch die religiöse prüde Erziehung geprägt.

Arbeiten in der Fabrik war eine Strategie vieler linker Gruppen, beseelt von der Möglichkeit, im direkten Kontakt den Arbeiterinnen und Arbeitern Marx nahezubringen, ihnen damit die Augen zu öffnen und so ihren Aufstand zu entfachen. Doch in der Fabrik waren wir Außenseiterinnen und sind es immer geblieben. An unserer ganzen Haltung, wie wir uns bewegten, wie wir gingen, haben die Arbeiter sofort gesehen, dass wir keine »von ihnen« sind. Wir mussten während einer Acht-Stunden-Schicht (früh oder spät) vier bis fünf Stunden ohne Pause am Produktionsband stehen und immer wieder dieselben Handgriffe machen. Es war laut, in der Halle arbeiteten 60 Leute, und die Arbeit mit den Textilballen war körperlich sehr anstrengend. Auch durfte man außerhalb der offiziellen Pausen stundenlang nicht zur Toilette, was mir manches Mal zur zusätzlichen Qual wurde. Später habe ich in einer Cola-Fabrik gearbeitet, in einer noch größeren Halle mit über 200 Leuten. Dort war ich dafür zuständig, die frisch abgefüllten Flaschen auf Verunreinigungen zu untersuchen und solche mit Dreck und Fremdstoffen vom Band zu holen. Die Arbeiterinnen, die nicht wegen irgendwelcher marxistischen Ideen in der Fabrik arbeiteten, waren alle sehr arme Frauen, die die pure Not ans Fließband gebracht hatte. Intellektuelle Frauen in der Schah-Zeit konnten problemlos als Ärztin oder Lehrerin arbeiten. Frauen aus der Unterschicht waren dagegen gezwungen, in der Fabrik zu sein, statt sich auf ihre Rolle als Hausfrau und Mutter beschränken zu können. Auch sie selbst sahen das meist so und empfanden ihre Arbeit nicht als Schritt hin zu mehr Selbstständigkeit. Es war oft auch ein Problem für den Ehemann, der offensichtlich nicht in der Lage war, seine Frau zu ernähren, wie es seine Rolle vorsah.

Die Arbeit in der Fabrik habe ich auch im Jahr nach der Revolution beibehalten, ich habe davon gelebt, als Studieren nicht mehr möglich war. Mit dem Politisieren der Proletarier hat es aber bis zum Schluss nicht geklappt. Ich habe einmal versucht, einen alten Mann, der schon 25 Jahre am Fließband stand, zu einem Streik für besseren Lohn zu überreden. Wenn er der Wortführer wäre, so würden die anderen auf ihn hören, da er aufgrund seines Alters und seiner Zugehörigkeit zum Betrieb und den Arbeitern eine ganz andere Autorität als ich hatte. Doch ich hatte keine Chance, von ihm überhaupt ernst genommen zu werden. Die Hierarchie unter den Arbeitern war fest und geschlossen. Wir jungen Studentinnen haben es in der kurzen Zeit, ein bis zwei Jahre, in der Fabrik nicht geschafft, Vertrauensbeziehungen aufzubauen. Wir blieben die »anderen«, wir hatten freundliche Kontakte zu einigen Frauen und Männern, aber für linke, marxistische Ideen konnten wir sie nicht begeistern. Selbst wenn sie manchen unserer Analysen der sozialen Ungerechtigkeit zustimmten, aktiv wollten sie nicht werden. Stattdessen kamen wir in Kontakt mit anderen linken Studenten und Studentinnen, die ebenfalls für ihre Organisationen in der Fabrik arbeiteten, und bildeten dort bald eine eigene Subgruppe.

Meinen ersten Mann habe ich während der politischen Arbeit kennengelernt. Esmail Yeganedost hieß er, er studierte Physik. Auch er arbeitete in einer Fabrik, und schließlich lebte ich mit ihm offiziell als Ehepaar in einer Wohnung und Susan mit einem anderen Mann in der Nähe. Wir schrieben Flugblätter in unseren Wohnungen und setzten nachts die Druckerwalze in Gang; diese Flugblätter, ein paar hundert pro Nacht, haben wir dann morgens vor dem Morgengrauen, um vier Uhr, unter den Haustüren im Arbeiterviertel durchgeschoben.

Esmail hatte sich einer gemeinsamen Freundin anvertraut, er habe Interesse an mir. Sie nahm mich daraufhin beiseite und ermunterte mich, ihn näher kennenzulernen. Ich beobachtete ihn und unsere Gespräche nun genauer, und langsam verliebte ich mich. Mir gefielen sein Lachen und seine tiefe ruhige Stimme. In politischen Fragen waren wir uns sehr einig, und er war ein großer, attraktiver Mann. Schließlich schrieb ich ihm einen kurzen Brief: Ich mag Dich. Das schien mir leichter, als es ihm zu sagen oder gar zu warten, bis er die Initiative ergriff. Er kam noch am Abend mit dem Brief auf mich zu, umarmte mich und gab mir einen kurzen Kuss auf den Mund. »Meine schöne Kämpferin«, mit diesen Worten besiegelten wir unser Zusammensein. Keuschheit war dabei für uns beide eine Selbstverständlichkeit. Es war in unseren Köpfen sehr tief verankert, dass Sex in die Ehe gehört. Wir waren traditionell, scheu, verschämt und streng. Drei Monate später beschlossen wir deshalb, zu heiraten. Ich fuhr mit ihm nach Abhar und stellte ihn meiner Mutter vor. Ich sagte: »Das ist der Mann, mit dem ich zusammenleben will, deshalb werden wir heiraten.« Sie protestierte nicht, da sie wusste, dass ich meinen eigenen Willen durchsetzen würde. Meine Mutter bestand aber auf einer Hochzeitszeremonie in Abhar. Mein Mann kam aus Tabriz, aus einer Arbeiterfamilie, und seine Eltern waren schon vor Jahren gestorben. Nach einer Woche in Abhar meinte er zu mir, dass die Frauen meiner Familie so modern seien. Was er damit meine, fragte ich ihn. »Du und deine Mutter diskutieren laut über die Hochzeit, deine Schwester Mahtab läuft zu Hause im Minirock herum. Deine Cousine Modjan hat mir zugezwinkert. Ich muss mir überlegen, ob ich mit dir zusammen sein will. Eine Frau muss doch auch etwas bescheiden sein.« Er war also auch ein linker Mann, der noch traditionell dachte, zumindest in Teilen. Ich habe zwar gesehen, dass die Frauen in meiner Familie zu Hause wirklich recht frei sagten, was sie dachten. Aber ich hielt das nicht für problematisch, sondern vielversprechend.

Unser Dorf hatte inzwischen sogar eine Schuldirektorin. Sie war eine sehr geschätzte unverheiratete Frau, 30 Lehrerinnen und 500 Schülerinnen waren ihr unterstellt. Das blieb auch nicht ohne Auswirkungen auf meine Schwestern und Cousinen. Nicht, dass sie nach außen rebelliert hätten, aber zu Hause sagten sie ihre Meinung und fanden, dass auch die Männer der Familie diese hören sollten.

Ich war wie vor den Kopf gestoßen, dass Esmail sich noch eine Bedenkzeit ausgebeten hatte. Ich schämte mich, denn wie sollte ich meiner Mutter erklären, dass dieser Mann, den ich als meinen Bräutigam vorgestellt hatte, mich nun vielleicht doch nicht heiraten wollte? Im Nachhinein bin ich eher darüber traurig, wie tief sich auch in mir die Begriffe von Ehre und Schande eingegraben hatten. Ich konnte nicht darüber nachdenken, wie ich seine Einstellung zu Frauen im Allgemeinen und damit zu mir im Besonderen fand, sondern nur: »Hoffentlich bleibt er bei mir« – und das tat er schließlich auch.

Wir haben also geheiratet. Ich wollte keinen Mullah dabei haben und keine religiöse Hochzeit. Meine Mutter wollte aber genau das. Schließlich wurde es eine »etwas religiöse« Zeremonie, zwar mit Mullah, aber nur im kleinen Kreis der Familie. Ich habe auf das Brautgeld verzichtet, denn ich wollte nicht, dass mein Mann mich kauft. Als frisch vermähltes Ehepaar sind wir zurück nach Tabriz gefahren und haben in der Wohnung meines Mannes gelebt. Seine zwei jüngeren Brüder und seine jüngere Schwester wohnten bei uns, für sie sorgte Esmail seit dem Tod seiner Eltern. Seine beiden jüngeren Brüder waren Anhänger der Volksmudschaheddin und sind in den 80er-Jahren hingerichtet worden. Wenn Besuch aus seiner Familie zu uns kam, habe ich immer den Tschador getragen, in dieser Hinsicht war seine Familie wesentlich konservativer als meine.

Ich habe Esmail geliebt, aber seine traditionellen Ansichten ließen uns manchmal streiten. Ich weiß nicht, ob das bei einer längeren Ehe zu einem ernsthaften Problem zwischen uns geworden wäre. Einmal hat er mich in einem Bus »verteidigt«, als mir jemand von hinten in den Po gekniffen hatte. Dabei war ich schon selbst dabei, den Übeltäter wortstark zusammenzustauchen. Doch Esmail sah es als seine Sache an, mich zu verteidigen, er drängte sich förmlich zwischen mich und meinen Kontrahenten. Das war liebevoll gemeint, aber er begriff nicht, dass ich das traditionelle Bild dahinter ablehnte: In der Öffentlichkeit wurde die Frau von ihrem Mann beschützt und zu Hause musste sie ihm gehorchen.

Eines Abends saßen wir gemütlich beisammen, hatten bei Kerzenschein gegessen, und Esmail erzählte mir, dass er mit einer jungen Frau, die in derselben Straße wohnte, eine freundschaftliche Beziehung gehabt hatte. Ich hatte damit kein Problem, denn es war ja vor meiner Zeit gewesen. Ich erzählte ihm dann von meinem Englischlehrer, meiner ersten, heimlichen Liebe. Einmal hatte ich ihn unter dem Vorwand, Bücher ausleihen zu wollen, alleine besucht und war mir mit meinen 13 Jahren sehr verrucht vorgekommen. Das war auch schon alles gewesen. Trotzdem endete der Abend in einem ganz schlimmen Streit. Mein Mann fand, dass schon verliebte Gedanken an einen anderen Mann, lange bevor ich ihn kennengelernt hatte, etwas Schmutziges seien für mich als Frau. Er wurde fürchterlich eifersüchtig und brüllte mich an, das wäre nicht anständig von mir gewesen. Ich war zutiefst verletzt und gab es auf, mich verständlich zu machen.

Später am Abend rief meine Mutter an. Nachdem wir ein paar Minuten geredet hatten, fragte sie, weshalb ich so traurig klänge, und ich sagte, Esmail und ich hätten uns gestritten. Als sie fragte worüber, konnte ich nur sagen: »Über Kleinigkeiten«. Was zwischen Eheleuten passiert, bleibt zwischen Eheleuten, auch dieses konservative, zutiefst islamische Denken hatte ich noch nicht abgestreift. Ein Jahr haben wir zusammengelebt, bevor Esmail 1980 ermordet wurde, an unserem ersten Hochzeitstag.

Revolution und religiöser Terror

Mein Studium litt zunehmend unter meinen politischen Aktivitäten. Ich war schon längst nicht mehr die Beste, die Arbeit in der Fabrik kostete ihren Preis. Ich war nach einer Schicht am Fließband einfach zu müde, um noch zu lernen. Bis heute habe ich manchmal den Albtraum, dass ich zu einer Prüfung muss, für die ich nicht gelernt habe. Es war eine Zeit des Aufruhrs und der inneren Unruhe im ganzen Land. Das Schah-Regime geriet unter Druck, und Ende 1978 gab es die erste große Demonstration in Tabriz gegen den Schah. Diese Massenproteste wendeten sich gegen die Wohnungspolitik des Schahs, der ganze Viertel von wild entstandenen Armutssiedlungen an den Rändern der Großstädte mit schwerem Gefährt niederwalzen ließ. Rund um Tabriz waren illegal errichtete Siedlungen entstanden, ohne Wasser und Strom, denn die Menschen kamen Mitte der 70er-Jahre in Massen vom Land in die Städte, auf der Suche nach Arbeit. Abrisswagen kamen nachts und walzten die Hütten nieder. Die Menschen waren empört, ihr Protest hatte nicht primär religiöse Ursachen und noch war Khomeini nicht der neue Führer. In Teheran wurden am 8. November 1978 rund 4000 Schah-Gegner bei einer Demonstration erschossen, darunter waren auch mehrere Hundert Frauen.

Gefördert wurde Khomeini in dieser Zeit durch den Westen, wo man auf der Suche nach einem neuen Ansprechpartner für die Zeit nach dem Schah war. Man suchte jemanden, mit dem es möglich wäre, weiter eine verlässliche Politik und Öllieferungen zu bekommen. Zudem sahen die USA in Khomeini einen geeigneten Kandidaten, die linke Opposition niederzuschlagen – man befand sich noch mitten im sogenannten Kalten Krieg mit der Sowjetunion und ihren Verbündeten.

Was die Volksmudschaheddin und Khomeini und die Linke bis hin zu den Kommunisten vereint hat, war der Antiimperialismus, die Überzeugung, dass Fremde sich nicht in unsere, die iranische Politik einmischen sollten. Khomeini war ein charismatischer Führer, der die Gunst der Stunde geschickt für sich zu nutzen verstand. Er war 1963 mit öffentlichen Reden gegen den Schah aufgetreten, damals in einer Koranschule in Ghom. Er wurde verhaftet, freigelassen und nach einer erneuten Rede, in der er den Schah und seine Bindung an die USA kritisierte, wieder verhaftet. Seine Worte, unter dem Schah lebten die Menschen im Iran schlechter als Hunde, brachten damals große Menschenmengen zu Demonstrationen zusammen, die das Regime blutig niederschlug. 1978 war die säkulare Opposition zunächst mindestens genauso an den Demonstrationen gegen das Regime beteiligt wie die islamischen Kräfte. Doch dann wurde ausgerechnet in Ghom eine Demonstration mit Khomeini-Anhängern niedergeschossen. Dadurch bekamen die Religiösen den Nimbus der alleinig Verfolgten und gewannen die Oberhand – sie riefen nach Khomeini, der sich inzwischen ins Exil nach Paris begeben hatte.

Als die Demonstrationen in Tabriz zunahmen und größer wurden, war ich begeistert, die allgemeine Aufbruchsstimmung riss mich mit. Ich habe nicht viel darüber nachgedacht, was nach dem Schah kommen würde, sondern einfach die Aufregung und den Umbruch genossen, trotz der Gefahr. Denn die Polizei schoss mit scharfer Munition auf Demonstranten, es gab immer wieder Verletzte und Tote. Eine Demonstration, die sich als Gedenkmarsch für die Toten von Ghom begriff, wurde besonders brutal niedergeschossen, es gab Dutzende tote Zivilisten. Nun hörte auch ich immer mehr die Rufe »Es lebe Khomeini«. Ich dachte zuerst, das kann nicht sein, wir wollen eine Revolution, aber keinen Khomeini! Immer noch wollte ich nicht glauben, dass nach der Revolution die Religiösen die Macht erlangen könnten.

Doch die Linke wurde überrollt. Wir saßen zusammen und diskutierten stundenlang, wir demonstrierten und hielten Reden. Die Amerikaner sollten vertrieben werden, iranische Fabriken sollten den Iranern gehören. Die Fedayi sahen sich als Motor für die linke Revolution und verübten vermehrt bewaffnete Anschläge.

Ich redete auf einigen der von den Linken organisierten Demonstrationen. Dabei wurde in mir das Gefühl immer stärker, dass ich gegen einen anschwellenden Strom sprach, der alles mitriss: Die Khomeini-Bewegung oder die Volksmudschaheddin schienen an die Macht zu drängen, ich versuchte die Idee der Revolution, ein besseres Leben für die Menschen, den Aufbau eines Regimes von unten, in Erinnerung zu rufen.

Jede Revolution ist eine Zeit des Umbruchs, in der noch nicht ganz klar ist, in welche Richtung es geht, wer die Macht erhalten wird. Klar war, wer sie nicht mehr hatte: Eines Tages war in der Zeitung zu lesen, dass der Schah das Land verlassen hatte. Dieser Tag war für mich persönlich ein trauriger Tag. Einer der Männer, die politisch mit uns zusammenarbeiteten, lebte zu dieser Zeit in einer Geheimwohnung mit uns und war schon lange depressiv. Er hat sich just an dem Tag, als der Schah ins Exil ging, in der kleinen geheimen Wohnung erhängt. So haben die Menschen auf den Straßen gejubelt, und wir trauerten um unseren Freund.

Wir waren natürlich froh, dass der Schah fort war. Ich war damals noch sehr jung, Anfang 20, heute würde ich versuchen, in so einer offenen Situation in die Politik zu gehen und die Geschicke des Landes als gewählte Abgeordnete mitzugestalten, überhaupt erst einmal für freie Wahlen zu kämpfen. Damals habe ich nicht über so etwas nachgedacht. Ich hatte gehofft, dass eine bessere Regierung kommen und der Savak abgeschafft würde. Ich hoffte auf Meinungsfreiheit, darauf, dass man bald alle Bücher kaufen könnte. Fast ein halbes Jahr hatte in der Zeit der Revolution eine aufregend offene Atmosphäre geherrscht. Dann ließ sich Khomeini am 1. Februar 1979 aus Frankreich einfliegen, und am 1. April 1979 wurde – nach einem Referendum, in dem er 98 Prozent der Stimmen bekam – Iran eine islamische Republik. Ein Referendum, in dem ich wie sicher Tausende andere meine Stimme nicht abgegeben hatte. Wir wollten nicht über eine islamische Republik abstimmen – wir wollten eine breite Demokratie, einen säkularen Staat aufbauen.

Die Revolution war als Volksbewegung gegen den Schah, die Armut und die Brutalität des Savak entstanden, die meisten Leute auf der Straße hatten kein politisches Konzept im Kopf. Nach einer Zeit der Euphorie machte sich Orientierungslosigkeit breit. Es fehlte eine Führungsgruppe, eine Führung. Dies hat Khomeini geschickt genutzt und auch den Westen benutzt, der ja ebenfalls einen Ansprechpartner in Teheran haben wollte und Ängste vor der Zeit nach dem Schah hatte. Khomeini bestückte die Regierung mit seinen Leuten, weder den Volksmudschaheddin noch den Linken hat er einen Platz eingeräumt, nur einigen Liberalen, die Anzüge und Krawatten trugen statt ein religiöses Gewand. Wobei liberal nicht säkular heißt im Iran, also nicht liberal im westlichen Verständnis meint. Der erste Präsident der neuen islamischen Republik, Bani-Sadr, war ein solch iranischer Liberaler. Zum Thema Kopftuch erklärte er, dass die Haare von Frauen eine Ausstrahlung hätten, die Männern gefährlich werden könne, sie sexuell erhitze, deshalb unterstütze er den Zwang zum Kopftuch. Die neuen Machthaber räumten auf. Sogar die Volksmudschaheddin, die eine große und durchaus islamische Bewegung gerade unter jungen Leuten waren, wurden nicht verschont. Als sie merkten, dass Khomeini sie von der Teilhabe an der Macht ausschloss, wollten sie das Regime stürzen und eine eigene Regierung bilden. Doch Khomeini und seine Getreuen waren schon fest im Sattel der Macht, viele Volksmudschaheddin wurden bis Mitte der 80er-Jahre verhaftet, gefoltert und hingerichtet.

1980 kam der Kopftuchzwang – trag das Kopftuch oder wir prügeln dich, das war die Parole! Das islamische Regime setzte immer als Erstes den Kopftuchzwang durch, wenn es eine noch nicht unterworfene Stadt eingenommen hatte. Denn in vielen Provinzen musste sich die neue Macht erst nach und nach festigen. Auch deshalb sind das Kopftuch und der Kampf gegen das Kopftuch so wichtig, es ist ein durch und durch politisches Symbol für die Macht des politischen Islam.

Die Universitäten waren inzwischen geschlossen worden, und ich wusste, dass ich auf einer schwarzen Liste des Regimes stand, so wie meine Freunde aus der Organisation des »Dritten Weges«. Damit war Studieren für mich nicht mehr möglich, ich war froh um meinen Job in der Fabrik, denn so konnte ich etwas zum Lebensunterhalt verdienen. Wenn ich keine Schicht in der Fabrik hatte, ging ich gegen das Kopftuch demonstrieren, mit Hunderten von Frauen und einigen Männern. Ohne Kopftuch natürlich. Ich kann mich noch an die erste dieser Demonstrationen erinnern, vor einem Mädchengymnasium. Die Lehrerinnen gaben sich kämpferisch, und auch die Schülerinnen klatschten Beifall, als ich erklärte, wir würden uns nicht unter das Kopftuch zwingen lassen. Die Stimmung war optimistisch, wir Frauen fühlten uns stark. Die Revolution sollte uns mehr Freiheiten bringen, keine Verhüllungen. Doch mit jedem Tag kamen mehr Männer mit Bärten als Zeichen ihres Glaubens, die unsere Demonstrationen gegen das Kopftuch störten. Sie wurden immer aggressiver, und schließlich kamen einige mit Messern. Mit dem Messer in der Hand sind sie Frauen hinterhergelaufen, Frauen ohne Kopftuch. Und schließlich hatten einige nicht nur Messer, sondern auch Kalaschnikows. Die Demonstrationen wurden kleiner, und schließlich blieben die Leute aus Angst um ihr Leben weg. Die Pasdaran, die Revolutionswächter, nahm mehr und mehr Demonstrantinnen und Demonstranten fest.

Einmal sollte auch ich verhaftet werden, ein Pasdaran hatte mir mit einem Knüppel auf den Kopf geschlagen, und ich war so benommen, dass ich mich nicht gegen ihn wehren konnte. Doch andere Demonstranten konnten mich losreißen, und ich lief schnell in eine Seitenstraße. Ich hatte den Tschador immer in der Tasche, den habe ich mir schnell übergezogen und konnte unerkannt entkommen. So hat mich der Tschador tatsächlich vor Schlimmerem bewahrt.

Ich kannte keine Frau, die das Kopftuch begrüßt hat. Es gab traditionelle Frauen wie meine Mutter, die trugen Kopftuch oder auch den Tschador. Das war eine Gewohnheit, das war Tradition. Aber nun hatte das Kopftuch so viel mehr Bedeutung. Denn nun hieß es: Entweder du trägst Kopftuch oder wir verprügeln dich. Meine jüngere Schwester Mahtab ist heute Ärztin im Iran, und sie muss mit Kopftuch und weiter Kleidung operieren, das ist absurd und kann sogar gefährlich werden, da das weite Gewand ungelenk macht. Sie darf zwar mit Männern arbeiten, aber es ist verboten, dass Männer und Frauen gemeinsam lachen! In all diese verqueren Vorschriften des Miteinanders passt auch der Zwang zur Kopfbedeckung. Das Kopftuch deckelt Frauen im wahrsten Sinne des Wortes, unter dem Schleier ist ihr Platz, nicht frei in der Welt.

Hatte ich am Ende meiner Schulzeit noch entschieden, vorsichtiger und stiller gegenüber dem Schah-Regime zu sein, um einen Studienplatz zu erhalten und Ärztin werden zu können, so war Stillhalten nun keine Option mehr für mich. Ich musste gegen das Regime rebellieren. Ich konnte nicht klaglos das Kopftuch tragen.

Im Lauf der Zeit hatte ich mehr und mehr Kontakt zur Komalah, einer in Kurdistan aktiven linken Gruppe, bekommen. Ich war auch einige Male nach Kurdistan ins Grenzgebiet gereist, wo die Menschen die Komalah sehr unterstützten. Auch das war zum Teil nationalistisch motiviert, es gab viele Kurden, die der Idee eines autonomen Kurdistans anhingen. Aber die Komalah war eine der wenigen Oppositionsgruppen, die ebenso gegen das Schah-Regime wie gegen die islamische Diktatur waren.

Mein Mann hatte mehr Kontakt nach Kurdistan als ich, er war vor unserer Hochzeit mehrere Monate in Kurdistan bei der Komalah gewesen. Schon vor der Revolution hatte die Gruppe in den unzugänglichen Bergen einige Lager errichtet, unterstützt von der einheimischen Bevölkerung.

Eines Tages bekamen wir Besuch von drei kurdischen Frauen, eine war krank, und sie wollten in Tabriz einen Arzt aufsuchen. Sie stammten aus einer bekannten, politisch sehr aktiven Familie aus Kurdistan – und sie waren traditionell gekleidet. Die Komalah hatte sie zu unserer Adresse geschickt. Esmail war entsetzt, als er ihre kurdische Kleidung sah. Ein buntes langes Gewand wurde von einem hellen Schal umspielt. Ein Tuch um den Hals ließ die Haare sehen, auch wenn ein weiteres buntes Tuch wie ein Turban um den Kopf gewickelt war. Er sagte zu mir, dass diese Frauen uns durch ihre Kleidung verraten würden, sie müssten schon allen in der Straße aufgefallen sein in ihrer bunten Kluft. Wer Kontakt zu Kurden hatte, kam unweigerlich ins Visier der Staatsmacht, denn in Kurdistan gab es weite Teile, über die die Armee keine Kontrolle hatte und wo der Widerstand sehr stark war. Ich musste am nächsten Morgen ab sechs Uhr in der Cola-Fabrik arbeiten, deshalb versuchte ich, ihn zu beschwichtigen: »Wir können das am nächsten Tag nach meiner Schicht besprechen.« Mir schien dann noch Zeit genug für eine Diskussion mit unserem Besuch zu sein.

Doch als ich mit dem Bus um halb drei von der Arbeit kam, sah ich am Anfang unserer kleinen Straße einen Revolutionswächter stehen, mit seinem Gewehr im Anschlag. Ein Mann mit Bart und Kalaschnikow, bei dessen Anblick mein Herz einen Moment aussetzte. Ich musste nach Luft schnappen und dachte voller Angst an Esmail und seine Sorgen um eine Entdeckung. Vorsichtig bog ich in die Straße ein, dabei versuchte ich, nicht zögerlich zu wirken. »Nur nicht auffallen«, sagte ich mir innerlich vor wie ein Mantra.

Vor unserem Haus standen noch mehrere bewaffnete Männer. Ich spürte, wie sich mein Herzschlag beschleunigte, aber ich versuchte, ruhig und unauffällig weiterzugehen, den Kopf hielt ich gesenkt. So betrat ich ein Geschäft auf der anderen Straßenseite und spähte durch das Schaufenster zu unserer Wohnung. Durch das Fenster sah ich zwei weitere bewaffnete Männer. Meinen Mann sah ich nicht und auch keine der kurdischen Frauen. Ich wusste, was das zu bedeuten hatte: Sie waren verhaftet worden. Auf einen ruhigen Schritt konzentriert, verließ ich das Geschäft, mir rann der Schweiß über die Stirn und den Rücken, denn mir war danach, die Beine in die Hand zu nehmen. Doch ich behielt das Schritttempo rund drei Kilometer bei, bis ich bei einer Freundin ankam. Dort wechselte ich den Tschador und sogar die Schuhe. Dann ging ich noch einmal zurück zu unserer Straße, die Wohnung schien nun leer zu sein, aber vor der Haustür stand ein Posten. Ein Bekannter wollte gerade um die Ecke biegen auf dem Weg zu uns, als er mir in die Arme lief. Ich flüsterte ihm schnell zu, dass er verschwinden solle – heute lebt er in London.

Zurück bei meiner Freundin erzählte mir deren Mann, der sich vorsichtig umgehört hatte, dass tatsächlich die Kleidung der drei Frauen einem Nachbarn aufgefallen war, der dann die Geheimpolizei angerufen hatte, und dass die Frauen und mein Mann tatsächlich verhaftet worden waren. Hätte ich nur auf Esmail gehört und wäre mit ihm untergetaucht, statt zur Arbeit zu gehen! Nun konnte ich weder in die Wohnung noch in die Fabrik zurückkehren. Schlimmer aber war, dass er verhaftet worden war. Ich machte mir große Vorwürfe deswegen.

Freunde boten mir ein erstes Versteck. Die Familie meines Mannes konnte ihn im Gefängnis besuchen, so hörte ich von seinem Bruder, dass er in Tabriz im Gefängnis war, aber lebte! Ich habe auch versucht, über die Komalah Kontakt zu Menschenrechtsorganisationen zu erhalten. Denn 1980 konnte für einige Gefangene dank Interventionen von Amnesty International und anderen eine Freilassung erwirkt werden, sogar das Khomeini-Regime war nicht immun gegen Druck von außen.

Ich fuhr nach Teheran, wo ich eine Nacht bei meinem ältesten Bruder verbrachte, aber auf Dauer war das zu gefährlich für ihn und seine Familie. Alle Polizeikontrollpunkte hatten mein Foto. Ich besaß nichts mehr, keinen Pass, keine Kleidung außer der, die ich am Leibe trug. Alles war in der Wohnung gewesen. Deshalb ging ich zu Leuten von der Komalah, wechselte mit ihrer Hilfe von Wohnung zu Wohnung und glaubte fest daran, dass mein Mann bald freikäme. Die Angst um ihn und die Angst, selbst verhaftet zu werden, saßen mir nicht nur buchstäblich im Nacken, sondern in jeder Pore meines Körpers.

Eines Abends – in der Familie, in der ich untergeschlüpft war, hatten wir gerade in einer Gruppe von sechs Leuten das Abendessen beendet – kam ein Parteimitglied zu Besuch. Seine ernste Miene, als er mich erblickte, verhieß nichts Gutes. Ich fing an zu schwitzen, denn im Grunde meines Herzens wusste ich, was nun kommen würde. Er sprach mir mit trauriger Miene sein Beileid aus, mein Mann war tot. Er reichte mir eine Zeitung mit einer Liste der in dieser Woche Hingerichteten. Esmail Yeganedost. Ich weinte die ganze Nacht hindurch, ich hatte nicht gewusst, dass ich so viele Tränen in mir hatte. Ich weinte mich in einen unruhigen Schlaf. Die Familie meines Mannes hatte mir eine Tüte mit seinen Sachen gepackt – einen Anzug, ein Hemd. Diese brachte mir ein Bruder von Esmail am nächsten Tag vorbei: »Leb wohl«, sagte er, denn in Kontakt mit mir zu bleiben wäre für ihn zu gefährlich gewesen. Ich war nun eine gesuchte Verbrecherin. Mit meinem Mann war auch ich in Abwesenheit zum Tode verurteilt worden. Wir umarmten uns zum Abschied, und schmerzvoll erkannte ich die Ähnlichkeit mit Esmail im Gesicht seines Bruders. Als er fort war, nahm ich sein Hemd aus der Tüte und vergrub mein Gesicht in dem Stoff, der so oft Esmails Haut berührt hatte. Ich suchte seinen Duft. Am nächsten Morgen warf ich die Sachen hinter einen Busch. Falls ich mit ihnen festgenommen würde, würde man vielleicht die Familie meines Mannes bedrängen. Nur meinen Ehering behielt ich.

Ich rief meine Mutter an, die daraufhin sofort nach Teheran kam, wir trafen uns noch einmal bei meinem ältesten Bruder Amir. Am nächsten Tag drängte ich darauf, ihn zu verlassen; als ich seine zwei kleinen Kinder sah, schien es mir verantwortungslos, ihr Leben durch meine Anwesenheit aufs Spiel zu setzen. Unsere Umarmung zum Abschied war meine letzte Begegnung mit ihm bis heute. Meine Mutter musste zurück nach Abhar, und ich bekam den nächsten Unterschlupf bei Komalah-Sympathisanten. Auch meine Mutter sollte ich 14 Jahre lang nicht wiedersehen.

Eine Freundin war einige Tage nach meinem Mann verhaftet worden, sie wurde von der Polizei in ihrer Wohnung erwartet. Auch sie wurde gefoltert, und ihr drohte ebenfalls ein Todesurteil. Ihre Familie versuchte es mit Bestechung, gab Geld und Geschenke an Mullahs und Polizisten und schließlich kam sie frei, kurze Zeit nach der Ermordung meines Mannes.

Als ich sie einige Wochen darauf traf, war sie sehr niedergeschlagen. Sie hatte Schuldgefühle, dass sie überlebt hatte, etwas, was viele Folteropfer quält. Es war auch für mich eine sehr traurige und verzweifelte Zeit. Die tiefe Angst vor Verhaftung und Ermordung ist sehr schwer zu ertragen, und auch ich war oft so verzweifelt, dass ich überlegt habe, mich umzubringen. Das Regime hat viele Menschen in den Selbstmord getrieben, das war Teil der Strategie von Verfolgung und Terror. Massenverhaftungen, Folterungen und Hinrichtungen, so viele verlorene Familienangehörige in dieser ersten großen Verhaftungs- und Hinrichtungswelle unter dem neuen Regime. Eine Freundin von mir von der Universität, Ladan, wurde auch verhaftet und hingerichtet. Im Sommer 2007 traf ich eine Freundin ihrer Schwester, die heute in Kanada lebt, sie berichtete mir, was wir alle im Grunde wussten: Ladan wurde, wie alle Jungfrauen, vor ihrer Hinrichtung vergewaltigt. Nach islamischem Glauben kommen Jungfrauen direkt ins Paradies. Eine vor ihrem Tod vergewaltigte Frau aber kommt in die Hölle, denn sie hat unehelichen Sex gehabt. Ihre Vergewaltiger glaubten als Gotteskrieger, ihre Opfer direkt in die Hölle zu schicken.

Als mein Mann ermordet wurde, bekam seine Familie die Wohnung, die ihm gehört hatte. Mir wurde ein Achtel des Geldwertes geschickt. Wie schon meine Mutter vor mir war ich als Witwe im islamischen Erbrecht benachteiligt. Die Freundin, die kurz nach meinem Mann verhaftet worden war, erzählte mir, dass sie seine Leiche gesehen hatte. Er lag mit den anderen Hingerichteten des Tages im Gefängnishof, über den sie geführt wurde. Der Hinrichtungen waren in diesen Tagen zu viele, als dass die Leichen so schnell abtransportiert werden konnten, wie neue Opfer starben. Der Säuberungswelle des neuen Regimes fielen Tausende zum Opfer, gehängt, erschossen. Anhänger des Schahs traf es ebenso wie Kommunisten und andere Oppositionelle, 1980 war das Jahr der Todesurteile wegen »Verbreitung des Lasters auf Erden und Widerstreit gegen Gott«.

Nach der Hinrichtung meines Mannes hielt ich mich über ein Jahr in Teheran versteckt. Zunächst zog ich von einem Unterschlupf zum nächsten, nach ein paar Monaten konnte ich mit einem Mann eine geheime Wohnung mieten, und offiziell wohnten wir dort als Ehepaar. Damit wurde die Lage für mich etwas ruhiger, ich musste nicht mehr alle paar Tage zu den nächsten fremden Menschen umziehen. Zudem gefährdete ich ja auch immer die, die mir Unterschlupf gewährten. Oft waren das Familien. Einmal kam ich am späten Abend zu einer neuen Unterkunft. Ein Mann öffnete mir die Tür und hieß mich leise willkommen, da ging eine Tür auf, und ein kleines Mädchen, vielleicht zehn Jahre alt, kam im Pyjama mit verschlafenen Augen heraus. »Wer bist du?«, fragte sie mich. Bevor ich mir überlegt hatte, was ich antworten könne, scheuchte ihr Vater sie sachte zurück ins Bett. Schmerzhaft wurde mir klar, dass ich sogar das Leben dieses Kindes gefährdete, würde ich in dieser Nacht, in dieser Wohnung, verhaftet werden. Die Angst vor Entdeckung blieb, das Leben fühlte sich an, als hätte ich immer einen schweren Bleimantel an. Ich bekam Schlafstörungen und litt unter Panikattacken. Auf der einen Seite dachte ich immer wieder an Selbstmord, es schien der einzige Ausweg aus dieser schweren, endlosen Bedrückung. Dass immer wieder Menschen bereit waren, mich unter Risiko für ihr eigenes Leben zu verstecken, berührte mich sehr. Wir bestärkten uns dabei immer gegenseitig, dass das islamische Regime nicht lange an der Macht bleiben könne. Inwieweit wir uns das glaubten oder nur versuchten, uns gegenseitig Mut zu machen, um durchzuhalten, kann ich nicht sagen.

Denn die Monate vergingen, und das Regime blieb nicht nur, sondern festigte seine Macht, eliminierte immer mehr Gegner. Ich besaß immer noch keine Dokumente, keine Papiere, und die Polizei kontrollierte immer mehr auf der Straße. Selbst Taxifahren war gefährlich, denn auch diese wurden zu Ausweiskontrollen angehalten. Ich wusste: Würde ich ohne Ausweispapiere erwischt, würde ich verhaftet, gefoltert und höchstwahrscheinlich auch hingerichtet werden. Wie so viele, die ich damals kannte. Auch mein letzter Mitbewohner, mit dem ich drei Monate in Teheran in einer Wohnung lebte, wurde ermordet. Nach meinem Weggang war seine Ehefrau zu ihm gezogen, vier Monate später wurde er verhaftet und hingerichtet. Sie konnte danach fliehen und lebt heute in Schweden. Jede Nacht hatten wir Angst, dass Polizisten unsere Wohnung stürmen könnten. Wir fühlten uns wie Kaninchen im Bau, die merken, wie draußen der Fuchs umherschleicht, und deshalb versuchen, ganz still zu sein, damit er sie nicht hört. Doch sie spüren, wie ihr Angstschweiß rinnt und droht, sie zu verraten. Ein Entrinnen schien es nur im Tod zu geben, dem selbst gesetzten Tod als Alternative zum Foltertod. Es war wie die Sehnsucht, die Augen schließen zu dürfen, wenn man sich vor Müdigkeit kaum noch wach halten kann, aber dazu gezwungen wird. Es war die tiefste Erschöpfung, die ich jemals gespürt habe, das Hinabsinken-Wollen ins Nichts wurde zur größten Verlockung. Vielleicht halfen mir schon die Gedanken an diesen letzten Ausweg – denn trotz aller Verzweiflung habe ich nie einen echten Versuch unternommen, mich zu töten.

Die islamische Republik Iran bis heute

Im Krieg gegen den Irak schaffte es Khomeini, den Märtyrertod zu einer wirksamen Waffe zu machen: Zehntausende iranischer Jugendlicher liefen in irakisches Maschinengewehrfeuer, die gefürchteten »menschlichen Angriffswellen«. Um den Hals trugen sie Schlüssel – für die Pforte zum Paradies. Die ersten waren aus Eisen, später mussten Plastikimitate ausreichen. Sie opferten sich wie einst Hussein für seinen Glauben gegen die Sunniten. Genauer gesagt: Sie wurden geopfert. Denn diese Kinder wurden einer Gehirnwäsche unterzogen, gedrillt und gezwungen. Sie lernten in Vorbereitungscamps, nachdem sie teilweise sogar aus den Schulen verschleppt worden waren, Hunden die Kehle durchzuschneiden. Wer sich weigerte, musste mit einem Sack voller Steine auf dem

Rücken marschieren, bis er umfiel. Persönliche Sachen waren nicht erlaubt, nur einen Koran bekamen sie alle. Khomeini sah es 1982 so: »Freiwilliges Melden zum Dienst ist religiöse Pflicht.« Das grausame Schicksal dieser Kinder zeigt das Wesen des politischen Islam im Iran – bis heute. Dieses Denken, da bin ich mir sicher, ist nicht reformierbar, denn die Regierung ist, trotz eingeschränkter Parlamentswahl, ja nicht vom Volk gewählt, sondern »von Gott eingesetzt«.

Khomeini betrieb eine Idealisierung des Opfertodes, die bis heute Selbstmordattentäter in aller Welt nachahmen und perfektionieren, bis hin zum 11. September 2001, an dem 19 Menschen über 3000 weitere Menschen mit in den Tod nahmen. Der Islam ist nicht die einzige Ideologie, die Selbstmordattentäter kennt, man denke nur an die Tamil Tigers in Sri Lanka, die mit Selbstmordattentaten einen eigenständigen Tamilenstaat erbomben wollen. Aber es ist kein Zufall, dass die meisten Selbstmordattentäter Muslime sind – sind doch der Glaube an das Paradies und die Hoffnung auf Nachruhm im Diesseits vollkommen kompatibel mit dem politischen Islam.

Die irakischen Schützen, die mit ihren Maschinengewehren im irakisch-iranischen Krieg Tausende wehrloser Kinder niedermähten, wichen, seelisch erschöpft, zurück. Trotzdem hat die Taktik der Kinderopfer Iran keinen wirklichen Kriegsgewinn gebracht. Der Sieg fand auf dem Heimatfeld statt: Einige stolze Eltern bejubelten sogar den sinnlosen Opfertod ihrer Kinder. Manche der Mütter bedauerten nur, nicht noch mehr Söhne geboren zu haben, um sie auf dem Schlachtfeld opfern zu können. Was auf den ersten Blick wie eine Perversion von Mutterliebe aussieht, ist im Grunde logisch in der Mutterideologie des Islam: Stellenwert hat die Frau nur als Mutter von Söhnen. Wenn das Höchste für diese Söhne ist, sich für Allah zu opfern, dann kann es nur Aufgabe jeder Frau sein, Allah so viele Söhne wie möglich zu gebären, die sich opfern können. Auch an dieser Stelle wird deutlich, wie eine Befreiung der Frauen, die Idee eines selbstbestimmten Lebens von Frauen ohne alleinigen Bezug auf Mann und Kinder, den politischen Islam in seinen Grundfesten erschüttern würde.

Gerade deshalb versucht der politische Islam immer wieder, sich den Anstrich von Frauenfreundlichkeit zu geben. Manchmal klingt das unverblümt entlarvend, wie die Aussage des Ayatollah Taleghani auf die Frage nach den Rechten der Frau 1979, kurz nach der Revolution: »Das erste Recht der Frau ist das auf einen Ehemann, das zweite das auf die Mutterschaft.«

Das Regime und die Vertreterinnen und Vertreter des politischen Islam haben gelernt, ihre Wirkung nach innen zu trennen von dem, wie sie sich nach außen, in der Welt der Ungläubigen, präsentieren. Das habe ich selbst erlebt beim Auftritt einer muslimischen Feministin und Abgeordneten des islamischen Regimes, die Ende 1999 zu einem Vortrag in die holländische Universität Leiden eingeladen wurde. Es handelte sich um die Tochter von Hashemi Rafsanjani (er war Präsident der islamischen Republik Iran von 1989 bis 1997). Faezeh Hashemi Rafsanjani war 1996 bis 2000 Abgeordnete im Teheraner Parlament und nannte sich eine muslimische Feministin.

Ich ging mit meinem Mann und politischen Freunden zu dieser Veranstaltung, denn ich war neugierig auf Frau Rafsanjani und hatte einige Fragen an sie. Vor der Universität standen Exiliranerinnen und -iraner und protestierten gegen Frau Rafsanjani und das Regime, welchem sie angehörte. Sie betrat den gut gefüllten Hörsaal, eingeladen hatten Vertreter der Universität, im Tschador. Anwesend war auch ein Minister der holländischen Regierung. Auf dem Weg zum Rednerpult stellte sich ihr eine Frau in den Weg, rief etwas auf Persisch und gab Faezeh Hashemi Rafsanjani drei Ohrfeigen. Mein Mann hatte den Ausruf verstanden – die drei Ohrfeigen waren für ihre drei, während der Präsidentschaft unter Rafsanjani gefolterten und ermordeten Kinder, die Frau war eine Exiliranerin. Eine Zuhörerin stand auf und prangerte das iranische Regime an.

Frau Rafsanjani rang sichtlich um Fassung und besprach sich mit einigen herbeigeeilten Veranstaltern. Diese verkündeten, dass Frau Rafsanjani Erholung brauche und in diesem feindseligen Klima keine Rede halten könne. In mir keimte Wut auf. Impulsiv sprang ich auf, ging auf das Podium und ergriff das Mikrofon. »Guten Tag, ich heiße Mina Ahadi, und ich bin 1956 im Iran geboren. Ich war in der Opposition gegen den Schah, und ich war von Anfang an gegen einen religiösen Staat. Mein Mann wurde deshalb 1980 von der Regierung der islamischen Republik Iran verhaftet, gefoltert und hingerichtet. Es ist sehr schade, dass Frau Rafsanjani heute nicht zu uns spricht, denn ich habe einige Fragen an sie.« Die Leute waren überrascht, aber ich sah, dass ich mit meinen einleitenden Worten Interesse geweckt hatte. Die Veranstalter wussten nicht so recht, was sie tun sollten. Ihr Zögern nutzte ich, um meine Rede fortzusetzen. Mehrere holländische Fernsehteams, die gekommen waren, um Frau Rafsanjani aufzunehmen, richteten ihre Kameras nun auf mich. »Frau Rafsanjani, warum tragen Sie den Tschador, statt sich mit den Frauen zu solidarisieren, die im Iran verhaftet und ausgepeitscht werden, weil sie angeblich unislamische Kleidung tragen? Frau Rafsanjani, was sagen Sie uns zu den gesetzlich legalen Steinigungen der letzten Jahre, die wegen Ehebruchs an Männern und Frauen ausgeführt wurden, so im Oktober 1997 gleich an drei Frauen und drei Männern – öffentlich!? Frau Rafsanjani, wieso befürworten Sie einen Sportpark nur für Frauen statt eine gemeinschaftliche Erziehung von Mädchen und Jungen? Liebe Anwesende, Sie fragen nach dem Wesen dieses Islams? Herr Minister, gehen Sie mit Ihrer Frau und Ihrer Tochter eine Woche in den Iran, dann begreifen Sie den Islam!« Einige der Zuhörer applaudierten. Von der Seite traten zwei Polizeibeamte in Zivil, die zur Sicherung der Veranstaltung anwesend waren, an mich heran und baten mich, vom Podium herunterzukommen. Ich folgte ihnen, denn ich wollte keinen Aufruhr entfachen. Ein Holländer trat auf mich zu und bat mich, weiterzureden. Ich stimmte zu, und er stellte mir einen Stuhl hin, auf den ich kletterte, um so wieder von allen der circa 300 Anwesenden gesehen und gehört zu werden. Rund zwei Stunden habe ich so mit den Menschen diskutiert. Später erzählten mir meine Töchter, sie hätten mich im Fernsehen gesehen – und sie hätten mich prima gefunden.

Im April 2000 lud dann die Heinrich-Böll-Stiftung zur sogenannten Berlin-Konferenz. Ein Dialog sollte stattfinden mit Vertretern der islamischen Republik. Als die Künstlerin Parvaneh Hamidi in einer Protestperformance in Bikini und Schleier den Saal betrat, wurden vor allem von den Vertretern der islamischen Republik Rufe laut, sie zu entfernen. Die Podiumsteilnehmer waren teilweise völlig empört, als die Frau mit einem Ruck den Schleier von sich riss und nur noch im Bikini vor ihnen stand. Kurz darauf riss ein Sicherheitsbeamter die Frau von hinten herum und zerrte sie hinaus. Im Saal gab es Tumulte, das Podium wurde niedergerufen mit Parolen wie »Nieder mit dem islamischen Regime«. Viele oppositionelle Exil-Iraner hatten sich in den Saal gedrängt. Wir kamen von unserer eigenen Konferenz gegen das islamische Regime, die wir auf der Straße gegenüber dem Tagungsort abhielten. In dem Tumult bat mich einer der Veranstalter, etwas zu sagen, um die Menge zu beruhigen. Ich ergriff wieder einmal das Mikrofon und erzählte von der Hinrichtung meines Mannes. Ich sagte meine Meinung – dass das Regime im Iran nicht reformierbar sei und der Islam dort auch nicht. Doch das war etwas, was die den Grünen nahen Intellektuellen der Heinrich-Böll-Veranstaltung nicht hören wollten. Ihr Leiter kam auf mich zu und beschwerte sich, dass ich die Leute nicht beruhigt hätte. Ich sagte, das hätte ich nicht versprochen, ich könne nur sagen, wie es im Iran sei und was meine Einschätzung dazu wäre.

Die Konferenz wurde gefilmt, und dieser Film, auch mit einem Stück meiner kurzen Rede, wurde im Iran heimlich verbreitet. Das war dem »Reformer« Chatami dann doch zu viel, 20 Teilnehmer der Berliner Konferenz wurden nach ihrer Rückkehr in den Iran verhaftet. Darunter war Akbar Gandschi, Mitbegründer des iranischen Geheimdienstes unter Khomeini, einer der Reformer. Sein Fall erregte international Aufmerksamkeit, er selbst tritt heute für die Trennung von Staat und Religion ein. Das aber wäre eben keine Reform, das wäre ein Systemwandel. Meiner Meinung nach widerspricht sich Herr Gandschi damit selbst. Akbar Gandschi wurde erst sechs Jahre nach seiner Verhaftung, am 16. März 2006, freigelassen. Ich widerspreche seinen politischen Ansichten, aber seine Verhaftung war absolut unrechtmäßig. Ich bin sehr froh, dass er freigelassen wurde. Die Berlin-Konferenz hat im Iran großen Nachhall gefunden, die Menschen haben darüber geredet, und Freunde, die später aus dem Iran geflüchtet sind, sagten mir, in ihrem Umfeld kannte man nicht nur den Auftritt von Akbar Gandschi, sondern meinen fast noch mehr.

Westliche Politik gegenüber dem Iran ist natürlich von westlichen Interessen bestimmt, dem Zugriff auf Ölvorräte und strategischen Überlegungen. Wie so oft werden Menschenrechte nur im Mund geführt, wenn es gerade passt und sie einer »stillen Diplomatie«, wie Joschka Fischer sie gerne betrieb, nicht im Wege stehen. Ausgerechnet zum internationalen Frauentag fuhr er im März 2000 nach Teheran, um »das Eis zu brechen«. Es folgten weitere Reisen des deutschen Außenministers 2001 und 2003. Selbst im August 2006 war er im Namen seines Nachfolgers Frank-Walter Steinmeier zu einer Mission im Namen der »europäisch-iranischen Beziehungen« in der Islamischen Republik.

Ich bin keine Diplomatin. Ich bin ein sozialer und politischer Mensch. Ich verstehe die »Diplomatie der Gespräche hinter verschlossenen Türen« nicht. Auch Atefah Schaaleh hätte sie wohl nicht verstanden.

Atefah Schaaleh war einfach nur eine Jugendliche. Sie wurde am 15. August 2004 im Iran hingerichtet. Sie wurde 16 Jahre alt. Ihre Mutter war gestorben, als sie ein Säugling war. Der Vater ging arbeiten und war zudem drogensüchtig, im weitgehend alkoholfreien Iran ist die Heroin- und Opiumsucht keine Seltenheit. Atefah wuchs deshalb bei ihren Großeltern auf. Sie kümmerte sich um den Haushalt und um die alten Leute, sie half ihnen ins Bett und kochte ihnen zu essen. Das junge Mädchen muss sich sehr allein gefühlt haben. Wegen ihrer Familienverhältnisse wurde sie von einer Mitarbeiterin der Familienbehörde besucht, die sie als »stürmisches Mädchen« beschrieb, welches »nach Liebe suchte«.

Atefah liebte es, alleine durch die Straßen zu streifen, es war also abzusehen, dass sie ins Visier der Revolutionswächter geraten würde. Manchmal saß ihr Kopftuch nicht streng genug, manchmal sprach sie mit einem Jungen auf der Straße, dann wieder ging sie nicht zielstrebig von A nach B, sondern – schlenderte. Atefah Schaaleh wurde dreimal vorübergehend festgenommen, weil sie ohne Begleitung eines männlichen Verwandten spazieren gegangen war.

Eines Tages nahm sie ein Taxi. Der Fahrer war ein älterer, verheirateter Mann, der ehemals ein Polizist gewesen war. Er gab sich als väterlicher Freund, und Atefah dachte, sie habe jemanden gefunden, der sich für sie interessierte.

Doch der Erwachsene benutzte sie auf brutalste Weise, er vergewaltigte sie. Dann warf er sie aus dem Wagen. In der Gosse lag sie, verletzt an Leib und Seele, als sie wiederum von der Polizei aufgegriffen wurde. Statt ihr Hilfe zu bieten, beschuldigten sie sie des unziemlichen Verhaltens. Diesmal wurde sie gefesselt und fast bis zur Bewusstlosigkeit geschlagen. Unter den Hieben schrie sie den Namen ihres Peinigers heraus. Daraufhin wurde sie zum Tode wegen Unzucht verurteilt.

Da Iran das internationale Abkommen zum Schutz junger Menschen unter 18 vor der Todesstrafe unterzeichnet hat, wäre selbst unter den Gesetzen der Scharia im Iran die Höchststrafe für dieses »Vergehen« 80 Peitschenhiebe gewesen. Doch in den Akten, die über den Fall an das Oberste Gericht überstellt wurden, um das Urteil zu überprüfen, war Atefah plötzlich gealtert und 22 Jahre alt.

Innerhalb eines Monats wurde das Urteil bestätigt und bald vollstreckt. Im Morgengrauen fuhr einer der mobilen Hinrichtungswagen, die im ganzen Iran laufend im Einsatz sind, auf den Stadtplatz. Das sind LKWs, die auf der offenen Ladefläche einen Kran haben, an dem das Seil mit Galgenknoten hängt. Die junge Frau wurde Punkt sechs Uhr zu dem LKW geführt, mitten durch eine schaulustige Menschenmenge. Sie war gefesselt und weinte. Von ihrer Familie war niemand dort. Einige der Zuschauer machten ihre Fotohandys bereit, um ihre Anwesenheit und das Ereignis zu dokumentieren. Vor Angst drohten Atefah die Beine zu versagen, als ihr die Schlinge um den Hals gelegt wurde. Verzweifelt rief die Jugendliche: »Verzeiht mir, bitte, was immer ich falsch gemacht habe, verzeiht mir, Allah verzeih mir!« Dann gab der Leiter der Hinrichtung das Zeichen, und der Kranführer setzte sein Gerät in Bewegung. Die junge Frau verlor den Boden unter den Füßen, den Kopf in der Schlinge starb sie vor den Augen der Menge.

Während Herr Fischer seine Reisen machte, und er ist nur einer von vielen Kuscheldiplomaten, versuchten wir vom »Komitee gegen Steinigung«, zusammen mit dem »Komitee gegen Todesstrafe«, die junge Atefah zu retten. Vergeblich. Wenn mir jemand vorwirft, ich sei unsachlich, dann sage ich: Ja, ich bin emotional. Mein Herz schlägt für den Kampf für Frauen wie Atefah, für ihre Freiheit. Denn ihre Geschichten zeigen das wahre Gesicht des Iran bis heute.

Wider die sexuelle Selbstbestimmung der Frau

Die sexuelle Belästigung von Frauen gehört zur Strategie, ihnen ihre sexuelle Selbstbestimmung zu verweigern. Ob mit oder ohne Kopftuch, ob unter der Diktatur des Schahs, durch religiöse Männer oder linke Partisanen, immer wieder musste ich sie selbst erleben oder wurde Zeugin der Belästigung anderer Frauen. Ich möchte davon berichten, weil es zeigt, wie universal sexuelle Belästigung von Frauen leider ist. Der politische Islam behauptet, unter seinem Regime gäbe es dieses Problem nicht. Das funktioniert nur, wenn man die Täter-Opfer-Beziehung verdreht: Wo die Frau den Mann verführt, ist dieser Opfer seiner Triebe.

Nicht alle Männer betrachten Frauen als Objekte ihrer Begierde, die man nicht fragen muss, wenn man sie begaffen, begrabschen oder gar vergewaltigen will. Aber zu einer Kultur der Gleichberechtigung gehört, sich der Tatsache der sexuellen Belästigung bewusst zu werden, Verantwortung zuzuweisen und Frauen zu stärken. Meine Erlebnisse fanden im Iran statt. Aber der politische Islam leugnet auch in Deutschland, dass Frauen von seinen Anhängern sexuell belästigt und erniedrigt werden. Das ist ein Skandal, und deshalb müssen die Islamverbände Rede und Antwort stehen, warum zum Beispiel so viele muslimische Frauen in deutschen Frauenhäusern landen.

In Tabriz, während meiner Studienzeit, lernte ich schnell etwas kennen, was die strenge soziale Kontrolle in meinem Heimatdorf verhindert hatte: sexuelle Belästigung. Auf der Straße und den Gehwegen der Stadt waren immer viele Menschen unterwegs, es herrschte ein ständiges Gedränge. Im Vorbeigehen hatte man auf einmal eine Hand am Busen, die kurz kräftig zudrückte, und bevor man genau sah, wer der Täter gewesen war, war er schon in der Menge verschwunden. In der Logik der Islamisten ist damit bestätigt, dass der Mann nicht anders kann, wenn er von einer Frau mehr sieht als einen Ausschnitt vom Gesicht und die Hände. Dass die Frau an sich eine Verführung ist und deshalb gezähmt, verhüllt und eingesperrt werden muss. Eine Logik, die die Männer davor bewahrt, einmal darüber nachzudenken, wie Frauen sich fühlen, wenn sie nur die Alternative haben, begrapscht oder verhüllt zu werden. Eine Logik, die Frauen zu »Reizträgerinnen« macht, vor der die Männer geschützt werden müssen. Eine Logik, die Allahs Wort folgt und damit unhinterfragbar ist, denn so steht es im Koran, Sure 24, Vers 32: »Sage auch den gläubigen Frauen, dass sie ihre Augen niederschlagen und sich vor Unkeuschem bewahren sollen und dass sie nicht ihre Zierde (ihren nackten Körper, ihre Reize), außer nur was notwendig sichtbar sein muss, entblößen und dass sie ihren Busen mit dem Schleier verhüllen sollen. Sie sollen ihre Reize nur vor ihren Ehemännern zeigen (...).« In Tabriz verführten wir unverschleierten Frauen manche Männer zu wirklich triebhaftem Verhalten. Einmal öffnete ein Mann seinen Mantel, und im Vorbeigehen sah ich, dass er mir seinen steifen Penis präsentierte. Fassungslos stolperte ich vorwärts, und als er schon in der Menge verschwunden war, spürte ich ein feuchtes, schleimiges Gefühl auf meinem Arm. Mir wurde übel, als ich merkte, dass er auf meinen unverschleierten Arm ejakuliert hatte.

Alle zwei bis drei Monate unternahm ich die siebenstündige Busfahrt in mein Heimatdorf, um meine Mutter zu besuchen. Auch auf der Reise war eine Frau nicht vor sexuellen Übergriffen sicher. Meist nahm ich den Bus über Nacht, und einmal spürte ich einen Arm, der sich von hinten um meine Hüfte legte, und eine Hand, die zwischen meine Beine zu greifen versuchte. Ich sprang auf und funkelte den Mann hinter mir böse an. Dann ging ich nach vorne zum Fahrer und sagte ihm, dass ich belästigt worden sei. »Kein Problem«, sagte er, »setz dich neben mich.« So machte ich es mir auf dem Beifahrersitz bequem und döste ein. Plötzlich schreckte ich hoch, etwas hatte mich berührt. Schlagartig wurde mir klar, dass der Fahrer das Steuer nur noch mit links hielt und seine rechte Hand auf meinem Busen herumstrich. Ich zischte ihn an, aufzuhören, raffte ein weiteres Mal meine Sachen zusammen und fand einen freien Platz hinten im Bus, wo ich trotz meiner aufgewühlten Gefühle von Wut und Scham schließlich noch einmal einschlief.

Ein paar Monate später grapschte im Bus wieder ein Mann von der Bank hinter mir zwischen meine Beine und diesmal sprang ich auf und schrie, er solle das sein lassen. Viele Mitreisende fielen mit ein und beschimpften den Täter. Der Fahrer wurde abgelenkt, und der Bus geriet ins Schlingern. Er rutschte quer über die Autobahn und kam gerade noch vor der Böschung am Standstreifen zum Stehen. »Alle raus!«, brüllte der Busfahrer, und alle Fahrgäste verließen den Bus. »Was ist geschehen?«, wollte der Fahrer wissen, als wir uns am Straßenrand gesammelt hatten. Ich trat vor und sagte: »Der Mann dort«, mein Finger zeigte auf den Täter, »hat mich gestört.« Ein drastischeres Wort kam mir nicht über die Lippen. Der Fahrer schnaufte verärgert: »Oh diese Frauen!«, und befahl uns wieder einzusteigen und Ruhe zu geben. Die Mitreisenden, inzwischen eher empört über den unfreiwilligen Stopp, wirkten keineswegs mehr freundlich, und mir war der ganze Zwischenfall peinlich.

Aber auch einige linke Männer waren auf ihre Art frauenfeindlich. Zum Beispiel erinnere ich mich, dass eine Studentin, die immer stark geschminkt und sehr modisch gekleidet war, dafür regelrecht abgestraft wurde. Mitglieder der Fedayi lauerten ihr auf einem Gang auf, sprangen ihr in den Weg, riefen »Luder« und schütteten einen Eimer Farbe über ihre Kleidung, über ihre weiße Hose und ihr weißes, weit ausgeschnittenes Oberteil. Die Farbe war rot und die junge Frau zutiefst erschrocken. Sie hatte versucht, den Angriff mit ihren Händen abzuwehren. Nun sah sie auf ihre blutroten Hände und fragte verängstigt: »Wieso?« In dem Flur waren noch rund ein Dutzend andere Studenten zugegen, auch ich war zufällige Zeugin. Die meisten sahen weg, als die Farbe verschüttet war und die junge Frau hilflos dastand. Aber ich ging auf die Attentäter zu und fragte auch: »Wieso?« Einer der Männer meinte, dass die Frau unzüchtig angezogen sei. Ich war entsetzt, sah das Mädchen an, das angefangen hatte zu weinen und nun davonlief. Das sollte linke Politik sein? Ich sagte den Männern, dass sie reaktionär wären. Sie zuckten die Schultern und gingen ihrer Wege. Im Grunde hatten viele linke Männer noch wenig über die Stellung der Frauen nachgedacht und redeten sehr konservativ, wenn es um Frauen und die Maßstäbe für deren »moralisches Verhalten« ging. In dieser Frage musste das Bewusstsein der Männer in der linken Opposition erst von den Frauen geweckt werden, nach und nach gingen mehr Männer auch selbstkritisch damit um. Das ist etwas, was auch die linken Frauen in der Bundesrepublik Deutschland vor allem in den 70er-Jahren erfahren mussten.

Bei allen Demonstrationen und Protesten gegen den Schah, gegen sein pompöses Leben im Angesicht der Armut weiter Teile der Bevölkerung (die Empörung über die bombastische 2500-Jahr-Feier 1971 war noch sehr wach) und gegen den Imperialismus – der Blick auf das eigene Frauenbild war bei vielen politisch engagierten Männern recht beschränkt.

Unsere Wandergruppe zog jeden Samstag los, Studentinnen und Studenten aus verschiedenen linken illegalen Gruppen und Sympathisantinnen. Eines Tages waren wir zehn Frauen und kein Mann – so zogen wir los. Wir standen früh auf, vor sechs Uhr, zogen uns festes Schuhwerk an und schnallten uns Rucksäcke mit Wegzehrung für den Tag um. Wir waren uns alle politisch verbunden und untereinander mehr oder weniger befreundet. Diese Wanderungen waren eine willkommene Abwechslung und eine Möglichkeit, auch als Frau den Körper in Bewegung zu bringen. Ich liebte die Wanderungen, die Natur, unsere Gespräche, die sowohl politisch waren als auch Privates, Familie und Freunde, betrafen.

An diesem Frauenwandertag sahen wir auf einem Berg einen Schäfer, ein alter Mann mit einer Herde, er sah erschöpft aus. Wir dachten, er sei vielleicht hungrig und würde sich über eine Aufmerksamkeit freuen. Ich war dann die, die zu ihm hinging und ihm einige Trockenfrüchte anbot. Ich sagte auf Türkisch: »Bitte schön, für Sie.« Er guckte mich an, schwieg aber. Sein Gesicht war unbeweglich, auch griff er nicht nach den Früchten. Ich dachte in diesem Moment, dass er sehr hässlich sei. Er schaute an mir vorbei auf die anderen, sah, dass wir alle junge Frauen waren. Dann, ich konnte es erst gar nicht fassen, pfiff er nach seinem Hund: »Fass!« »Was?«, rief ich. »Was willst du?« Er formte mit seinem linken Ringfinger und seinem linken Daumen einen Kreis und stieß seinen rechten Ringfinger schnell hinein, hinaus, hinein, hinaus. Wir waren an diesem Tag zu zehnt und rannten nun schnell weg. Nur Susan hatte Pech, er erwischte sie mit einem großen Stock, den er aufgehoben hatte, und schlug sie nieder. In einiger Entfernung blieben wir anderen stehen und sahen, wie Susan verletzt am Boden lag und er sich schon an seiner Hose zu schaffen machte. Wir entschieden schnell, dass eine von uns weiter den Berg hinunterrennen und um Hilfe rufen würde. Wir anderen kehrten um. Da der Mann bei seinen Aktivitäten an seiner Hose den Stock niederlegen musste, schnappte ich mir diesen. Und da kam zum Glück schon unsere Kameradin, die nur wenige Biegungen weiter auf zwei Bergsteiger gestoßen war, mit diesen zu Hilfe. Es waren zwei Studenten, Kommilitonen, die wir kannten. Ich war froh, dass Hilfe da war, denn kaum sah der Schäfer die zwei Männer, sprang er auf, zog seine Hose zu und entschuldigte sich – bei den Männern. Susan war voller blauer Flecken und Prellungen von den harten Schlägen. Einer der Studenten fragte den Schäfer wütend, was er da mache. Dieser antwortete: »Entschuldigung, ich wusste nicht, dass diese Frauen mit dir unterwegs waren.« Unser vermeintlicher Begleiter übernahm sofort die Rolle des Führers und sagte: »Folgt mir!« Wir drehten mit ihm um und gingen den Berg gemeinsam hinab, den Schäfer hinter uns lassend. Susan stützte sich auf zwei von uns, sie hatte starke Schmerzen von den Stockschlägen und konnte nur in kleinen Schritten gehen. Unser Führer meinte, wir sollten besser nicht mehr alleine weiter; was heißen sollte, ohne Mann, denn immerhin waren wir zu zehnt und nicht eine allein. Wir überlegten, ob wir den Schäfer anzeigen sollten, ich war dafür, denn was er uns und natürlich vor allem Susan angetan hatte, war ein Verbrechen. Aber andere in unserer

Wandergruppe wollten nichts mit der Polizei zu tun haben, denn diese war der imperialistische Feind, und schließlich müsse man auch den armen Mann verstehen, alt und hässlich und dann plötzlich allein mit zehn jungen Frauen! Dem Argument, dass die Polizei Teil des imperialistischen Regimes sei, konnte ich mich nicht entziehen, zumal mein Glaube, dass sie uns helfen und tätig werden würde, nicht wirklich groß war. So ließen wir die Sache auf sich beruhen. Wir Freundinnen, die diesen Tag zusammen erlebt hatten, wussten, dass auch die beiden Männer nicht darüber reden würden, das »große Gewissen und das kleine Gewissen«, wie wir sie nannten, nach ihrer sehr unterschiedlichen Körpergröße.

Und selbst in den kurdischen Bergen, in der kleinen Gemeinschaft der Partisanen, gab es strenge Moralvorstellungen. Dies musste ich in meinen zehn Jahren dort, von 1980 bis 1990, erleben. Zudem war die soziale Kontrolle in unserer kleinen, rund 300 Menschen umfassenden Lagergemeinschaft hoch. Eines Tages hörte ich von Gerüchten, dass eine junge, unverheiratete Frau schwanger sei. Das war der richtige Stoff für Klatsch. Dabei war die moralische Verurteilung über ihren Fehltritt nicht zu übersehen. Sie schien zügellos, unehrenhaft, sie wurde geächtet. Ihr Name war Parvin, und sie war gerade 21 Jahre alt. Als ich eines Morgens in das gemeinsame Badehaus der Frauen ging, hörte ich dort einige über sie tuscheln. Dann betrat Parvin den Raum, und das Gespräch verstummte. Die Frauen starrten sie an, und Parvin wandte sich ab. Ich ging auf sie zu und bot ihr meine Seife an. Zwar hatte sie selbst Seife in der Hand, aber ich wollte ihr meine Unterstützung anbieten und dies auch den anderen Frauen zeigen. Parvin lächelte mich an und meinte, sie nähme wohl besser ihre eigene Seife, und bedankte sich. Sie wurde von der Lagerleitung, dem Parteikomitee der Komalah, einer Befragung unterzogen. Ja, sie war schwanger. Nein, sie werde den Namen des Kindsvaters nicht sagen. Die Parteileitung redete ihr ins Gewissen, sie müsse den Namen sagen, damit der Mann seine Verantwortung übernehmen könne. Das klang schön, aber ich konnte Parvin verstehen. Vielleicht war der Mann verheiratet, vielleicht hätte er alles abgestritten. Sie wusste, dass sie keine Chance auf ein »ehrbares« Familienleben hatte. Mit ihrer Entscheidung, sich einem Mann vor der Ehe hinzugeben, war sie das Risiko der sozialen Ächtung eingegangen. Als ich von dem Gespräch mit der Lagerleitung hörte, war ich empört darüber, was diese sich anmaßte. Das war doch keine Hilfe für eine junge, schwangere Frau, die ganz ohne Familie im Lager lebte. Nur einer dieser Genossen ist zu Parvin gegangen und hat ihr ohne Vorwurf zugehört und mitgefühlt. Parvin war vor einem halben Jahr mit einem befreundeten Ehepaar nach Kurdistan geflüchtet, nachdem ihr Vater und ihr Bruder wegen politischer Reden verhaftet worden waren. Ihre Mutter war schon vor Jahren gestorben. Kurz entschlossen suchte ich Parvin auf. Sie saß auf ihrem Bett in der kleinen Hütte, die sie mit zwei anderen Frauen teilte, und weinte. Da eine ihrer Zimmergenossinnen im Raum war, schlug ich einen Spaziergang vor. Zwar konnten wir uns wegen der Sicherheitslage nicht weit entfernen, doch hinter dem Lager war ein Wald, in dem man sich einige hundert Meter weit die Beine vertreten konnte. Ich sagte

Parvin, dass ich sie in keiner Weise verurteilte und dass ich ihr meine Unterstützung anbieten wolle, damit sie mit dem Kind gut leben könne. Sie freute sich und bedankte sich wieder, aber ihre Augen blieben traurig. »Ich habe den Mann geliebt. Nun ist mein Leben vorbei. Und welche Zukunft hätte mein Kind?« Ich erschrak über ihre Hoffnungslosigkeit und versuchte, ihr Mut zuzusprechen. Sie war so jung, und sicher würde man einen Weg finden, sie und ihr Kind, wenn es erst einmal kräftig genug sei, nach Europa zu bringen. Dort könne sie neu anfangen. Sie schien mir nicht überzeugt, aber schließlich lächelte sie mich zaghaft an. Wir gingen ins Lager zurück, und ich sagte ihr, dass ich am nächsten Tag mit der Lagerleitung sprechen würde. Etwa zwei Stunden später hörte ich einen Schuss. Ein Schuss bedeutete im Lager meist einen Selbstmord, das kam nicht häufig, aber immer einmal wieder vor. Menschen verzweifelten an der Enge, dem Krieg und an persönlichen Problemen. Ich wusste sofort, was passiert war, bevor es mir jemand sagte: Parvin hatte sich erschossen. Erschossen, weil die Leute sie wegen ihrer Schwangerschaft verurteilten, statt ihr zu helfen. Auch ihr Freund hatte sie im Stich gelassen. Ich lief zu ihrer Hütte und sah, wie sie herausgetragen wurde. Noch vor zwei Stunden war sie voller Leben gewesen – aber ihre Verzweiflung war stärker. Ich ging zur Lagerleitung und wollte das Thema »uneheliche Schwangerschaft« auf den Tisch bringen. In meinen Augen waren die Mitglieder des Komitees mitverantwortlich an Parvins Tod. Aber man bügelte mich unwirsch ab. Das wäre eine Privatsache, es sei Krieg, und man hätte wichtigere Dinge zu tun. In diesen Zeiten müsse man sich auf alle verlassen können, »eine Frau, die unehelich schwanger wird, ist nicht zuverlässig«. Angesichts solch hanebüchenen Unsinns wurde ich wütend, aber ich spürte, dass ich wenig Gehör finden würde, und gab für den Augenblick auf. Zur Trauerfeier am nächsten Tag kam nur eine Handvoll Menschen. Ich sprach am Grab Parvins, die von selbstgerechten Moralaposteln in den Selbstmord getrieben worden war.

Zudem organisierte ich eine Gedenkveranstaltung, die auch gegen die Doppelmoral der Lagerleitung gewandt war. Im Lager sprach sich so etwas schnell herum, und es kamen an die 50 Menschen – aber einige Uneinsichtige waren auch dabei: Einige der anwesenden Männer diskutierten hochemotional, einer stand sogar auf und nannte mich eine Schlampe.

Ein Jahr später bekam ich diese Moral noch einmal zu spüren, diesmal betraf es mich direkt: Ein Kollege in der Radiostation des Lagers fing an, mit mir zu flirten. Ganz dezent, er sagte »hübsche Kollegin« und solche Dinge und lächelte mich kurz an, wenn er mir etwas sagte. Wir arbeiteten im gleichen Raum, so gab es reichlich Gelegenheit, miteinander zu reden. Ich war nicht verliebt, aber ich ließ ihn immer näher herankommen. Ich fühlte mich allein, und er war ein hochgewachsener Mann mit charmanten Manieren. Er konnte sich gut ausdrücken, hatte einen Doktortitel und war Lehrer. Ich fragte ihn nach seiner Familie, und er erklärte mir, er sei geschieden, seine Frau lebe mit ihren beiden Kindern im Iran. Bald begannen wir eine Beziehung. Nun war es im Lager nicht nur so, dass allgemein getratscht wurde über das (vermeintliche) Liebesleben der Mitgenossen, sondern es wurde auch erwartet, dass man Beziehungen der Parteileitung im Lager mitteilte.

Dieser Druck war spürbar, und ich beschloss, in die Offensive zu gehen. Ich ging zum Parteivorsitzenden und sagte ihm, dass ich mit dem Kollegen zusammen sei. Und quasi noch am selben Tag wussten alle: Mina ist mit einem verheirateten Mann zusammen, der sogar noch zwei Kinder hat! Als mir das zu Ohren kam, natürlich nicht direkt, erklärte ich immer wieder, dass mein neuer Freund geschieden sei.

Drei Tage später bekam ich einen offiziellen Brief vom Vorsitzenden der Komalah: Mein Verhalten sei unkommunistisch und unmoralisch! Es war wie ein blauer Brief für Schüler in Deutschland! Ich war wie vor den Kopf gestoßen: Unmoralisch? Unkommunistisch? Die meisten schienen so zu denken, es wurde weiterhin hörbar getuschelt. Mein Freund hielt die Belastung viel weniger aus als ich, er wurde depressiv. Eines Nachmittags nach der Arbeit kam er in mein Zelt und hielt eine Pistole in der Hand. Aufgeregt fuchtelte er mit der Waffe: »Mina, ich bringe mich um. Ich halte dieses Gerede nicht mehr aus!« Ich bekam Angst, die Waffe schien nicht nur geladen, sondern auch entsichert zu sein. Deshalb versuchte ich, ruhig zu bleiben und ihn zum Abgeben der Pistole zu bewegen. »Komm, gib mir deine Waffe, dann können wir erst einmal reden.« Er schüttelte den Kopf und fuchtelte mit den Händen. »Nein, das hat doch keinen Zweck!«, rief er und lief hinaus. Voller Sorge rannte ich hinterher, doch er war schon im Wald verschwunden. Ich wusste nicht, was ich tun sollte, melden wollte ich den Vorfall nicht, um ihm keine Scherereien zu machen. Abends sah ich ihn an einer Feuerstelle, ohne Pistole, im Gespräch mit einem Freund. Ich war erleichtert, aber ich fühlte mich auch von ihm verlassen und schrecklich allein. Dieses Klima der moralischen Entrüstung bedrückte mich sehr. Am nächsten Tag setzte ich mich ein Stück in die Berge ab, weit konnte man nicht gehen, ohne Gefahr zu laufen, einer Armeepatrouille in die Arme zu laufen, und dachte stundenlang nach, was ich tun sollte. Mich umbringen? Nein, das kam nicht in Frage. Weggehen? Wohin? In den Iran? Das wäre auch Selbstmord gewesen. Nach zwei Monaten habe ich dann zu meinem Freund gesagt, dass ich mich von ihm trennen wolle. Wir konnten unsere Verbindung nicht mehr unbeschwert leben, und da ich nach wie vor nicht wirklich verliebt war, spürte ich nur noch Mitleid, keine gute Grundlage für eine Liebesbeziehung.

Drei Monate später kamen seine Frau und seine Kinder ins Lager, er war gar nicht geschieden, sondern hatte nur mit seiner Frau über eine mögliche Trennung gesprochen. Wieder wurde getuschelt, deshalb ging ich nach der Arbeit zu dieser Frau und stellte mich vor. Auch sie schien schon von mir gehört zu haben, schickte ihre Kinder aus der Hütte und fragte mich, was denn nun wirklich losgewesen wäre. Das fand ich beeindruckend, und es gab mir die Möglichkeit, meine Sichtweise zu erklären, denn für mich war er ja seiner Erklärung nach ein ungebundener Mann gewesen. Sie und ich wurden Freundinnen und gingen häufig demonstrativ zusammen zum Mittagessen. Wir haben uns gegen die Moralapostel verbündet. Aber natürlich hat niemand etwas laut zu uns gesagt. Nach einem Monat ist sie nach Europa gegangen, und dann haben die beiden sich wirklich scheiden lassen.

Obwohl es weit und breit keinen Mullah gab, gab es eine Art Standesamt im Lager, dort wurde offiziell geheiratet, es wurde gefeiert, und dann durfte man mit dem Mann zusammen sein. Wenn man bedenkt, dass im Lager auf zehn Männer zwei Frauen kamen, ahnt man, dass wir Frauen allesamt gute Chancen auf einen Ehemann hatten.

Je nationalistischer die Männer waren, desto weniger hielten sie von der Gleichberechtigung der Frau. Es gab in der Komalah eine eher kurdisch-nationalistische Strömung und eine eher links-intellektuelle Gruppe, der sich vor allem Studenten zugehörig fühlten. Als das islamische Regime verstärkt Lager in Kurdistan angriff, wurde die nationalistische Tendenz stärker, wie so oft nutzte auch hier der Krieg den Hardlinern.

Religion war im Lager und bei der Komalah kein Thema, aber der Islam war auch nichts, was kritisch hinterfragt wurde. Selbst einige der Linken, die heute im Iran leben und vorsichtig und heimlich in der Opposition sind, verstehen meinen Entschluss, abzuschwören, nicht. Sie sehen darin eine »Verletzung von Gefühlen«. Ich bekomme E-Mails von Anhängern der linken Opposition im Iran, in denen mir vorgeworfen wird, ich würde die Gefühle von Moslems verletzen, aber keine Politik betreiben. Ich sehe meinen Kampf gegen den Islam als sehr politisch: Der Islam behauptet religiöse Absolutheiten, um die realen Verletzungen des Leibes, der Psyche und des Lebens von Frauen, und letztlich von allen Menschen, zu negieren.

Im Jahr 2004 fand das ARD-Magazin »Kontraste« auf

der Homepage des Zentralrats der Muslime ein Buch, dessen Titel *Erlaubtes und Verbotenes im Islam* lautete. Darin fanden die Journalisten genaue Anweisungen für den muslimischen Ehemann auf Deutsch. Er darf, heißt es da: »... schlagen, um islamisches Verhalten zu bewahren, und wenn der Ehemann Ungehorsam in etwas sieht, was sie tun muss, oder wo sie ihm gehorchen muss.«*

Heute formulieren die Autoren islamischer Literatur vorsichtiger, die Bücher heißen zum Beispiel *Über islamisches Verhalten* oder *Das Buch der Ehe*. Die Inhalte sind strikt wie eh und je. *Die Lehre des Islam*, erhältlich über Milli Görüş, beschreibt den Untergang der Zivilisation, dem nur Muslime entgehen werden.** Hier haben wir die religiöse Absolutheit, die das Schlagen der Frau als religiöse Regel, wieder einmal, unhinterfragbar macht.

Mein Leben als Partisanin

Die Organisation Komalah war in Kurdistan entstanden, zunächst als maoistisch-linke Opposition. Sie lehnte das islamische Regime und Khomeini radikal ab. In anderen Teilen Irans südlich von Kurdistan war die Komalah kaum bekannt. Es gab dort die Sahand, eine kleinere kommunistische Partei, die auch aktiv gegen das Regime war. Die Komalah hat mit der Sahand zusammengearbeitet. An dieser

* http://www.rbb-online.de/_/kontraste/beitrag_jsp/key=rbb_beitrag_1143339.html.

** http://www.igmg.de/wissen-bildung/menschenrechte.html.

Stelle muss ein heute nicht mehr sehr bekannter, aber bedeutender linker Theoretiker und Aktivist genannt werden, der mich sehr beeinflusste: Mansoor Hekmat.

Geboren wurde Mansoor Hekmat 1951 in Teheran. Er studierte an der Universität von Schiraz Wirtschaftswissenschaften, ab 1973 studierte er in London, wo er sein Studium auch beendete. Zu dieser Zeit begann Hekmat, das Marxsche *Kapital* und andere politische Werke zu lesen. Er gründete die Union kommunistischer Kämpfer und nahm nach seiner Rückkehr in den Iran an der Revolution von 1979 teil, auf deren Höhepunkt er einen Arbeiter- und Soldatenrat gründete. Anders als der größte Teil der iranischen Linken lehnte er aber die Treue zum Islamismus und dem Obersten Rechtsgelehrten Khomeini ab. Er sprach vom »Mythos einer progressiven nationalen Bourgeoisie«.

Auch er musste vor drohender Verfolgung in die kurdischen Berge flüchten. Hier begegnete ich ihm 1981 zum ersten Mal, als er in unser Lager kam. Er war ein freundlicher Mann mit wachen Augen und fast immer einem verschmitzten Lächeln um den Mund. Seine Union marxistischer Kämpfer schloss sich 1982 mit der Komalah zusammen. Sie wurden nun die Kommunistische Partei Irans. Doch die nationalistische Strömung innerhalb der Komalah wollte das Ziel eines autonomen kurdischen Staates nicht hinter sich lassen. Sie hatte dem islamischen Regime kurz nach der Revolution sogar Verhandlungen angeboten. Hekmat verließ deshalb nach einigen Jahren die Kommunistische Partei Iran und gründete 1991 die Arbeiterkommunistische Partei Irans.

Seine Theorie und Praxis würde ich kurz so umschreiben: Er wollte zurück zu Marx und sah, dass die Arbeiterklasse auf sich allein gestellt war, auch weil sie die einzige Klasse war, die größere Veränderungen im 20. Jahrhundert erwirkt hatte. Der Sowjetunion oder der Volksrepublik China sprach er ab, sozialistische Staaten zu sein, und kritisierte ihre Diktaturen scharf. Entgegen den Ideen des Marxismus hatten sie weder Mehrwert und Lohnsklaverei abgeschafft noch die Produktionsmittel vergesellschaftet. Teilweise waren seine Ansichten durch den Rätekommunismus geprägt; er war überzeugt, dass dieser nur mit freien Wahlen Bestand haben würde. Diese Überzeugung verband mich mit ihm, dass die Menschen selbst die Lebensverhältnisse für sich und alle verbessern können. Zudem sahen wir Bildung und die Geltung der Menschenrechte als Basis für den Sozialismus an. Hekmat engagierte sich immer sehr für die Frauenrechte und sah »keine Befreiung ohne die Befreiung der Frauen«. Auch war er engagierter Gegner der Todesstrafe – alles andere als selbstverständlich im illegalen Widerstand. Er war davon überzeugt, dass das Recht auf Leben ein Menschenrecht sei, und zudem sah er, dass Hinrichtungen die Ausführenden verrohten. Auf der Basis seiner Ideen bin ich bis heute Mitglied der Arbeiterkommunistischen Partei Iran. Das verursacht bei manchen ein ungutes Gefühl, Journalisten fragen mich nach meinem Verhältnis zu Stalinismus und DDR. Das ist ganz einfach: radikale Ablehnung. Gerade in Deutschland kennen die Menschen die Diktatur im Namen eines Sozialismus, der mit einer Analyse von Arm und Reich und dem Versuch einer gerechten Verteilung der Güter zum Wohlstand aller nichts mehr zu tun hat. Auch ist eine materielle Gleichheit nur von Wert auf der Basis der Meinungsfreiheit. Das ist mein Kommunismus.

Gerechtigkeit und individuelle Freiheit und individuelles Wohlbefinden gehören zusammen. Es ist wissenschaftlich belegt, dass Gesellschaften, in denen die Verteilung des Wohlstands relativ gleich ist, die glücklichsten sind – nicht die absolut reichsten Gesellschaften. Und ich kann mein persönliches Glück nur gestalten und genießen, wenn ich respektvoll mit allen Menschen und der Natur umgehe, auch das ist mein Kommunismus.

Nachdem ich nach der Hinrichtung meines Mannes ein Jahr in Teheran im Untergrund gelebt hatte, sah ich über die Komalah die Möglichkeit, nach Kurdistan zu gehen, denn die iranische Regierung hatte damals das kurdische Gebiet innerhalb ihrer Staatsgrenze nicht unter Kontrolle. Ich hatte in einer meiner Unterschlupffamilien eine echte Freundin gefunden. Sie hieß Shaadi, mit ihren 50 Jahren war sie für mich schon eine ältere Frau, so alt wie meine Mutter. Shaadi lachte viel und bekam dabei Grübchen. Wenn wir bei ihr saßen und uns unterhielten, war sie immer beim Nähen. Sie nähte wunderschöne Blusen mit Stickereien, ihre drei Töchter hatten alle diese Blusen an, und auch mir schenkte sie eine. Sie schätzte mich sehr und nannte mich »meine Kleine«. Ihre Freude übertrug sich auf mich, immerzu mussten wir über die kleinsten Dinge lachen, eine Maus, die durch den Raum huschte, konnte mit Shaadi ebenso lustig sein wie der neueste Mullah-Witz. Humor war überlebenswichtig in der Illegalität, ab und zu mit jemandem Witze zu machen und herzhaft zu lachen, war im wahrsten Sinne des Wortes gesund.

Shaadi redete mir zu, nach Kurdistan zu gehen, sie sah wohl, dass meine Verzweiflung zunahm und ich trotz aller fröhlichen Stunden mit ihr anfing zu resignieren. Würde die Resignation zunehmen, würde ich mich womöglich eines Tages doch noch umbringen. Ich war mit den Nerven wirklich am Ende, in der Stadt fühlte ich mich ständig bedroht, und so war ich froh um diese Perspektive. Von heute aus betrachtet wundere ich mich, wie ich diese Situation überhaupt so lange ausgehalten habe – aber damals war ich jung und stark, stärker, als ich mich manchmal gefühlt habe. Die Komalah organisierte schließlich meine Flucht nach Kurdistan. Kurz vor meiner Abreise besuchte ich ein befreundetes Ehepaar, wir kannten uns von der Universität, sie hatten auch Medizin studiert. Es war ein wunderschöner Abend, wir unterhielten uns über die Zeit an der Universität. Es war einer dieser Abende, an dem man mit alten Freunden in Erinnerungen schwelgt, jenen Professor und seinen Sprachfehler nachmacht, über die Kommilitonin lacht, die an den Samstagsmorgen in der ersten Vorlesung immer einschlief, weil sie freitags Nachtwachen im Krankenhaus machte, und dann mit dem Kopf auf die Tischplatte knallte, dass es krachte. Es war ein Abend mit Gier nach Normalität inmitten eines Krieges. Dazu tranken wir feierlich ihre letzte Flasche Wein aus der Zeit vor der Revolution und schliefen die Nacht auf dem Flachdach ihres zweistöckigen Hauses, wie es im Iran üblich war und heute noch ist. So liegt man nach der Hitze des Tages direkt in der frischen Luft der Nacht. Am Morgen gab ich ihnen meinen Ehering und sagte, sie sollten ihn behalten, bis wir uns wiedersähen. Sie waren die letzten Freunde, die ich vor meiner Flucht sah, und ich hatte keine Ahnung, ob ich diese überleben würde. Wir umarmten uns mit einem sehr ungewissen »Auf Wiedersehen«. Ich sah die beiden tatsächlich wieder, allerdings über zehn Jahre später und durch einen Zufall, mitten in Köln.

Anfang der 90er-Jahre, ich lebte zu dieser Zeit in Wien, wurde ich nach Köln eingeladen, um eine Rede auf einer Veranstaltung von Exiliranern zu halten. Auf dem Plakat stand in Persisch »Mina Ahadi: Frauenrechte im Iran«. Ein Mann kam auf mich zu: »Mina, erkennst du mich?« »Nein«, sagte ich und überlegte, wer denn dieser glatzköpfige Mensch sein könnte. Er sagte: »Ich gehe auf die Toilette, bis ich wiederkomme, hast du dich an mich erinnert.« Ratlos schaute ich ihm hinterher und fragte die Leute um mich herum, wer er denn sei. Als ich den Namen hörte, wusste ich, er ist der Freund aus meiner letzten Nacht in Teheran! Als er wieder in den Saal kam, begrüßte ich ihn herzlich und fragte nach seiner Frau. Die beiden lebten inzwischen in einer kleineren Stadt bei Düsseldorf, und am nächsten Tag besuchte ich sie mit meinem Mann und meiner kleinen Tochter. Es war ein freudiges Wiedersehen. Als ich einmal mit der Frau in die Küche ging, um Getränke zu holen, nahm sie mich zur Seite und meinte, sie hätte mir etwas zu gestehen: »Es tut mir sehr leid. Wir haben deinen Ehering verkauft. Wir haben damals hin und her überlegt, aber auf der Flucht durch die Türkei hatten wir kein Geld mehr, und unsere Älteste, die damals sieben war, wurde sehr krank mit hohem Fieber und Durchfall. Wir brauchten einen Arzt, aber konnten ihn und die Medizin nicht bezahlen. Schließlich haben wir nachgegeben und den Ring verkauft.« Scheu schaute sie mich an, und ich beeilte mich zu erwidern, dass der Ring wichtig war, aber das Leben und die Gesundheit ihres Kindes doch viel wichtiger. Und ich erinnerte sie an meine Worte, dass der Ring bei ihnen bleiben solle, bis wir uns wiedersähen – schließlich hatten wir uns wiedergetroffen, auch ohne Ring! Es rührte mich an, wie ernst sie meine Geste der Freundschaft genommen haben. Doch ich merkte, noch als ich es aussprach, wie ernst ich es meinte: Kein Ring der Welt war so viel wert wie das, was wir gerade erlebten, ein Wiedersehen in Sicherheit. Doch bis dahin war es noch ein langer Weg gewesen, damals, in jener Nacht auf dem Flachdach in Teheran.

Die Reise nach Kurdistan war sehr gefährlich, die Grenzregion wurde scharf kontrolliert, denn natürlich war ich nicht die Einzige, die auf diesem Weg vor dem Regime floh. Zudem wollten die Machthaber verhindern, dass die Partisanen in den kurdischen Bergen Zuwachs bekamen. Zu jener Zeit hatten diese noch ein sehr großes Gebiet in der Grenzregion Iran/Irak unter ihrer Kontrolle.

Ich bin mit Shaadi Richtung Kurdistan gefahren, von Teheran ging es mit dem Bus nach Sanandadsch, kurz vor der Grenze zu Kurdistan. Wir wohnten dort ein paar Tage bei einer mit Shaadi befreundeten Familie. Meine Freundin hatte die Idee, zur Tarnung und zu unserem Schutz ein kleines Kind mitzunehmen. So gab uns die Familie ein zweijähriges Kind mit, die Eltern reisten einen Tag später mit dem Auto nach Kurdistan. Damals erschien es uns ganz normal, das Kind auf die Flucht mitzunehmen. Natürlich war es in Gefahr, wenn ich entdeckt werden würde, aber die Gefahr war für uns alle so allgegenwärtig, dass es uns nicht in den Sinn kam, so an das Kind zu denken. Die Eltern liebten ihr Kind, aber sie wollten auch für dieses Kind, dass ich fliehen konnte in eine bessere Zukunft, in die Berge und den Widerstand gegen das islamische Regime.

Ich hatte einen Tschador an und wieder keine Ausweispapiere bei mir, aber das Kind auf dem Schoß. Wir kamen zum entscheidenden Kontrollpunkt, bewaffnete Polizei bestieg den Bus. Ich wurde leicht panisch, wenn man mich ohne Papiere erwischen würde, würde man mich sofort verhaften. Ich nahm das Kind und tat so, als ob ich es beruhigen müsste. Ich konnte nur hoffen, dass es nicht zu schreien anfing. Die Polizisten gingen tatsächlich ohne Kontrolle an mir vorbei, sie machten nur Stichproben an diesem Tag. Shaadi hatte gültige Dokumente, sie wurde kontrolliert und durchgelassen. Die Erleichterung war wie der sprichwörtliche Stein, der mir im Moment des Weiterfahrens vom Herzen fiel, und ich küsste das verblüffte Kind in meinen Armen überschwänglich auf die Wangen.

Von Sanandadsch ging es nach Bukan und dann in ein recht kleines Dorf, wo sich damals Partisanen der Komalah aufgehalten haben. Da die Reise von der Komalah geplant worden war, erwarteten mich einige ihrer Mitglieder. Die Waffen, die sie bei sich trugen, waren ein für mich ungewohnter Anblick, ich ahnte noch nicht, wie schnell ich mich daran gewöhnen und diesen Anblick in den nächsten zehn Jahren sogar alltäglich finden würde. Einige hatten meinen Mann gekannt, der vor zwei Jahren, kurz vor Beginn unserer Liebe, mehrere Monate unter ihnen gelebt hatte. Sie sprachen mir in kurzen Worten ihr Beileid aus und lobten Esmail als tapferen Kämpfer und guten Freund. Ich schlief die erste Nacht seit über einem Jahr tief und fest durch, ohne Angst vor Verhaftung! Als ich morgens aufwachte, fühlte ich nicht mehr diesen Druck in meiner Brust, der mich das ganze letzte Jahr nie verlassen hatte.

Die Jahre zuvor war ich schon zwei- oder dreimal in Kurdistan gewesen, mit Susan zusammen hatte ich Medikamente und Kleidung gebracht, die wir in Tabriz gesammelt hatten. Kurdistan war 1981 bis auf wenige Ausnahmen frei vom islamischen Regime. Die Komalah hatte 2000 bis 3000 Mitglieder und wurde von der Bevölkerung unterstützt. Wir mussten uns in den nächsten Jahren immer weiter zurückziehen, am Ende haben wir auch die Grenze zum Irak überschritten, denn das Grenzgebiet unterstand weder Teheran noch Bagdad, dort war einfach nur Krieg.

Dem islamischen Regime war ich erst einmal entkommen. Dass ich 25 Jahre später gegen das Vorrücken des politischen Islam in Europa kämpfen würde, hätte ich damals nicht für möglich gehalten, ich habe nicht im Traum daran gedacht!

In Kurdistan, quer über das irakisch-iranische Grenzgebiet verteilt, gab es seit der iranischen Revolution eine sogenannte Freie Zone. Hier hielten sich verschiedene Widerstandsgruppen auf, neben der Komalah auch Kämpfer anderer kurdischer Parteien und der Fedayi. Die Freie Zone wurde Ende der 80er-Jahre im Lauf des Kriegs zwischen Iran und Irak immer kleiner, war aber in der ersten Hälfte der 80er ein großes Gebiet, in der Breite von Bukan im Iran bis Rahiya im Irak, und erstreckte sich über Hunderte Kilometer von Norden nach Süden.

Als ich nach Kurdistan kam, war ich alleine, ohne Familie, ohne Freunde, ohne Mann. Deshalb habe ich zunächst in einem der sogenannten Frauenzimmer im Lager geschlafen, mit anderen Frauen, die wie ich ohne Mann waren. Rund zehn Frauen lebten auf 20 qm. Das war sehr eng, man hatte keinen Raum für sich, schon gar keine Intimsphäre. Viele Männer hatten Zelte zu zweit oder zu dritt, aber die Frauen waren in Massenlagern untergebracht. Ich kann noch heute nicht gut schlafen, wenn ich mit mehreren Menschen in einem Raum bin – und wenn ich das deutsche Wort Frauenzimmer höre, muss ich an dieses Zelt denken, und mich schaudert. Ich musste zwar nicht mehr den Unterschlupf wechseln, aber gerne hätte ich aus einem Dorf von unterwegs meine Mutter angerufen oder meine Schwester Mariam, aber das wäre zu gefährlich gewesen. Auch vermisste ich meine Freundin Susan.

Später im Zentrallager haben zwei bis drei Frauen ein Zelt geteilt, dort konnte man eher Ruhe finden nach der Arbeit. Es war oft kalt, im Winter schneite es in den Bergen, und die Zelte hielten die Kälte nur begrenzt draußen. Zudem waren manche Tiere durchaus gefährlich. Ich wachte einmal im Schlaf auf und sah eine Schlange. Ich sprang schnell auf und lief aus dem Zelt. An einem kalten und nassen Dezembertag kamen wir drei Frauen abends zu unserem Zelt – und es war umgefallen. Wir bauten es in der Dunkelheit wieder auf. In dieser Nacht begann der Verschleiß meines Knies, das mich bis heute plagt. In dieser Nacht spürte ich zum ersten Mal Schmerzen nach dem stundenlangen Arbeiten im Regen. Nässe und Kälte war vor allem im Winter in den kurdischen Bergen kaum zu entkommen. Die Strapazen hinterließen bei den meisten bleibende Spuren – bei mir zeugen bis heute kranke Knie davon.

Mittags um zwölf Uhr gab es ein gemeinschaftliches Essen in einem sehr großen Zelt mit vielen langen Tischen. Nachmittags wurde es als Gemeinschaftszelt genutzt, hier konnte man schreiben oder lesen. Abends gab es im Zelt wieder Essen und manchmal ein Fest oder Diskussionen. Der Tag endete um zehn oder elf Uhr. Mit der Zeit haben wir kleine Hütten gebaut, die letzten zwei Jahre habe ich mit meinem zweiten Mann in so einer Hütte, einem kleinen, aber befestigten Raum, gelebt. Auch das Badezimmer war ein befestigter Raum, in dem es sechs oder sieben Duschen gab. Wir haben diese Hütten aus Steinen und Holz selbst gebaut. Über die Komalah wurden Dinge wie Medikamente, Seife und Weiteres zentral besorgt, wir konnten ja nicht in den nächsten Supermarkt gehen. Meist stammten sie aus nahe gelegenen irakischen Städten. Aber es war unmöglich, Binden zu bekommen. Im Lager lebten Frauen, die jeden Monat ihre Tage hatten, und das war ein so großes Tabu, dass es offiziell einfach keine Binden gab! Wir Frauen haben darum gebeten, es auf Versammlungen eingefordert – sechs Jahre lang! 1986 gab es die ersten Binden über den Lagereinkauf, vorher haben wir uns mit Stoffstücken ausgeholfen.

Wir hatten auch Kontakt zu irakischen Organisationen, auch zu Dschalal Talabani, der im April 2005 zum Staatspräsidenten des Irak gewählt wurde. Wir hatten verschiedene Kontakte zu Widerstandskämpfern, die gegen Saddam Hussein kämpften und links orientiert waren. Diese Kontakte waren allerdings schwierig aufrechtzuerhalten, da wir damit auch in das Visier der irakischen Regierung gerieten, die uns sonst eher wohlwollend gegenüberstand, da wir ja gegen ihren Feind in Teheran kämpften. Schließlich haben Gruppen türkischer Kurden weiter im Norden teilweise mit dem islamischen Regime in Teheran paktiert, da dieses sie in ihrem Kampf gegen die Unterdrückung durch Saddam Hussein unterstützte. Auch im Widerstand ging es nicht einfach um Menschenrechte für alle, sondern um vielfältige politische (Macht-)Interessen.

Der Alltag im Lager war streng strukturiert. Morgens haben wir von sechs bis sieben Uhr gefrühstückt. Dann hat jeder eine Aufgabe für den Tag bekommen, aufräumen, kochen, waschen. Jeden Tag hat sich die Aufgabe geändert, aber es waren jeden Tag zwei bis drei Stunden Arbeit für die Gemeinschaft, damit das alltägliche Leben funktionierte. Ich arbeitete zudem täglich vier bis fünf Stunden im Radiosender. Wir hörten Nachrichten aus aller Welt und machten Sendungen auf Persisch und auf Türkisch. Ich hatte eine Sendung auf Türkisch, meine Muttersprache, in der ich vor allem über die Lage der Frauen im Iran sprach. Aber die erste Radiosprache war Persisch. Zudem gab es kurdische Sendungen, im Lager hörte man alle drei Sprachen, ich selbst habe in diesen Jahren Kurdisch gelernt.

Wir hatten Kontakte in den Iran, heimlich sind manchmal Mitglieder der Partei in Städte des Iran gereist und haben sich so mit Widerstandskämpfern im Land getroffen.

Im Zentrallager gab es immer wieder Zusammenkünfte, Menschen aus anderen Lagern und aus vielen Teilen des Irak kamen zu Diskussionen über die besten Strategien im Widerstand. Dieser Austausch war für uns in unserer doch sehr kleinen und abgeschlossenen Welt sehr wichtig. Auch der heutige Präsident des Irak, Dschalal Talabani, war einige Male Teilnehmer.

Wir Frauen konnten im Lager endlich Sport treiben, eine Stunde täglich war Zeit für Fußball und Volleyball. Frauen und Männer spielten zusammen, ich genoss die Bewegung vor allem beim Volleyball, solange meine Knie es zuließen.

Es gab unter den Männern Homosexualität im Lager, aber das war ein großes Tabu, darüber wurde nie gesprochen. Es gab sowohl Homosexuelle als auch heterosexuelle Männer, die mangels Frauen auf einen männlichen Sexualpartner zurückgriffen. Männer schliefen in Zelten zu zweit und zu dritt zusammen, in den Bergen oft noch beengter als im Hauptlager, da kamen sie sich einfach mitunter näher. Aber es war ein hundertprozentiges Tabuthema.

»Echte« Homosexuelle hatten es schwer, denn sie durften niemals offen sein. Ich habe den Selbstmord eines Schwulen mitbekommen, er hat sich erschossen. Er litt unter dem Schweigen und wurde innerlich immer kleiner. Aber keiner sprach mit ihm. Als er in seine Hütte ging, um sich zu erschießen, rollte er erst den Teppich ein und setzte sich in eine Ecke. Dann hielt er eine Pistole an seine

Schläfe und drückte ab. Das Blut spritze an die Wand und auf den Boden, den Teppich aber hatte er sauber gehalten. Diese Szene, ich ging in die Hütte, als sein Leichnam abtransportiert wurde, hat sich mir eingebrannt. Auch ich habe das Tabu nicht gebrochen, nicht über Homosexualität gesprochen. Auch ich brauchte dazu noch Zeit.

Es lebten auch lesbische Frauen im Lager. Von einer sagte man mir: »Pass auf, wenn du mit ihr in einem Zelt, einer Hütte schläfst. Lege dich nicht neben sie, sie macht nachts komische Sachen mit dir.« Sie war stigmatisiert. Heute lebt diese Frau in Kanada, ist offen lesbisch. Ich habe vor einigen Monaten auf einer Tagung ihre Tante getroffen, und diese fragte mich, ob ich von der Homosexualität ihrer Nichte gewusst hätte. »Ja«, antwortete ich, »wir wussten das alle.« »Sie war aber sehr einsam, damals, als lesbische Widerstandskämpferin in den kurdischen Bergen.« »Ja«, konnte ich nur noch einmal antworten, »wir waren auch noch in alten Moralvorstellungen gefangen, auch ich. Es tut mir leid, aber so war es.« Homosexuelle Paare konnten natürlich nicht gemeinsam eine Hütte nehmen, so wie ich und mein Mann nach unserer Lagerhochzeit.

Ich habe viele menschlich schwierige Situationen erlebt, über Jahre mit nur wenigen hundert Menschen auf engem Raum, im Krieg von Angriffen bedroht. So gab es Eltern, die ihre Kinder auf der Flucht zurückgelassen hatten, um ihr eigenes Leben zu retten, oder weil sie hofften, die Kinder seien bei Verwandten in Sicherheit. Sie hatten oft über Jahre keinen Kontakt zu ihren Kindern, Sehnsucht mischte sich dabei oft mit Schuldgefühlen, als Eltern versagt zu haben.

Ich habe von meiner Mutter in den zehn Jahren, die ich in Kurdistan gelebt habe, genau einen Brief erhalten. Natürlich gab es keine Adresse, an die man einfach einen Brief schicken konnte. Also war ein Verbindungsmann der Komalah einmal zu meiner Mutter gegangen und hatte ihr berichtet, dass ich in Sicherheit sei. Diesem hatte sie einige Zeilen mitgeben können, die Wochen später über verschiedene Träger bis zu mir gelangt waren. Einen weiteren Kontakt auf diesem Wege aufrechtzuerhalten, wäre aber viel zu gefährlich gewesen. Im Alltag hat man all diese Konflikte ignoriert, so getan, als sei es gar nicht so schwer. Meine Mutter hatte keinen Kontakt nach Kurdistan, keine Vorstellung, wie ich dort lebte. Sie hatte Angst um mich, für sie war Kurdistan einfach nur gefährlich. Ich habe in der Zeit im Lager sogar meinen Geburtstag vergessen, so etwas war nicht mehr wichtig, nicht mehr real.

Meine Freundin Susan war Anfang der 80er-Jahre nach Paris geflüchtet, sie schrieb mir des Öfteren und schickte Päckchen mit Kleidung. Über den Irak waren die Verbindungswege zwar auch sehr langsam, aber durch Boten der Komalah kam ab und an Post von Unterstützern aus Europa bis zu uns. 1987 kam sie dann über den Irak zu Besuch in unser Lager und lernte einen Mann kennen und lieben. Sie blieb mit ihm in Kurdistan, bis sie 1990 nach Schweden gingen, die beiden leben dort noch heute mit ihren zwei Kindern, Susan arbeitet als Sozialarbeiterin, nachdem sie in Schweden noch einmal studiert hat. Sie war immer die Fleißigere von uns beiden. Heute besuchen wir uns regelmäßig und telefonieren jede Woche miteinander.

Nach dem Zusammenschluss der Komalah und der

Gruppe Sahand um Mansoor Hekmat zur Kommunistischen Partei Iran, gründeten wir im Zentrallager eine Schule. Ich wurde die Leiterin und organisierte den Lehrplan und die Lehrkräfte. Für drei Monate kamen nun jeweils rund 70 Partisanen aus den Bergen ins Lager und drückten die Schulbank. Viele, die sich unserem Kampf gegen das iranische Regime angeschlossen hatten, hatten kaum Bildung genossen. Deshalb lehrten wir mitunter auch Lesen und Schreiben. Dazu kamen Politik, marxistische Theorie, Geschichte und Partisanenkriegsführung. Denn im Krieg befanden wir uns.

Ebenso wichtig war mir der andere Teil der Ausbildung – Schulung in Menschen- und Frauenrechten. Denn gerade im Krieg wurden diese Rechte als Randprobleme behandelt, wie die Geschichte der jungen Schwangeren bezeugt. Diesen Fehler, die scheinbar kleinen zwischenmenschlichen Konflikte in Zeiten des Krieges zurückzustellen, haben Untergrundorganisationen in allen Zeiten immer wieder gemacht, und wir waren auch nicht davor gefeit. Der Feind sollte draußen bleiben in dieser Extremsituation des Partisanenlagers, wo man eng aufeinandersaß. Mit der Schule wollten wir deshalb auch dafür sorgen, dass die Menschen trotz des Krieges nicht ihre Menschlichkeit verloren oder gar vergaßen. Manchmal ging es um offensichtlich wichtige Fragen wie die, ob Frauen Waffen tragen durften – sie durften schließlich, was schon zur Selbstverteidigung unabdingbar war und trotzdem manchen Männern nicht einleuchten wollte.

Kleidung schien dagegen scheinbar unwichtig, aber die Frage, ob das Oberteil der Frauen, beide Geschlechter trugen lange Hosen, weiter und damit unpraktischer sein sollte als das der Männer, wurde heftig diskutiert. Denn es ging um die Frage nach der Sichtbarkeit weiblicher Rundungen von Brüsten und Hüften. Wir Frauen setzten unser Recht auf Bequemlichkeit durch, aber es war tatsächlich Bildungsarbeit bei einigen der Männer nötig, ihnen das begreifbar zu machen. Der Besuch in der Schule war auf drei Monate angelegt. Die Schule bestand aus 20 Zelten, wie ein Internat. Neben den Fragen nach Kleidung und Kriegstaktiken war die nach dem Umgang mit Gefangenen sehr entscheidend. So gab es in den Partisanengruppen immer mal wieder »wilde« Hinrichtungen, wenn Mitglieder der islamischen Armee gefangen genommen wurden. Mansoor Hekmat war sein ganzes Leben ein Kämpfer gegen die Todesstrafe, und ich hatte in ihm einen Gefährten in dieser Frage gefunden. Es gibt einfach keine Untat, keinen noch so grausamen Krieg und keinen noch so grausamen Diktator, die eine Hinrichtung »verdient« hätten. Die Todesstrafe verroht jede Gesellschaft, die sie einsetzt, und jede Partisanengruppe, die sie zulässt. Dies ist meine Überzeugung bis heute, und ich sehe nicht eine Hinrichtung, die diese Ansicht nicht bestätigt hätte. Zudem ist das erste Menschenrecht das auf Leben, ohne dieses kann es keine weiteren geben.

Mein zweiter Mann war einer der bewaffneten Kämpfer, die an der zweiten Schulung teilgenommen haben. Ich hatte ihn vorher nicht gekannt. Seine Partisanengruppe bestand aus rund 70 Frauen und Männern. Die Gruppe hatte zwei Vorsitzende, einen militärischen Vorsitzenden und einen politischen Vorsitzenden, das war mein zukünftiger Mann, Mohammad. Nach meinem Erlebnis mit meinem Freund hatte ich zu dem Kapitel Männer innerlich Abstand genommen. Als ich merkte, dass mir Mohammad gefiel, ich ihn attraktiv fand mit seiner charmanten Art und seinem Lachen, da wurde ich erst einmal vorsichtig. Doch ich merkte, dass ich Gefühle für ihn entwickelte. Eines Tages hatte es so heftig geregnet, dass in einige Hütten der Schule Wasser gelaufen war. Nachdem der Regen aufgehört hatte, bat ich ihn, beim Aufräumen der Schäden mitzuhelfen. Er war sehr hilfsbereit und freundlich, das mochte ich an ihm. Langsam aber sicher kam es zu immer mehr Gesprächen zwischen uns, und ich fühlte, wie meine Liebe zu ihm wuchs. Eines Abends saßen wir zu rund einem Dutzend Frauen und Männern in einer gemütlichen Runde um eine Feuerstelle. Einer der Männer foppte mich, ich solle mal sagen, was ich dachte, wer wen denn besonders mochte. So scherzte ich reihum: »Ja, du magst sie besonders, und ihr beide, ihr seid doch verliebt!« Die »Ertappten« sahen sich an und lächelten etwas verlegen, einer aber rief: »Du hast Mohammad ausgelassen, den willst du ja für dich haben!« Ich lachte mit den anderen, wusste aber, dass er recht hatte.

Mohammad erwiderte meine Gefühle, und am nächsten Tag sprachen wir über uns. Er sagte, dass ich nicht mit ihm in die Berge gehen könne, er aber bald wieder aufbrechen müsse, er gab unserer Liebe keine Zukunft. Wir kamen dennoch zusammen, unsere Gefühle waren stärker als die Vernunft. Wir haben es aber nicht offiziell bekannt gegeben, und er musste zwei Monate später zurück in die Berge. Einen weiteren Monat später bekam ich die Nachricht, er sei im Krieg gefallen. Ich brach vor Schmerz buchstäblich zusammen, wieder hatte ich einen geliebten Menschen verloren. Eine Kollegin vom Radio saß die ganze Nacht bei mir und hielt einfach meine Hand. Meine Kolleginnen und Kollegen im Radio waren alle sehr liberal, sie sahen es mit dem Heiraten nicht so eng. Am nächsten Morgen kam die Nachricht, dass er nicht tot, sondern mit Hepatitis im Krankenhaus sei, und ich war sehr erleichtert. Als er zwei Wochen später wieder ins Lager kam, fielen wir uns einfach um den Hals, und er sagte: »Lass uns heiraten!« Ich musste nicht überlegen, und so heirateten wir nach Lagersitte, also nicht in einem echten Standesamt, aber »lageroffiziell«.

Das war 1984, und seitdem leben wir zusammen. Unsere Flitterwochen waren 20 Tage Gemeinsamkeit im Lager, bevor er wieder fortmusste. Nach einem Monat Trennung bat ich das Zentralkomitee um die Erlaubnis, zu ihm gehen zu dürfen. Ich sehnte mich nach ihm, das Leben im Krieg war zu kurz, um warten zu können. Die Erlaubnis wurde mir nicht gewährt, es sei zu gefährlich, hieß es. Ich bin wieder mit dem Kopf durch die Wand, packte meine Sachen und suchte seine Partisanengruppe auf. Ich habe zwei sehr gefährliche Monate erlebt in der Kampfgruppe, jeden Tag gab es Gefechte, Flucht, immer waren wir auf der Hut. Eines Tages waren wir in einem Dorf, mein Mann und ich saßen im Haus eines alten Ehepaares, welches uns einen Tee gekocht hatte, da näherte sich eine Einheit der iranischen Armee. Mich quälte zu allem Überfluss noch eine fürchterliche Migräne, aber das war in der Situation das kleinste Problem. Mohammad ging zu seiner Einheit, und ich blieb bei den alten Leuten. Ich hatte eine Waffe, war aber nicht geübt im Schießen. Stunde um Stunde warteten wir, ich mit meinem dröhnenden Kopf, immer wieder hörten wir in der Ferne Schüsse. Erst am Abend klang der Kampf ab, das Dorf war verschont geblieben, doch dieser Nachmittag hat mir die Schrecken des Krieges nähergebracht als alles, was ich bis dahin erlebt hatte.

Der Kampf ging vorbei, die Armeeeinheit zog ab. Ein Mann von unserer Gruppe war im Gefecht getötet worden, wir beerdigten ihn am nächsten Morgen. Die Erinnerung an diese Beerdigung, wie der Leichnam versenkt wurde und die Abschiedsworte für den Gefallenen gesprochen wurden, wie das Grab zugeschaufelt wurde und wir auseinandergingen, ist in mir lebendig, als wenn es gestern gewesen wäre. Das Leben in den Bergen war noch weit schwerer als im Zentrallager. Auf dem Marsch bekam ich natürlich auch irgendwann meine Tage. Mangels Hilfsmitteln riss ich von einem Hemd den Ärmel ab und machte ihn zu meiner Binde. Meiner einzigen, was hieß, dass ich sie bei jeder sich bietenden Gelegenheit in einem Bach auswusch, auswrang – und feucht wieder benutzte. Ich bekam eine schwere Erkältung, aber Zeit zum Ausruhen blieb nicht. Wir mussten in einer Reihe bleiben beim Marschieren, waren in der Gruppe rund 70 Leute, Rücksicht auf den Einzelnen konnten wir uns in dem von iranischen Truppen durchstreiften Gelände nicht leisten. Eine Frau hatte einen fürchterlichen Durchfall, sie musste mitunter in die Hose machen, da ein ständiges Anhalten zu gefährlich war! Wir marschierten eng in einer Reihe, bis zu 18 Stunden am Tag. Wir waren im Krieg. Arsa, die Frau mit dem Durchfall, war schließlich so geschwächt, dass sie umfiel. Wir zogen sie einfach auf und weiter, stehen bleiben war unmöglich, weil Späher iranische Soldaten in der Nähe gesehen hatten. Es ist mir im Nachhinein fast unvorstellbar, was wir durchgemacht haben, was wir ausgehalten haben.

Es war nicht nur, dass die iranische Armee Jagd auf uns machte, wir lebten zusätzlich mitten in der Frontlinie des irakisch-iranischen Krieges.

Ab Ende 1987 gerieten wir endgültig in die Schusslinie, Saddam Hussein hatte Verhandlungen mit seinen kurdischen Gegnern abgebrochen, und die Freie Zone wurde immer kleiner. Zu den iranischen Angriffen kamen nun die Angriffe irakischer Kampfflugzeuge.

Die Angriffe des Iran töteten vereinzelt Menschen in den Lagern. Aber den schlimmsten Angriff flog die Armee Saddam Husseins mit chemischen Waffen. Wir wussten, dass wir im Fall eines Gasangriffs nach oben auf den Berg, nicht nach unten ins Tal laufen sollten, denn das Gas ist schwerer als die Luft und sinkt deshalb nach unten. Eigentlich hätte ich zur Zeit dieses Angriffs mit chemischen Waffen im Radio arbeiten müssen, aber ich hatte just an diesem Nachmittag meinen Chef gefragt, ob ich früher gehen könne, da ich mich krank fühlte. Eigentlich war das nicht seine Art, jemanden wegen Krankheit früher gehen zu lassen, aber an diesem Tag hatte er aus einem unerfindlichen Grund besonders gute Laune. Kaum war ich im Hauptlager, hörte ich plötzlich die Flieger kommen. Ich sah, wie die Radiostation bombardiert wurde, sie war erstes Ziel des Angriffs. Unsere Stimme sollte zum Verstummen gebracht werden. In mir krampfte sich alles zusammen, und in Todesangst folgte ich einfach anderen Menschen, die mich den Berg mit hinaufzogen, fort vom Gas. 32 Menschen sind in der Radiostation bei diesem Angriff ums Leben gekommen. Mein Chef und viele meiner langjährigen Kolleginnen und Kollegen waren darunter, mich hatte ein Zufall gerettet.

Meine Integration in Europa

Flucht nach Europa

Auch wenn ich den Schergen der islamischen Republik durch meine Flucht in die kurdischen Berge entkommen war, mit den Jahren wurde auch das Leben dort immer schwerer, physisch und psychisch. Für mich war die Trennung von meiner Familie und alten Freunden oft hart, in den zehn Jahren meines Partisanenlebens bekam ich nur einmal einen Brief von meiner Mutter durch einen Kurier. Doch wenn ich die Kinder sah, die in einem Flüchtlingslager im Krieg groß wurden, wurde mir das Herz noch schwerer. Auch alte Menschen, die körperliche Gebrechen hatten, litten besonders unter dem Leben in den einfachen Hütten. Die Leitung der Komalah, der das Lager unterstand, brachte von Zeit zu Zeit kleine Menschengruppen nach Europa. Der Weg führte über den Irak, meist über den Flughafen in Bagdad. Die irakische Führung hat dies inoffiziell unterstützt, die Feindschaft des Irak zum Iran hat uns bei den Fluchtplänen geholfen. Vorrang hatten die Kranken, alte Menschen und Kinder. Ich war jung und kinderlos, und ich liebte meine Arbeit in unserer Radiostation, die bis weit in den Iran hinein sendete. Doch nach meiner zweiten Hochzeit sehnten mein Mann und ich uns immer mehr nach einem normalen Familienleben. Ich merkte auf einmal, dass ich das karge Essen satt hatte, den beengten Raum, die fehlende Intimsphäre. Neben der Arbeit gab es trotz wöchentlichem Fest und Sport zu wenige Möglichkeiten, sich zu beschäftigen. Heute denke ich manchmal: Meine Güte, wie hast du das so lange ausgehalten, dieses beengte Leben in der mit den Jahren immer mehr wachsenden Angst vor Angriffen, sowohl durch die iranische wie später auch durch die irakische Armee. 1990 wurde mir schließlich von der Lagerleitung mitgeteilt, dass ich mit einer Gruppe von fünf Frauen und Männern nach Wien fliehen konnte. Wohin in Europa eine Gruppe aufbrach, hing davon ab, welchen Weg die Fluchthelfer gerade für den günstigsten hielten. Auf der einen Seite hatte ich mich gefreut, aus dem Lager fortzukommen. Aber ich wusste auch, dass ich in ein Land ging, wo ich niemanden kannte und dessen Sprache ich nicht sprach. Wien, Österreich – was würde mich dort erwarten? Traurig war ich auch, dass mein Mann nicht sofort mitkommen konnte. Dass Ehepaare durch die Flucht für Monate auseinandergerissen wurden, geschah häufiger. Irgendjemand von der Leitung des Lagers drückte mir ein Buch über Österreich in die Hand, einen englischen Reiseführer. Meine Reise würde keine touristische sein, aber mit Hilfe des Buches lernte ich, wie viele Einwohner Wien hat und welches Klima in den Alpen herrscht. Heute kann ich mich nur noch an drei Dinge erinnern, die mir beim Lesen aus irgendeinem Grund besonders in Erinnerung geblieben sind: Die Lebenserwartung von Frauen ist höher als die der Männer, die Landesflagge ist rot-weiß-rot, und es wird Deutsch gesprochen.

Wir fuhren in einem Auto nach Bagdad, eine Gruppe von fünf Leuten, zwei Männer und drei Frauen. Zwei Tage hielten wir uns bei einem Helfer in Bagdad auf und kauften erst einmal Kleidung. Nach zehn Jahren in Uniform und Kleidung aus Hilfspaketen war ich es nicht mehr gewohnt, einzukaufen. So beobachtete ich zunächst, was die Menschen in der Stadt überhaupt trugen. In Bagdad sah man 1990 viele Frauen in westlicher Kleidung. Da wir nicht viel Geld hatten, suchte ich mir in einer Art Secondhand-Laden einen braunen Rock und eine helle Bluse aus. In den Bergen hatte ich derbes Schuhwerk getragen, nun wählte ich schwarze Schnürschuhe aus, die nicht allzu klobig aussahen, aber doch einen echten Stilbruch zum Rock ausmachten. Aber die Flucht war aufregend genug, da brauchte ich einen sicheren Stand, und meine Füße waren nicht mehr an Damenschuhe gewöhnt.

Keiner aus unserer Gruppe hatte Papiere. Ich war ja schon ohne Ausweis vom Iran nach Kurdistan geflüchtet, und für die Lagerverwaltung der Komalah hatten meine Angaben von Name und Geburtsdatum gereicht.

Wir bekamen in Bagdad gefälschte Dokumente durch unsere Fluchthelfer. Ich vermute, dass es irakische Ausweise waren, aber ich habe in all der Aufregung nicht genau hingeschaut und weiß es nicht mehr. Ich war laut Ausweis mit einem der mitreisenden Männer verheiratet, daran kann ich mich noch erinnern. Wir kamen jedenfalls mit den Papieren wohlbehalten durch die Zollkontrollen und hoben schließlich mit dem Flugzeug Richtung Wien ab.

Für mich war es der erste Flug überhaupt. Direkt neben mir saß mein angeblicher Ehemann. Ich schaute ihm immer wieder über die Schulter, die fremden Menschen waren für mich neu und aufregend, da sie so anders wirkten als meine Kameradinnen und Kameraden in den Bergen. Ich war froh, dass das Lagerleben hinter mir lag, doch dachte ich auch wehmütig an die zurückgelassenen Freunde und vor allem an Mohammad, meinen Mann. Ich hoffte nur, dass sie alle überleben würden und ich ihn bald wiedersehen würde – in Freiheit, in Europa.

Uns war die Anweisung gegeben worden, die Ausweise im Flugzeug zu vernichten. Also habe ich meinen in der Toilette zerrissen und weggespült. In Wien nahm uns die Polizei natürlich sofort wegen der fehlenden Ausweise fest. Die Polizisten waren höflich, diesen Teil der Flucht hatte ich mir schlimmer vorgestellt. Wir wurden in einen abgeschlossenen Bereich für Flüchtlinge gebracht, eine Frau kam und erklärte uns die Situation in Englisch. Sie sagte auch, dass es häufiger vorkäme, dass Flüchtlinge ohne Papiere hier ankamen. Wir verständigten uns mehr schlecht als recht in Englisch, was keiner von uns vieren gut konnte. Aber als klar wurde, dass wir aus Kurdistan kamen, brachte man uns einen Dolmetscher, der Kurdisch sprach. Wir mussten zwei Tage in diesem abgeschlossenen Bereich bleiben und wurden befragt. Es war eng in diesen Räumen, von denen einige als Schlafzimmer dienten. Aus Sicherheitsgründen gab es Tageslicht nur durch wenige Schlitze weit oben in den Wänden, und es stank nach den Ausdünstungen der unzähligen Menschen, die hier schon hoffend und bangend festgehalten worden waren. Wir bekamen Besuch von einem Mitglied einer iranischen Flüchtlingsorganisation und einer Frau von den Grünen. Die Grenzpolizei befragte uns ausführlich, vor allem zum Kampf in den kurdischen Bergen und zur Komalah.

Ich sah keinen Grund, etwas zu verheimlichen, denn weder mein Widerstand gegen Schah und Mullahs noch mein Leben mit der Komalah in Kurdistan schien mir falsch.

Nach zwei Tagen wurden wir nahe Wien in das Lager Traiskirchen verlegt. Dieses durften wir einen Monat lang nicht verlassen, aus Sicherheitsgründen, wie es hieß. Wir alle stellten Asylanträge.

Nach einem Monat wurden wir auf verschiedene Lager im ganzen Land verteilt. Ich kam in ein Flüchtlingslager vier Busstunden von Wien entfernt. Über 300 Menschen aus so unterschiedlichen Ländern wie Rumänien, Iran und Ghana lebten hier. Als ich ankam, wurde mir gesagt, es gäbe nur noch einen Schlafplatz für mich – mit drei Männern in einem Raum mit zwei Etagenbetten, zwei Iranern und einem Pakistani. So musste ich in einem Etagenbett unter einem Mann schlafen, zwei weitere Männer neben mir. Ich konnte kein Deutsch, ich war allein und erschöpft und traurig. In diesem Schlafraum kam ich nicht zur Ruhe, es war laut und roch unangenehm, und ich war eine Frau allein mit drei fremden Männern! Ich bin zwar gegen zwangsweise Geschlechtertrennung, aber das hieß noch nicht, dass ich in allen Lebenslagen mit fremden Männern auf engstem Raum eingepfercht sein wollte!

Gleich am ersten Tag wurde ich routinemäßig medizinisch untersucht. Dabei stellte der Arzt fest, dass ich schwanger war. Eine frohe Nachricht, denn ich hatte mir immer Kinder gewünscht, allerdings war in meinem bisherigen Leben daran nicht zu denken gewesen. Und nun, dem Krieg entronnen, war ich tatsächlich schwanger. Aber auch meine Schwangerschaft beeindruckte die Lagerleitung nicht genug, um mir einen Schlafplatz unter Frauen zu geben.

Nach einer Woche habe ich deshalb am Eingang einen großen Zettel aufgehängt, auf dem ich in Persisch meine Schlafsituation erklärte, und dass ich diese Zumutung nicht mehr aushielte. Menschen aus dem Iran kamen auf mich zu und stimmten mir zu. Schließlich bekam ich ein Bett in einem Zimmer mit einer anderen Frau. Hätte ich mich nicht gewehrt, hätte man mich vermutlich weiter allein mit drei Männern in einem Zimmer gelassen! Dabei war die sexuelle Belästigung von Frauen im Lager allgegenwärtig, vor allem abends verließen die – wenigen – alleinstehenden Frauen nicht mehr die Zimmer, einige der Männer tranken und wurden dann zudringlich.

Ich fühlte mich sehr unerwünscht von den Österreichern, abgelegt als »Fall« in einem Lagerbett. Dabei hatte ich vorgehabt, in Wien schnell eine Wohnung zu mieten und für meinen Lebensunterhalt arbeiten zu gehen, aber das durfte ich nicht. Stattdessen sperrte man mich mit 300 anderen in ein großes Haus über fünf Etagen und erlaubte uns nicht, uns frei zu bewegen. Wir konnten auf einen Fluss direkt vor dem Haus schauen, eine österreichische Bilderbuchlandschaft. Aber ich dachte nicht an Erholung und Schwimmen, sondern empfand den Fluss dort wie eine Aufforderung, sich hineinzustürzen und sich zu ertränken. Das war mein erster Gedanke, als ich ihn betrachtete – doch dann erwachte mein Kampfgeist wieder. Ich hatte nicht Verfolgung und Untergrund im Iran und zehn Jahre im umkämpften Kurdistan überlebt, um in einem österreichischen Fluss zu enden!

Stattdessen meldete ich mich zu einem Deutschkurs an, zu dem ich nun täglich mit dem Bus fuhr. Schon in den ersten Tagen schrieb ich meiner Mutter, auch angerufen habe ich sie bald, ich war überglücklich, ihre Stimme nach zehn Jahren wieder einmal zu hören. Auch die Schwester meines ersten Mannes erreichte ich am Telefon, endlich konnte ich zumindest für Minuten mit Menschen sprechen, die mich kannten. Sie waren froh, dass ich in Sicherheit war. Beim Telefonieren war die Sehnsucht, meine Mutter in die Arme schließen zu können, fast unerträglich, aber ich riss mich zusammen, um nicht zu weinen. Bei ihr aber flossen die Tränen, und ich versuchte, sie damit zu trösten, dass ich in Sicherheit war.

In Wien gab es einige Leute von der Komalah, mit denen ich Kontakt aufnahm, aber dennoch war es eine einsame Zeit. Ich versuchte, mich aufrecht zu halten für mein Baby. Doch all die Strapazen forderten ihren Tribut, und nach sechs Monaten Schwangerschaft teilte mir der Arzt mit, dass das Kind entschieden zu klein sei und es mit einem Kaiserschnitt geholt werden müsse, weil die Gefahr bestünde, dass es sonst sterbe. Ich bekam große Angst. Es schmerzte mich, diese Angst um mein Kind mit niemandem teilen zu können.

Keinesfalls wollte ich in dieser Situation in dem kleinen Dorf bleiben, die medizinische Versorgung schien mir nur in einer großen Stadt gesichert zu sein. So bin ich ohne Erlaubnis nach Wien gefahren, ging direkt ins Hauptamt für Flüchtlinge und sagte, dass ich in Wien bleiben wolle.

Die Sachbearbeiterin schüttelte den Kopf und sprach in strengem Ton mit mir. Ich verstand noch zu wenig Deutsch, um ihre Sätze zu verstehen, doch der Inhalt der Botschaft war überdeutlich: Nein, nein, nein. Ich verstand nicht, weshalb man mir nicht half, mich in den Alltag in Österreich einzufinden – um mir dann böse zu sein, dass ich zur Bittstellerin wurde. Empört sammelte ich meine paar Brocken Deutsch zusammen und sagte, dass sie mit mir nicht so rassistisch umgehen könne.

Ich sagte: »Ich stehe hier, ich bleibe hier. Ich gehe nicht wieder zurück.« Meine Beharrlichkeit zeigte schließlich Wirkung. Vermutlich war es einfacher, auf mich einzugehen, nur als Einzelfall natürlich und weil ich schwanger war, als sich mit weiterem Protest auseinandersetzen zu müssen. Ich bekam einen Platz in einem Flüchtlingswohnheim im Zentrum von Wien. Dort hatte ich nun sogar ein Zimmer für mich allein, sehr klein, aber nur für mich.

Ich werde Mutter und engagiere mich wieder politisch

Ein Arzt wies mich nach einer weiteren Untersuchung in ein Krankenhaus ein. Dort wurde mir noch einmal gesagt, dass man das Kind wegen der geringen Größe per Kaiserschnitt holen müsse.

Meine erste Tochter Anita kam also per Kaiserschnitt zur Welt und wog nur 1400 Gramm. Als ich nach dem Eingriff erwachte, kam eine iranische Ärztin zu mir und erklärte, dass meine Tochter lebte, aber sehr klein und schwach sei und deshalb erst einmal im Krankenhaus unter Beobachtung bleiben müsse. Auch ich musste noch zwei Wochen bleiben, der Kaiserschnitt hatte mich sehr geschwächt. Ich sah meine Tochter erst nach ein paar Tagen, als man mich in einem Auto zu ihr brachte, denn sie lag in einem Kinderkrankenhaus. Sie war so klein, strampelte und weinte. Es ging mir tief ans Herz, dieses kleine Geschöpf zu sehen. Sie war so verletzlich, so abhängig von meiner Zuwendung und Liebe. Ich hatte ein bisschen Angst, als ich sie das erste Mal in den Arm nahm, so zerbrechlich wirkte sie.

Als ich gefragt wurde, wie das Kind heißen solle, sagte ich »Anita«. Dann wurde ich nach dem Familiennamen gefragt. »Ahadi«, sagte ich. »Wie heißt Ihr Mann?«, fragte die Schwester mich. »Er heißt Mohammad Asangaran, aber das Kind soll wie ich heißen.« Mir wurde gesagt, dass das nicht ginge, ich käme aus dem Iran, und nach dem islamischen Gesetz müsse das Kind den Namen des Familienoberhauptes haben, und das sei der Mann. Ich sagte: »Ich bin aus dem Iran geflüchtet, weil ich diese Gesetze nicht akzeptiere. Diese Gesetze respektieren mich nicht als Person!« »Sie sind Iranerin, und deshalb gelten diese Gesetze für Sie!« Ende der Diskussion, meine Tochter bekam den Familiennamen meines Mannes. Ich wurde ein paar Tage vor Anita entlassen und versuchte, ein Kinderbett im Lager aufzutreiben. Das gelang mir mit Hilfe einer Sozialarbeiterin, und so erwartete meine Tochter unser kleines Zuhause, als ich sie aus dem Krankenhaus holte. Nun stand ich als Mutter allein mit einem kränklichen Kind von vier Pfund, lebte in einem fremden Land in einem Flüchtlingswohnheim. Die Kleine war sehr unruhig und hat viel geschrien. Ich habe all meine Kraft auf mein Kind konzentriert, um durchzuhalten, fühlte mich aber oft wie kurz vor dem Zusammenbruch. Endlich, als Anita fast sechs Monate alt war, kam mein Mann in Wien an. Überglücklich schlossen wir uns in die Arme, und voller Verwunderung sah er seine kleine Tochter, seine beiden zähen Frauen, wie er sagte. Ein halbes Jahr lang hatten wir uns geschrieben, zwei Wochen dauerte ein Brief, aber durchgehalten hatte ich nicht zuletzt in der Hoffnung auf dieses Wiedersehen.

Anita erholte sich schließlich gut und erreichte bald Normalgewicht. Ich versuchte, mein Leben zu normalisieren und wieder zu Kräften zu kommen. Aber auch zu zweit blieb unsere Lebenssituation schwierig, mit einem kleinen Kind ohne Geld. Im Wohnheim bekam man Essen, aber sehr wenig Geld. Das Essen vertrug ich nicht gut, und ich hatte keine Milch zum Stillen. Die Verwaltung gab mir keine Milch extra für das Kind, das war nicht vorgesehen, die hätte ich schließlich selbst. Also musste ich Milch kaufen, und dafür brauchte ich Geld. Ich bat meine Familie im Iran darum, und mein Mann tat dasselbe. Er hatte schon etwas Geld von seiner Familie geschickt, als er noch in Kurdistan gewesen war.

Mein Asylantrag war kurz nach der Geburt von Anita bewilligt worden, seiner einige Monate später. So konnten wir endlich eine Wohnung und Arbeit suchen. Als wir dann in eine eigene kleine Wohnung umzogen, fühlte ich mich langsam angekommen in Europa. Zum einen war unser rechtlicher Status geklärt, wir durften als anerkannte Flüchtlinge bleiben. Fast größer war die psychische Entlastung. Mit dem Status »Asyl anerkannt« wurde uns nicht mehr ständig Misstrauen entgegengebracht, ob wir nicht nur Betrüger seien, die nicht in Not geflohen, sondern einfach ein Leben im Schlaraffenland gesucht hätten.

Nun bekam ich auch wieder den Kopf frei für politisches Engagement. Anfang 1992 sah ich ein Plakat für eine Veranstaltung am 8. März, den internationalen Frauentag. Keine Frage, dass ich dorthin ging.

In einem Veranstaltungsraum, der an ein Klassenzimmer erinnerte, waren gut 100 Frauen. Obwohl ich immer noch sehr wenig Deutsch und den Vorträgen nicht wirklich folgen konnte, bin ich aufgestanden, habe mich vorgestellt und geredet. »Ich komme aus dem Iran«, sagte ich und erzählte von der Situation der Frauen dort unter dem islamischen Regime. Ich wusste nicht, wie die Zuhörerinnen meine Rede gefunden hatten, es wurde zwar Beifall gespendet, aber die Reaktionen waren zurückhaltend. Ich kannte die österreichische Mentalität nicht gut genug, um den Grad des Interesses am Beifall abschätzen zu können. Nach der Veranstaltung kam die Organisatorin auf mich zu und dankte mir für meine gute Rede. Sie gab mir eine Adresse, es war die des Büros ihrer Organisation gegen Gewalt gegen Frauen, und sie stellte sich vor: Rosa Logar. Mit dieser Begegnung begann meine politische Arbeit für Frauen- und Menschenrechte in Europa. 1993 fand die Menschenrechtskonferenz der Vereinten Nationen in Wien statt. Rosa Logar, heute Geschäftsführerin der Wiener Interventionsstelle gegen Gewalt in der Familie und Mitbegründerin des ersten Frauenhauses in Österreich (1978), Vorsitzende des »Vereins autonome österreichische Frauenhäuser« und Mitbegründerin des »Europäischen Netzwerks gegen Gewalt an Frauen« (WAVE) und aktive Kämpferin für die Rechte aller Frauen, nahm mich mit. Die Tochter von Ayatollah Taleghani, Azam Taleghani, sprach über die Rechte der Frauen im Iran und wie gut der Islam zu ihnen sei. Sie bezeichnete sich als Oppositionelle, im Tschador lobte sie den Islam und die Rolle, die er der Frau als der »anderen« zugestehe. Ich habe mich sehr aufgeregt und fragte sie nach den Massenhinrichtungen 1980, denen auch mein Mann zum Opfer gefallen war.

Kurz darauf sprach ich auf einer Flüchtlingskonferenz, wo ich erzählte, wie ich im Iran gegen das Regime gekämpft hatte. Dieses unmenschliche, frauenfeindliche islamische Regime hatte mich töten wollen. »Ich habe im Iran für die Frauenrechte, die Menschenrechte, gegen die Todesstrafe gekämpft. Deshalb bin ich verfolgt worden, und deshalb bin ich nun in Österreich. In Österreich wusste man das und behandelte mich als Fall für die Bürokratie der Ausländerbehörden. Das ist keine menschliche Flüchtlingspolitik. Niemand kann sagen, er wisse nicht Bescheid, jeder Österreicher weiß, wie in diesem Land mit Flüchtlingen umgegangen wird.«

Ich wurde vom Fernsehen interviewt, und damit haben meine öffentlichen Auftritte im Westen angefangen. Nach dieser Konferenz konnte ich in einer Flüchtlingshilfsorganisation mitarbeiten und habe meine erste Kampagne gegen Steinigungen organisiert, Mitte der 90er-Jahre.

Unser Vermieter hatte uns 1993 die Wohnung gekündigt, so saßen wir ohne Dach über dem Kopf mit einem kleinen Kind in Wien. Für ein paar Tage schlüpften wir bei einer uns bekannten iranischen Familie unter, aber es war zu eng in deren kleinem Apartment, und so mussten wir weiterziehen in ein Obdachlosenheim. Dort teilten sich zwei Familien mit acht Kindern ein Zimmer. Dahinter lag noch eine Art Besenkammer, die haben wir bezogen. Sieben Monate lebten wir in diesem Verschlag. Anita brachten wir morgens in den Kindergarten und gingen dann zu einem Deutschkurs. Deutsch zu lernen war mir wichtig, um mich in meiner neuen Umgebung, meiner zweiten Heimat, verständigen zu können. Mir ist völlig unverständlich, wie man in einem Land leben kann, ohne Interesse zu haben, dessen Sprache zu erlernen. Bis heute ist meine deutsche Grammatik fehlerhaft, aber ich kann mich gut verständlich machen – und alles verstehen. Darum geht es doch: Verständigung.

Mit einem Kind im Obdachlosenheim zu wohnen, war mir nicht recht. Es wurde viel gestohlen, und einmal stand ich unter der Gemeinschaftsdusche der Frauen, als drei Männer mit einem Messer den Raum betraten. Sie sprachen schon davon, mich zu vergewaltigen. Als noch eine andere Frau in den Raum kam, suchten sie zum Glück das Weite. Das schien mir keine gute Umgebung für kleine Kinder zu sein.

Deshalb bin ich immer wieder zu den verschiedenen Behörden gegangen, Ausländeramt, Wohnungsamt, und schließlich haben wir eine Wohnung bekommen. Auch, weil ich nicht locker gelassen habe und weil ich dort selbstbewusst, gebildet und mir meiner Rechte bewusst aufgetreten bin. Wenn ich dazu nicht in der Lage gewesen wäre, hätten wir vermutlich weit länger in diesem Heim gelebt. So bekamen wir eine staatliche Wohnung, die nur eine geringe Miete kostete, und sei es nur deshalb, dass irgendeinem Sachbearbeiter mein ständiges Nachfragen lästig war.

Meine Mutter besuchte uns 1994 für ein halbes Jahr in Wien. Ich hatte sie eingeladen, und es war wunderbar, sie wiederzusehen nach all der langen Zeit. Als ich sie mit einer Bekannten am Flughafen abholte, war sie erst beleidigt, dass ich ohne Mohammad und Anita gekommen war. Im Iran gilt es als unhöflich, wenn nicht die ganze Familie zugegen ist, um einen Besucher zu empfangen. Ich versuchte sie zu beruhigen, Anita kränkelte, und wir wollten auch unser aller Sicherheit nicht aufs Spiel setzen, der iranische Auslandsgeheimdienst war eine ständige Bedrohung für Exiliraner aus der linken Opposition, es kam immer wieder zu seltsamen Todesfällen, bei denen offensichtlich nachgeholfen worden war. Im ersten Moment war ich erschrocken, als ich sie sah, sie war so alt geworden! Bei uns zu Hause beruhigte sich meine Mutter dann schnell, als sie endlich ihre Enkelin umarmen konnte. Ich fühlte mich glücklich und ruhig in meiner Familie, die Jahre in den Bergen, die Flucht und der schwere Anfang als Flüchtling in Europa lagen endlich hinter mir, und ich durfte eine Privatperson sein, eine Frau und Mutter. Während meine Mutter in Wien war, machte ich eine Umschulung zur Altenpflegerin. Auch Mohammad hat eine

Weiterbildung zum Schweißer gemacht. Ich schloss den Kurs mit sehr gut ab und hatte endlich ein Zertifikat. Mein Medizinstudium hatte ich zwar in Tabriz schon weitgehend abgeschlossen, aber keine offizielle Prüfung abgelegt, sodass meine Ausbildung jetzt nicht anerkannt wurde. Einen Tag nach Ende meines Kurses begann ich, in einem Altersheim zu arbeiten. Auch Mohammad fand schnell Arbeit als Schweißer, so mussten wir nicht von Sozialhilfe leben. Oft habe ich Nachtschicht gearbeitet, weil Anita klein war und ich sie dann morgens zum Kindergarten bringen konnte. Dann habe ich drei Stunden geschlafen und sie wieder abgeholt. Mein Mann kam nach Hause, wenn ich wieder arbeiten ging.

Der Besuch meiner Mutter brachte uns beide wieder näher, wir sprachen viel über früher, das Leben in Abhar, und was wir beide in den langen Jahren der Trennung erlebt hatten. Sie erzählte von dem Leben in Abhar. Meine kleine Schwester Mahtab war inzwischen verheiratet und hatte zwei Kinder. Sie hatte Fotos dabei, ich habe meine Neffen und Nichten, die Kinder meiner Geschwister, zum großen Teil bis heute nicht gesehen, nur wenige als Säuglinge. Mahtab hatte große Probleme gehabt, einen Studienplatz in Medizin zu finden, da sie eben meine Schwester war. Sie musste mehrere Formulare unterschreiben, in denen sie sich von mir distanzierte, um weiterstudieren zu dürfen. Meine ältere Schwester Mariam war auch Mutter und arbeitete als Lehrerin. Ihre Tochter und ihren Sohn habe ich nur als Babys gesehen, sie sind inzwischen beide verheiratet. Meine Mutter erzählte auch, wie sie immer wieder für mich gebetet hatte und Almosen gab, wenn sie eine Nachricht bekam, dass ich lebte. Groß war ihr Bedürfnis, mir von sogenannten Ehrenmorden zu erzählen, die sie in ihrer Umgebung mitbekommen hatte, wo die Männer einer Familie ihre Frau oder Schwester umbrachten, weil diese – angeblich – einen unkeuschen Kontakt zu einem fremden Mann gehabt hatten. Sie erzählte von einer verpfuschten Abtreibung, die einem unverheirateten Mädchen in unserer Nachbarschaft fast das Leben gekostet hätte. Nun war allgemein bekannt, dass sie keine Jungfrau mehr war, und ihr Leben war deshalb auch nicht mehr sicher. Ich war so froh um unsere Gespräche und unsere Nähe und freute mich schon auf regelmäßige Besuche meiner Mutter. Als sie schließlich zurück in den Iran flog, sagte ich: »Auf Wiedersehen bis in einem Jahr!«

Eine Woche nach ihrer Abreise rief ich meine große Schwester an. Ich meldete mich und sagte auf Persisch Hallo – und sie legte schweigend auf. Ich wusste sofort, dass etwas nicht in Ordnung war, und war höchst beunruhigt. Einen Monat lang hörten wir nichts von meiner Familie, wir trauten uns nicht, selbst anzurufen, um niemanden zu gefährden. Es war ein schreckliches Warten, dann rief meine Mutter an. Sie sagte: »Kind, sie haben mich festgenommen, zwei Wochen lang, haben mich geschlagen, und ich war so schwer verletzt, dass ich in ein Krankenhaus musste. Ich hatte Angst zu sterben von diesen Schlägen, ich bekam keine Luft mehr. Und ich gab deine Telefonnummer und deine Adresse preis, wie sie es von mir wollten.« Sie entschuldigte sich dafür, dass sie es nicht geschafft habe, meinen Aufenthaltsort geheim zu halten, und ich beruhigte sie, dass unter Folter zu »gestehen« oder zu

»verraten« nichts, aber auch gar nichts Schlimmes sei, und dass allein ihre Peiniger Schuld auf sich geladen hätten. Sie erzählte weiter, dass diese ihr Fotokopien meiner Briefe, die ich in den Iran geschickt hatte, und ein aktuelles Foto von mir gezeigt hatten. Ich dankte ihr sehr für die Warnung. Dass das iranische Regime Oppositionelle nicht nur im eigenen Land hinrichten ließ, war im Westen spätestens seit dem schon erwähnten Anschlag vom 21. September 1992 in der Berliner Diskothek Mykonos bekannt. Dass meine Mutter verhaftet und misshandelt worden war, zeigte mir, was ich eigentlich schon vorher wusste: Ich stand auf einer Liste des Auslandgeheimdienstes des Iran, wie alle Mitglieder der Komalah und der Arbeiterkommunistischen Partei. Und obwohl ich meiner Mutter gerade gesagt hatte, sie solle sich nicht schuldig fühlen, fiel es mir nicht leicht, mir nicht die Verantwortung für ihr Leid zu geben. Wäre ich nicht politisch aktiv, wäre sie nie verhaftet worden. Natürlich stimmte, was ich gesagt hatte – nur die Verfolger und Peiniger meiner Mutter hatten etwas Verwerfliches getan – dennoch war es schwer, die Schuldgefühle abzustreifen. Ich hatte Angst um meine kleine Tochter, um meinen Mann und auch um mich.

Also suchte ich wieder Ämter auf, und wir haben eine neue Wohnung und eine geheime Telefonnummer bekommen. Den Kontakt in den Iran brachen wir ganz ab. Mit meiner großen Schwester habe ich bis heute nicht mehr gesprochen, sie hat Angst vor der Polizei und um ihre Familie. Ich kann sie verstehen. Mit meiner Mutter telefoniere ich wieder regelmäßig, aber sie haben ihr den Reisepass abgenommen, und sie darf den Iran nicht mehr verlassen.

1995 war ich mit Rosa Logar und Gundi Dick, der Vorsitzenden der Frauensolidarität Wien, auf der Weltfrauenkonferenz in Peking.

Ich habe mich dort an vielen Diskussionen beteiligt und Reden gehalten und sogar die Möglichkeit gehabt, an der Sitzung der Regierungsmitglieder teilzunehmen, als eine der dazu eingeladenen Vertreterinnen der NGOs.

Ich war wieder schwanger, und leider wurde ich durch die schlechte Luft in Peking krank und musste schon nach acht statt nach zwölf Tagen, wie ursprünglich geplant, zurück nach Wien fliegen. Im Herbst reiste Mohammad in den irakischen Teil von Kurdistan, wo er Freunde und Familienmitglieder traf. Auf der Rückreise nach Wien wurde er in der Türkei festgenommen. Er war für einen türkischen Kurden gehalten worden, den man dem bewaffneten Widerstand zuordnete. Man glaubte ihm nicht, dass es eine Verwechslung sei. Er konnte mich aber anrufen und sagte, ihm drohe eine Abschiebung in den Iran. Das alles passte nicht zusammen, ich nahm Kontakt mit Amnesty International auf. Silvia Hourdosch, engagierte Menschenrechtlerin in der Organisation, half mir durch diese Nacht, bis das Fax von Amnesty International am nächsten Morgen kam, welches bestätigte, dass Mohammad wieder freigelassen worden war.

Am 19. Januar 1996 wurde Mona in Wien geboren, meine zweite Tochter. Diese Geburt war für mich etwas ganz Besonderes, denn es war eine natürliche Geburt, und ich konnte sie wach miterleben. Es war eine lange Phase mit Wehen, über 20 Stunden, bis dieser kleine Wurm mittags um halb zwei aus mir herauskam. Ich war überglücklich, dieses Erlebnis ist ein ganz besonderes Geschenk meiner kleinen Tochter an mich! Als sie sieben Monate alt war, zogen wir nach Köln. Da wir inzwischen alle vier österreichische Pässe hatten und damit EU-Bürger waren, bedeutete dieser Umzug kaum bürokratischen Aufwand. Mohammad und ich hatten fünf Jahre in Österreich legal angemeldet gelebt und gearbeitet, danach waren wir eingebürgert worden. Nach einer Wartezeit von sieben Monaten, die die iranischen Behörden brauchten, um unsere Geburtsurkunden an die österreichische Botschaft in Teheran zu schicken, bekamen wir unsere neuen Dokumente, die das Leben im Umgang mit den Behörden so viel einfacher machten.

Für einen Ortswechsel sprach, dass wir in Wien immer noch nicht sicher waren, ob wir nicht vom Geheimdienst entdeckt würden. Für Köln sprach, dass einige Familien in Nordrhein-Westfalen wohnten, die wir noch aus dem Iran und aus Kurdistan kannten. So konnten wir ein bisschen an unsere Wurzeln anknüpfen. Ich dachte auch an meine Töchter, die nicht wie ihre Altersgenossen ihre Familie kennen würden. Keine Oma und kein Opa, keine Tanten, Onkel, Cousinen und Cousins. Meine Älteste hat mich oft gefragt, warum wir kein Hochzeitsfoto haben. Aber im Lager gab es so etwas nicht. Und nun gab es zumindest noch andere Menschen in der Umgebung, die ihr etwas über das Leben im Iran und in Kurdistan erzählen konnten, wenn sie einmal Fragen stellen wollte.

Es ist auch schwer für meine Kinder, sich vorzustellen, dass ich schon einmal verheiratet war mit einem Mann, der hingerichtet wurde. Ich hoffte, das würde für sie leichter, wenn noch mehr Menschen um sie herum sein würden, die ebenfalls geliebte Menschen durch die Verfolgungen und Hinrichtungen in der Zeit nach der Revolution verloren hatten.

In Köln fanden wir sofort eine kleine Wohnung, und am nächsten Tag bekamen wir auf dem Ausländeramt unsere Aufenthaltsgenehmigungen. Wir waren nun Ausländer erster Klasse, EU-Bürger, zumindest auf dem Papier, auch wenn viele das wegen unseres anderen Aussehens und meines starken Akzents erst einmal nicht vermuteten.

Als Mona neun Monate alt war, entschieden wir, dass ich weiter arbeiten gehen und Mohammad zu Hause die Kinder betreuen würde. Als Schweißer hatte er es schwerer, eine Arbeit zu finden, Altenpflegerinnen wurden immer gesucht, innerhalb von drei Wochen hatte ich eine Stelle in Köln gefunden. Die Wochen dazwischen haben wir von unserem knappen Ersparten gelebt. Wir wollten nicht zum Sozialamt gehen, und dass wir zum Beispiel für Kinderbetreuung hätten Geld bekommen können, wussten wir nicht. Keiner hatte uns darauf hingewiesen.

Nachdem ich drei Jahre in diesem Altenheim gearbeitet hatte, hatten wir etwas Geld zusammengespart, und Mohammad konnte einen Kiosk kaufen. Dort haben wir dann beide gearbeitet, und unser Leben in Deutschland stabilisierte sich. Die Mädchen gingen zur Schule, sie sprechen Deutsch und Persisch, und wir haben Kontakt zu vielen Menschen aus verschiedenen Kulturen.

Mona kam neulich und erzählte, dass sie in der Schule jetzt Sexualkunde haben. Sie ist in der sechsten Klasse, und als sie eifrig mitredete, waren manche Mitschüler erstaunt und fragten, wie das denn bei ihr zu Hause sei mit dem

Reden über Sexualität. Und sie waren noch erstaunter, als Mona sagte, dass ihre Eltern ihr alle Fragen offen beantworten würden. Uns ist es wichtig, dass die Kinder in einer liberalen Umgebung aufwachsen, in der Familie wie in der Gesellschaft. Anita ist jetzt 17 und brachte mit 14 ihren ersten Freund nach Hause. Ich bin froh, dass für meine Töchter ein Leben möglich ist, wie es für mich undenkbar war. Aber ich sage ihnen nicht, dass sie dafür dankbar sein sollen – ich möchte, dass sie Freiheit und Selbstbestimmung als Werte erleben, die jedem Menschen zustehen, und hoffe, dass sie so ein Gefühl für Unrecht entwickeln und den Mut haben, dagegen anzugehen, wenn ihnen welches begegnet.

Erst wenn die letzte Frau frei ist, sind die Menschen frei

Todesurteil: Verbrechen Notwehr

Ich konnte erst in die kurdischen Berge und später nach Europa flüchten. Im Iran hätte ich nicht überlebt. Dort leben heute rund 70 Millionen Menschen. Viele arrangieren sich im Alltag mit der islamischen Republik, auch meine Familie. Es gibt Freiräume und Nischen, die die Menschen sich schaffen, um so gut wie möglich durchzukommen. Doch nicht allen gelingt das. Manche geraten in die staatliche Todesmaschinerie, viele, weil sie »schuldig« sind der Homosexualität, des Ehebruchs. Oder sich gegen eine Vergewaltigung gewehrt haben: Im April 2006 rief mich Nazanin Afshin-Jam an. Ich hatte ihren Namen vorher noch nie gehört, sie stellte sich als Menschenrechtsaktivistin vor. Sie sagte, sie lebe in Vancouver und wolle etwas für ihre Namensschwester im Iran, Nazanin Fatehi, tun.

Nazanin Fatehi, dieser Name war mir nur zu bekannt. Leider. Denn sie wurde am 3. Januar 2006 im Iran zum Tode durch Hängen verurteilt. Es geschah im März 2005, als die damals 17-jährige Nazanin Fatehi zusammen mit ihrer 15-jährigen Nichte Sumayeh in Teheran einen Park durchquerte: Plötzlich tauchten drei Männer auf, warfen die Mädchen zu Boden und versuchten, sie zu vergewaltigen. Nazanin zog ein Messer aus der Tasche und stach einen Angreifer in die Brust. Sie und ihre Nichte konnten fliehen. Der Angreifer starb. Augenzeugen hatten den Tathergang mitverfolgt. Es kam zu einem Gerichtsverfahren. Am 3. Januar 2006 wurde Nazanin Fatehi dann zum Tode verurteilt, obwohl der Iran die internationale Konvention unterzeichnet hat, die die Hinrichtung von zur Tatzeit Minderjährigen verbietet.

Nazanin ist die Älteste von fünf Geschwistern, die Familie lebte in einem Raum zusammen. Der Vater war Dialysepatient und seit über sieben Jahren arbeitsunfähig. Die Mutter hielt die Familie mit Putzarbeiten über Wasser, Nazanin musste von der Schule abgehen und den Haushalt übernehmen.

Ich hatte von Nazanin Fatehi kurz nach ihrem Todesurteil gehört – ein Bekannter aus dem Iran rief mich an. Sofort nahm ich Kontakt zu ihrer Anwältin und zu ihrer Familie auf. Meine Verbindungen in den Iran sind in den letzten Jahren ständig gewachsen, denn mein Name ist seit dem Beginn meines Engagements gegen Steinigungen und Hinrichtungen unter den Anwälten und Menschenrechtlern im Land immer bekannter geworden. Im Zeitalter moderner – westlicher – Technologien wie Telefon und Internet kann ich diese Kontakte, wenn auch mit Schwierigkeiten und viel Vorsicht, pflegen. Für Mai 2006 war die Hinrichtung von Nazanin Fatehi angesetzt. Kurz davor kam der Anruf aus Kanada von Nazanin Afshin-Jam. Die

Zusammenarbeit mit ihr, der Miss Kanada und Vize-Miss World 2003, die aber auch ein Studium in Politikwissenschaften und Internationale Beziehungen in Kanada, Paris und England absolviert hatte und 2007 ihre erste CD als Sängerin herausbrachte, war für mich etwas Besonderes. Ihre direkte, freundliche und bestimmte Art, gepaart mit ihren Verbindungen als Miss Kanada und nicht zuletzt ihrer Intelligenz, hat uns Türen bis in die Vereinten Nationen geöffnet. Nazanin Afshin-Jam spricht fließend Persisch, Englisch und Französisch. Wir können uns also in Persisch, Farsi, unterhalten. Und unterhalten haben wir uns seit diesem ersten Telefonat viel – und mehr: Wir starteten eine weltweite Kampagne, kanadische und EU-Politiker setzen sich für Nazanin Fatehi ein, am 8. Juni 2006 überreichten wir eine Petition mit 170 000 Unterschriften bei den Vereinten Nationen in New York. Bis Anfang 2007 waren es rund 350 000 Unterschriften geworden.

Doch zuvor bangten wir während vieler Monate um das Leben von Nazanin. Als die Mutter von Nazanin einmal versuchte, mit der Familie des Opfers Kontakt aufzunehmen, verweigerte dessen Mutter ihr eine Zusammenkunft. Auch eine Beilegung des Falls gegen die Zahlung von Blutgeld lehnte die Familie des Toten zu diesem Zeitpunkt ab, wohl auch wissend, dass die Familie von Nazanin arm ist. Die Familie des Opfers kann nach den Gesetzen der Scharia die Täterin (den Täter) gegen Zahlung eines Blutgeldes begnadigen. Später erklärte ein Bruder des Opfers in einem Telefonat mit mir, dass er persönlich gegen die Todesstrafe sei. Er fragte mich empört, ob denn die Menschen im Iran noch im Mittelalter lebten. Aber er wollte nicht, dass ich seinen Namen nannte, da er mit dieser Meinung in der eigenen Familie ein Außenseiter war.

Nazanins Telefonate mit ihrer Mutter aus dem Gefängnis waren verzweifelt, und an Nazanin in Kanada und mich schrieb sie: »An alle, die meinen Namen gehört haben oder die an meinem Schicksal Anteil nehmen: Ich brauche Eure Hilfe. Ich bin einsam und ich habe Angst. Ich hatte keine gute Kindheit und Jugend. Ich bin sehr nervös und mit dieser Situation umzugehen ist sehr schwer. Ich möchte eines Tages hier raus, ich vermisse das Leben draußen. An alle, die helfen, mein Leben zu retten: Ich danke Euch. Eure Arbeit bringt einen Schimmer der Hoffnung in unsere Herzen. Hinter diesen Mauern bekommen wir etwas Hoffnung.

Meine Botschaft an die Welt ist: Auch außerhalb der Mauern, in denen ich hier bin, ist ein Gefängnis: Iran. Es geht nicht nur um die ›unglückliche Nazanin‹, die im Gefängnis ist. Es sind viele Mütter, die ihre Kinder vermissen und traurig sind: Helft nicht nur mir, sondern allen ›Nazanins‹, und helft uns, hier zu einem normalen Leben zurückkehren zu können!«

Dann bekam ich am 15. Mai 2006 einen Anruf der Anwälte im Iran: Die Hinrichtung sei für den nächsten Tag angesetzt. Schweren Herzens wählte ich die Nummer von Nazanin in Kanada. Diese brach am anderen Ende der Leitung völlig zusammen und weinte all ihren Schmerz heraus. Ich konnte nicht anders, ich musste mitweinen. Wir versuchten, uns gegenseitig zu trösten, dachten an Nazanin und versuchten, die Hoffnung nicht aufzugeben. In letzter Minute wurde die Hinrichtung tatsächlich ausgesetzt. Ich dachte nur: Wenn das mir schon so an die Substanz geht, wie muss es dann Nazanin im Gefängnis gehen, den Tod vor Augen!

Schließlich war es auch der von uns initiierte internationale Druck, der für sie die Wende brachte: Am 14. Januar 2007 wurde das Todesurteil gegen Nazanin Fatehi vom Teheraner Berufungsgericht aufgehoben. Die Richter erkannten auf Notwehr gegen einen Angreifer, der sie vergewaltigen wollte. Der Freispruch war ein großartiger Erfolg, eine Freilassung aber machten die Richter von der Zahlung einer Entschädigung für die Justizbehörden abhängig: 400 Millionen Rials, rund 43 000 US-Dollar. Innerhalb weniger Tage kamen 32 000 US-Dollar über Online-Spenden zusammen, 1000 Dollar haben wir im Iran gesammelt, und die noch fehlenden 10 000 Dollar spendete die kanadische Parlamentsabgeordnete Belinda Stronach. Das Geld wurde an die Justizbehörden im Iran überwiesen, und am 31. Januar 2007 öffneten sich die Tore des Gefängnisses für Nazanin Fatehi.

Ich bin nicht zuletzt wegen dieses Erfolges davon überzeugt, dass es hilft, Unrecht zu benennen. Aber es darf nicht bei einem Engagement für Einzelne bleiben, sondern wir müssen erreichen, dass die Gesetze geändert werden, damit es erst gar nicht mehr zu solchen Urteilen kommt.

Das ist mein Antrieb. Denn nicht alle Geschichten gehen so glimpflich aus, und so werden Frauen im Iran und anderen Staaten mit islamischem Recht immer wieder hingerichtet für ihre Sexualität, für ihr Frausein, für ihr Anderssein, bis die Scharia abgeschafft ist und Gesetze, die die Menschenwürde achten, gelten.

Steinigung: Verbrechen Ehebruch

Mein Kampf gegen die Steinigung ist der Ausgangspunkt und Kern meines politischen Engagements heute. Ich habe das Komitee gegen Steinigung auch gegründet, weil ich merkte, wie wenig die Menschen in Europa darüber wissen, und jede Steinigung, von der sie erfahren, für entsetzlich befinden, darin aber eine Ausnahme, einen schrecklichen Einzelfall sehen. Dem aber muss ich widersprechen.

Schnell fällt uns bei dieser Strafe das Wort »mittelalterlich« ein. Doch auch in der Gegenwart wird diese Strafe verhängt. Im Namen Allahs. In Nigeria, Iran und anderen Staaten. Wegen Ehebruchs und unehelichem Sex, wegen Homosexualität und Blasphemie, wegen Analverkehr und Apostasie. Einzelne Fälle haben Menschen weltweit empört, so das Schicksal von Amina Lawal, die am 22. März 2002 durch das Scharia-Gericht in Bakori im nordnigerianischen Bundesstaat Katsina zum Tod durch Steinigung verurteilt worden war, weil sie als geschiedene Frau ein Kind geboren hatte, was nach der Scharia den Tatbestand des »Ehebruchs« darstellt. Weltweite Proteste haben Amina Lawal vor dem grausamen Tod bewahrt, doch Steinigungen werden nach wie vor verhängt und vollzogen.

Das folgende Zitat stammt von einem Schüler, der der Internationalen Gesellschaft für Menschenrechte e. V. (IGFM) seine Erlebnisse aus dem Jahr 1992 in der im Südwesten Irans gelegenen Stadt Abadan berichtete: »Eines Tages musste ich mit meiner Schulklasse ins Stadion kommen. Es sollte eine Steinigung vollzogen werden, bei der wir zuschauen mussten. Wir saßen auf den Tribünen und warteten. Sandwich-Verkäufer gingen durch die Reihen und boten ihre Waren an. Dann endlich wurde ein Mädchen ins Stadion geführt. Ich erschrak, denn ich erkannte dieses 17-jährige Mädchen. Sie wohnte in unserer Straße, und als Kinder hatten wir miteinander gespielt. Ein Mullah las ihr das Urteil vor: ›Im Namen Allahs, des Barmherzigen, wirst du zum Tode verurteilt durch Steinigung.‹ Das Mädchen weinte, aber es wirkte wie benommen. Sie wurde in ein Loch gestellt, das man in die Erde gegraben hatte. Dann schaufelte man dieses Loch bis zur Brusthöhe des Mädchens zu. Auf den Tribünen johlte der Mob. Dann flogen die ersten Steine, die gezielt neben dem Mädchen auf den Boden fielen. Jedes Mal, wenn der Oberkörper des Mädchens zuckte, um einem Stein auszuweichen, begann das Johlen der jungen Männer von Neuem. Es war wie bei einem Fußballspiel, wenn ein ganzes Stadion ›Tor‹ schreit. Dann trafen die ersten Steine. Das ganze Spektakel zog sich hin, bis das Mädchen endlich tot war. Ich musste erbrechen. Einige Tage später war ich beim Friseur. Neben mir saß ein alter Mann und weinte. Ich fragte ihn: ›Väterchen, warum weinen Sie?‹ Und er antwortete: ›Meine Tochter ist tot, eben bekam ich vom Gericht die Papiere, dass meine Tochter, die Jungfrau, in der Nacht vor ihrem Tod mehrmals verehelicht wurde.‹ (Im Iran gibt es die Möglichkeit, eine Ehe auf Zeit zwischen einer Stunde und 99 Jahren einzugehen.) Ich erkannte nun diesen Mann als Vater der Hingerichteten. Man hatte ihm zu seinem Schmerz über die tote Tochter, die nichts anderes getan hatte, als Flugblätter gegen das islamische Regime zu verteilen, nun auch die letzte Hoffnung genommen. Muslime in unserem Land glauben, dass Jungfrauen, die blutig sterben, gleich ins Paradies eintreten und nicht ins Jüngste Gericht kommen. Weil man dieses Mädchen in der Nacht vor ihrem Tod mehrmals ›verehelicht‹ hatte, starb sie nicht als Jungfrau und musste nun – nach dem Glauben ihres Vaters – aufs Jüngste Gericht warten. Ich war entsetzt über diese Art des gewaltsamen Todes und über die zynische Weise des Urteils, dass ein junges Mädchen im Namen Gottes des Barmherzigen gewaltsam auf furchtbare Weise getötet wurde, nachdem man sie in der Nacht vor ihrem Tod gesetzlich korrekt mehrmals vergewaltigt hatte. Aus diesem Grund kann ich kein Muslim mehr sein.«

Das Wissen über die Steinigung in frühen Kulturen ist sehr lückenhaft. In jedem Fall scheint sie aber eine sehr alte Hinrichtungsform zu sein, die weltweit an mehreren Stellen in sehr verschiedenen Kulturen bekannt war.

Von Steinigungen wird schon lange berichtet, zum Beispiel in der Bibel. Dort kann man im fünften Buch Mose lesen: 13,7-12 (gegen Götzendienst): »Wenn dein Bruder, deines Vaters Sohn oder deiner Mutter Sohn, oder dein Sohn oder deine Tochter oder dein innigst geliebtes Weib oder dein Freund, den du wie dein eigenes Leben liebst, dich heimlich verlocken will und spricht: Wohlan! Lasst uns anderen Göttern dienen (…), so sollst du ihm nicht zu Willen sein und nicht auf ihn hören, auch nicht mitleidige Nachsicht mit ihm üben, seiner schonen und seine Schuld geheim halten, sondern du musst ihn unbedingt anzeigen. Deine Hand erhebe sich zuerst gegen ihn, um ihn zu töten, danach die des ganzen Volkes! Zu Tode sollst du ihn steinigen, weil er darauf ausging, dich von Jahwe, deinem Gotte, abzubringen, der dich aus dem Ägypterlande, dem Sklavenhause, wegführte. Und ganz Israel soll es erfahren, dass sie sich fürchten und fernerhin nicht mehr etwas derart Böses in deiner Mitte tun.« Nimmt jemand die Bibel wörtlich und als Gottes Wort, wie die evangelikalen Christen, so könnten Steinigungen auch im Westen wieder eingeführt werden. Das mutet zurzeit allerdings absurd an. Die Bibel als Werk von Menschen verweist auf aktuelle Steinigungen zu ihrer Entstehungszeit, ihre Ausdehnung in der Antike ist nur zu schätzen. So berichtet die Internationale Gesellschaft für Menschenrechte e.V. (IGFM), dass auch im antiken Griechenland vor der römischen Herrschaft Steinigungen verbreitet waren, wenn vermutlich auch nicht häufig. Sie wurden in erster Linie für Verrat und schwere religiöse Vergehen vollstreckt. Im präkolumbischen Mittelamerika sollen Ehebrecher gesteinigt worden sein. Vereinzelt gibt es Hinweise auf Steinigungen bei den keltischen Iberern (ausschließlich für Vatermörder) und einzelne Berichte von Steinigungen bei Etruskern, im vorchristlichen Skandinavien und durch baltische Slawen. Inwieweit es sich dabei um Einzelfälle gehandelt hat, und ob Steinigungen im vorislamischen Afrika, in Mittel- und Ostasien vollstreckt wurden, ist der IGFM nicht bekannt. Die Hinrichtungsform der Steinigung ist also nicht islamischen Ursprungs – aber Fakt ist, dass sie heute dort verhängt und vollstreckt wird, wo die Scharia Gesetz ist. Meist ist es das »Verbrechen« des Ehebruchs, mitunter Blasphemie, häufiger Homosexualität, das ein Steinigungsurteil nach sich zieht. Der Koran selbst erwähnt zwar die Steinigung, schreibt sie aber nicht als

Hinrichtungsform vor. Die Steinigung als Strafmaß zieht ihre Legitimität aus der Überlieferung, den als vorbildlich angesehenen gesprochenen und geschriebenen Äußerungen des Propheten Mohammed, so, wie seine Nachfahren sie aufgeschrieben haben.

Es ist sehr schwer, Zahlen und Fakten zu Steinigungsurteilen durch Scharia-Gerichte zu erhalten, da die Politik diese meist geheim hält, vielleicht auch aus taktischen Erwägungen. Würde zu viel über diese Barbarei bekannt, könnte es dem Ansehen der islamischen Staaten schaden und womöglich dazu führen, dass der politische Islam genauer angeschaut wird. Nicht nur in Regionen mit schwacher staatlicher Struktur, wie in Somalia oder Wasiristan, sind solche Recherchen und alles andere, was als Kritik an der Scharia ausgelegt wird, selbst für Einheimische lebensgefährlich. Mitglieder der IGFM Sektion Nigeria berichteten von Imamen, die die Mitglieder ihrer Gemeinde aufforderten, Ortsfremden keinerlei Auskunft über Scharia-Urteile und deren Vollstreckung zu geben. Die Ursache für die schwierige Informationslage liegt aber auch im Wesen der Steinigung als einem Quasi-Ehrenmord, der religiös legitimiert wird. Gerade dann, wenn nicht der ›offizielle‹ Scharia-Rechtsweg eingehalten wurde und die Steinigung stärker den Charakter eines Ehrenmordes hat, wird sie umso mehr durch eine Mauer des Schweigens vertuscht, dringt das Wissen kaum aus der Region, in der die Steinigung vollzogen wurde, hinaus.

Steinigungsurteile sowie Steinigungen ohne Gerichtsurteile sind in den vergangenen Jahren aus den Ländern Afghanistan, Nigeria, Iran, Irak, Jemen, Pakistan, Saudi-

Arabien, Somalia, Sudan und den Vereinigten Arabischen Emiraten bekannt geworden. Darüber hinaus hat es in einigen Ländern Einzelfälle gegeben, die für das betreffende Land untypisch sind; die IGFM berichtet über eine Steinigung durch ethnische Somali im Norden Kenias, bei der das Opfer durch das Eingreifen der Polizei am Leben blieb.

Die Scharia sieht absolute, also in jedem Fall zwingend zu verhängende Strafen für die sogenannten Hadd-Delikte, Grenzvergehen, vor. Es sind Vergehen, die nicht gegen die Menschen, sondern gegen Gottes Gesetz verstoßen. Gottes Recht muss wieder hergestellt werden, ein Prozess gegen den Täter ist unausweichlich. Anklage vor Gericht kann dabei jeder einreichen. Die Strafe darf nicht gemindert werden, auch nicht verschärft, nicht ausgesetzt werden oder aufgeschoben. Das Gericht darf nur Gottes Wort folgen, und das buchstabengetreu. Die Grenzvergehen sind Ehebruch und Unzucht, die Verleumdung wegen Ehebruchs und Unzucht, Diebstahl, Straßen- und Raubmord und der Genuss von alkoholischen Getränken. Meist wird die Homosexualität zudem als der Unzucht gleichgestellt angesehen.

Auspeitschung ist vorgeschrieben bei Alkoholgenuss, ebenso bei »Kuppelei«, dem Zusammenführen von Personen zum Ehebruch. Im iranischen Gesetzbuch befassen sich allein 76 Artikel zu den Grenzvergehen mit »Sexualdelikten«. In einem Fall ist die Steinigung zwingend: bei Ehebruch, und zwar für verheiratete Männer ebenso wie für verheiratete Frauen. Im Iran werden also auch Männer gesteinigt, allerdings weitaus seltener als Frauen. Die Vollstreckung ist genau vorgeschrieben: Sie muss öffentlich verkündet werden. Ist der Täter oder die Täterin aufgrund eines Geständnisses verurteilt, so muss der Richter den ersten Stein werfen. Waren die Basis des Urteils Zeugenaussagen, so ist dies deren Aufgabe. Männer werden bis zur Hüfte und Frauen bis zur Brust eingegraben. Die verwendeten Steine dürfen nicht so groß sein, dass die verurteilte Person nach ein bis zwei Steinwürfen stirbt, aber auch nicht so klein, dass man sie nicht als Steine bezeichnen könnte. Als wäre all das nicht schon grausam genug, gibt es bei den Hinrichtungen immer wieder Pannen, so geschehen in den 90er-Jahren: Als man nach der Steinigung den Leichnam der jungen Frau beseitigen wollte, stellte man fest, dass sie noch lebte. Man brachte sie daraufhin in ein Krankenhaus, wo sie über Monate hinweg gesund gepflegt wurde. Nachdem sich ein Gericht mit dem Fall beschäftigt hatte, stellte man klar, dass das Todesurteil gegen sie immer noch Gültigkeit habe. So wurde sie nach der Entlassung aus dem Krankenhaus erneut von einer aufgebrachten Menge gesteinigt, dieses Mal bis zu ihrem Tod.*

Die Ausführlichkeit der Beschäftigung mit Sexual»delikten« in der Scharia zeigt einmal mehr die Sexualfixiertheit der Autoren dieser Gesetze, allesamt iranische Rechtsgelehrte. Wie gesagt, 76 Artikel haben sie diesen Verbrechen gewidmet.

Der geringere Wert der Frau zeigt sich hier unter anderem in der unterschiedlichen Bestrafung der Homosexualität. Sie zieht bei Männern zwingend die Todesstrafe nach

---

* www.todesstrafe.de, 5. August 2007.

sich. Bei Frauen ist das anders – was natürlich in der Praxis gut ist, ich wünsche nicht die »Gleichberechtigung bei Steinigung für Lesben«. Aber logisch ist, dass, wenn weibliche Sexualität sowieso gering geschätzt wird, der Gedanke an lustvolle Sexualität von zwei Frauen miteinander jegliches Vorstellungsvermögen übersteigt. Bei Frauen wird Homosexualität somit folgerichtig verächtlich definiert als das »Herumspielen einer Frau an den Geschlechtsteilen einer anderen Frau« und »nur« mit 100 Peitschenhieben bestraft. Zumindest dreimal, beim vierten »Vergehen« werden auch Lesben hingerichtet.

Deutsche Behörden überlegten in einem Fall im Sommer 2007 sogar, die Verurteilte ihrer Strafe zuzuführen: Yasmin K. droht die Abschiebung aus Berlin. Sie hat Asyl beantragt – wegen Verfolgung aufgrund ihrer lesbischen Lebensweise. Ihrer Anwältin liegt das Todesurteil vor: 2006 wurde sie von einem iranischen Gericht zum Tod durch Steinigung verurteilt. In Abwesenheit, sie war bereits geflüchtet. Mit 14 entdeckte Yasmin K., dass sie ein Nachbarmädchen liebte. Dessen Eltern zogen, als sie es bemerkten, sofort weg. Yasmins Mutter ließ ihr Tabletten verschreiben – sie sollte »normal« werden. Später verliebte sich Yasmin K. in eine Kommilitonin. Als das bekannt wurde, flog sie von der Uni. Sie blieb ihrer Partnerin trotzdem treu – auch als sie zum Schein, und um ihre Eltern zu beruhigen, einen Mann heiratete. Schließlich sah sie keinen Ausweg mehr als eine wochenlange Flucht, ihr Vater half ihr. In Berlin fühlt sie sich einsam, hofft auf Asyl.

Der *Tagesspiegel* vom 16. August 2007 berichtet: »Doch für die Behörden ist ihre Geschichte eine ›Verfolgungslegende‹. Begründet wird dies damit, dass die Mutter von Yasmin K. bei einer Befragung durch Beamte des Auswärtigen Amts sowohl die Homosexualität ihrer Tochter als auch die Hilfe ihres Ehemannes abstritt. ›Das ist absurd‹, sagt ihre Anwältin. ›Die haben einer iranischen Frau von zwei ihr unbekannten Männern Fragen stellen lassen, deren ehrliche Beantwortung nicht nur peinlich, sondern für den Ehemann tödlich sein könnte.‹ Die Anwältin hofft nun, im Rahmen des Asylverfahrens wieder einen vorläufigen Schutz zu erreichen. Dieser wurde Yasmin K. vom Berliner Verwaltungsgericht abgesprochen. Momentan, sagt die Anwältin, könnte sie tatsächlich jederzeit abgeschoben werden.«

Das Berliner Verwaltungsgericht urteilte Ende September, Yasmin K. kann mit einer Duldung bis Ende des Jahres in Deutschland bleiben, ein Urteil des Oberverwaltungsgerichtes steht noch aus.

Die Unterwerfung der Menschen unter eine religiöse Macht, die ihre Sexualtriebe verteufelt, angeblich im Namen Gottes, hat im Menschen und seinen (sexuellen) Bedürfnissen einen starken Gegner. Die sexuelle Selbstbestimmung als Feind zu sehen, das gibt es auch in anderen Religionen, so auch in der katholischen Kirche, die ja ebenfalls Ehebruch verteufelt, ebenso wie Homosexualität. Aber im Fall des politischen Islam kommt ein entscheidender Faktor hinzu: die Ehre. Diese Ehre hat jeder Muslim qua Geburt durch die Zugehörigkeit zur Gemeinschaft der einzig wahren Gläubigen. Diese Ehre muss er und insbesondere sie aber immer wieder neu unter Beweis stellen, durch ehrenhaftes Verhalten: Ein Einhalten der Regeln ist ehrenhaft, ein Abweichen führt zu Ehrverlust. Fatalerweise überträgt sich dieser Ehrverlust auf das Kollektiv, meist die Familie. Die Reinheit ihrer Frauen ist die Ehre der Männer. Diese, deren Sexualität und Körper per Definition eine teuflische Versuchung sind, haben die Lebensaufgabe, ihren Körper unter Kontrolle und Verschluss zu halten – und ihn auf der anderen Seite ihrem Ehegatten jederzeit nach dessen Willen bedingungslos hinzugeben. Verstößt eine Frau gegen dieses grausame Lebenskorsett, beschmutzt sie nicht nur ihren Körper, sondern die Ehre der gesamten Familie, vor allem der Männer. Da erscheint es nur logisch, dass ihr Werkzeug der Ehr-Beschmutzung, ihr Körper, gemartert, zerstört und getötet werden muss, um sie und vor allem ihre Familie wieder reinzuwaschen.

Die Hinrichtungs»welle« im Iran im Jahr 2007 zeigt, dass die Kuscheldiplomatie des Westens rein gar nichts gebracht hat. Bis Mitte August waren 2007 schon 150 Hinrichtungen vollzogen worden.

Am 5. Juli 2007 wurde Ja'far Kiani gesteinigt. Er hat zwei Kinder mit der 43-jährigen Mokarrameh Ebrahimi, die ebenfalls wegen Ehebruchs zum Tode durch Steinigung verurteilt ist. Beide wurden verurteilt, nachdem man sie vor der Abteilung 1 des Strafgerichts von Takestan des Ehebruchs für schuldig befunden hatte. »Erkenntnisse« des Richters führten zum Schuldspruch.

Der ursprüngliche Hinrichtungstermin für Mokarrameh Ebrahimi und Ja'far Kiani war der 17. Juni 2007 gewesen, nachdem ihr Antrag auf Aufhebung des Todesurteils von der iranischen Amnestie- und Begnadigungskommission abgelehnt worden war. Später wurde das Hinrichtungsdatum auf den 21. Juni 2007 festgesetzt. Die Steinigungen sollten auf dem Friedhof Behesht-e Zahra der Stadt Takestan in der Provinz Qazvin im Nordwesten des Landes in Anwesenheit eines Richters der Abteilung 1 des Strafgerichts stattfinden, welches die Todesurteile verhängt hatte. Das Komitee gegen Steinigungen protestierte wie viele Menschenrechtsgruppen rund um den Erdball.

Die iranische Anwältin Shadi Sadr arbeitet mit Verbündeten und Unerschrockenen vor Ort gegen Steinigungen. Sie waren es, die die Nachricht von der Steinigung in die Welt, auch zu mir, schickten. Der öffentliche Druck führte offenbar dazu, dass am 20. Juni 2007 gemeldet wurde, die oberste Justizautorität des Landes, Ayatollah Shahroudi, habe die Justizbehörden von Takestan schriftlich aufgefordert, die Steinigungen vorübergehend auszusetzen. Die gegen Mokarrameh Ebrahimi und Ja'far Kiani verhängten Todesurteile blieben jedoch bestehen. Er wurde dann kurz darauf doch gesteinigt. An seiner Steinigung Anfang Juli in einem Dorf außerhalb von Takestan waren vornehmlich Vertreter der Lokalregierung und der Justizbehörden, aber auch einige Bewohner des Ortes beteiligt.

Mokarrameh Ebrahimi befindet sich nun seit elf Jahren im Gefängnis Choubin in der Provinz Qazvin. Ihre beiden Kinder, von denen eines elf Jahre alt sein soll, leben bei ihr in der Haftanstalt. Die beiden Verurteilten haben lange im Gefängnis überlebt.

Hinrichtungen gehen im Iran meist in Wellen über das Land, doch hören sie nie ganz auf. Ende 2002 waren westliche Politiker nur zu gern auf die Berichte über ein Steinigungsmoratorium hereingefallen. Es passte in ihr Credo vom »Erfolg der leisen Diplomatie«. Doch wurden die Hinrichtungen nur aus dem Licht der Öffentlichkeit genommen, und selbst daran hält sich die aktuelle Macht nicht mehr.

Im Mai 2006 erhielt Amnesty International dann Kenntnis über die Vollstreckung zweier Todesurteile durch Steinigung. Ein Mann namens Abbas und eine Frau namens Mahboubeh sollen auf dem Friedhof von Mashhad zu Tode gesteinigt worden sein, nachdem man sie des Ehebruchs und der Ermordung von Mahboubehs Ehemann für schuldig befunden hatte. Seitdem gibt es wieder Berichte über Steinigungen.

Die Hinrichtungswelle im Iran, vor allem werden Todesurteile durch den Strang vollstreckt, wird in der Welt mit Hilflosigkeit aufgenommen. Sie entlarvt den angeblichen Erfolg der »leisen Diplomatie« als Lüge – Unrecht nicht laut als Unrecht zu verurteilen hat nichts gebracht. Die »stilleren« Jahre hatten im Iran politische Gründe, man wollte sich nach außen sanft zeigen und auch die Unzufriedenheit in der eigenen Bevölkerung besänftigen. Zurzeit zcigt das Regime nur deutlich sein wahres Menschenbild.

Im August 2007 war ich zu einem Gespräch im Auswärtigen Amt eingeladen, zusammen mit Karl Hafen, dem Vorsitzenden der IGFM. Wir sprachen mit zwei für den Iran und die Region zuständigen Beamten und Günter Nooke, dem Beauftragten der Bundesregierung für Menschenrechtspolitik und Humanitäre Hilfe. Ich erzählte, wie mich nur wenige Tage zuvor ein Gefangener aus einem iranischen Gefängnis angerufen hatte, der Angst vor der Vollstreckung seines Todesurteils hatte und mich bat, die Welt auf sein Schicksal wie das seiner sechs Mitverurteilten aufmerksam zu machen. Ich wollte klarmachen, dass internationale Proteste zwar noch nicht die Unrechtsjustiz abschaffen, aber durchaus einige der Hinrichtungen dadurch verschoben und sogar aufgehoben werden. Auch das Schicksal der beiden kurdischen Journalisten Adnan Hassanpour und Abdolwahed (alias Hiwa) Butimar brachten wir zur Sprache. Sie setzten sich für die kurdische Minderheit und für den Umweltschutz ein und wurden beide im Juli 2007 zum Tode verurteilt – wegen Spionage und »Feindschaft zu Gott«! Adnan Hassanpour ist ein früheres Redaktionsmitglied der auf Kurdisch und Persisch erscheinenden Wochenzeitschrift *Aso* (Horizont), die von den iranischen Behörden im August 2005 nach weit verbreiteten Unruhen in den kurdischen Siedlungsgebieten verboten wurde. Er war bereits in der Vergangenheit wegen Artikeln, die in der Zeitschrift veröffentlicht wurden, vor Gericht gestellt worden. Abdolwahed Butimar ist der Leiter der Umweltschutzorganisation »Gesellschaft der grünen Berge«.

Und natürlich berichteten wir über die wieder stark angestiegene Zahl der Steinigungen und präsentierten die von der IGFM zusammengestellte Liste der Menschen, die aktuell im Iran davon bedroht waren:

Kobra Najjar

wurde 1996 wegen der Beteiligung an der Ermordung ihres Ehemanns zu acht Jahren Haft verurteilt. Nach Verbüßen dieser Haftstrafe sollte sie wegen Ehebruchs durch Steinigung hingerichtet werden. Bis heute ist das Todesurteil jedoch nicht vollstreckt worden. Kobra Najjar wurde von ihrem heroinabhängigen Ehemann misshandelt und zur Prostitution gezwungen. Nachdem sie 1995 von ihm brutal verprügelt worden war, erzählte sie einem ihrer Freier, sie wolle ihren Ehemann töten. Der Freier soll daraufhin ihren Mann ermordet haben, nachdem Kobra Najjar diesen zu einem vereinbarten Treffpunkt gebracht hatte. Der Täter wurde zum Tode verurteilt, von der Familie des Opfers aber gegen die Zahlung eines sogenannten Blutgeldes begnadigt. Kobra Najjar befindet sich im Gefängnis von Tabriz im Nordwesten Irans in Haft.

Kheiriyeh Valania

wurde von einem Gericht in Behbahan in der westiranischen Provinz Khusistan wegen Beihilfe zu Mord und Ehebruch zum Tod durch Steinigung verurteilt. Sie soll eine Beziehung mit einem Verwandten ihres Mannes gehabt haben, der später ihren Ehemann ermordete. Kheiriyeh Valania, die von ihrem Ehemann misshandelt wurde, bestreitet jegliche Beteiligung an der Ermordung ihres Ehemannes, hat aber den Ehebruch zugegeben. Sie befindet sich im Gefängnis von Ahvaz, der Hauptstadt der Provinz Khusistan in Haft.

Iran Eskandari

wurde von einem Gericht in der Provinz Khusistan wegen Beihilfe zum Mord an ihrem Ehemann zu fünf Jahren Haft und wegen Ehebruchs zum Tod durch Steinigung verurteilt. Iran Eskandari führte gerade im Hof ihres Hauses ein Gespräch mit dem Sohn eines Nachbarn, als ihr Ehemann sie plötzlich mit einem Messer angriff. Ihr Mann schlug brutal auf sie ein und ließ sie blutend und bewusstlos am Boden liegen. Während sie bewusstlos war, soll der Sohn des Nachbarn Eskandaris Ehemann mit dessen Messer getötet haben. Beim Verhör durch die Polizei gestand Iran Eskandari, mit dem Sohn des Nachbarn eine außereheliche Beziehung gehabt zu haben. Später zog sie dieses Geständnis jedoch zurück. Die Frau befindet sich im Sepidar-Gefängnis in der Stadt Ahvaz in Haft.

Malak Ghorbani

wurde am 28. Juni 2006 von einem Gericht in Ourmia im Nordwesten Irans wegen Ehebruchs zum Tod durch Steinigung verurteilt. Ihr Bruder und ihr Ehemann sollen einen Mann getötet haben, den sie in ihrem Haus antrafen. Die beiden Männer vermuteten eine Affäre zwischen Malak Ghorbani und dem Mann namens Morad. Die junge kurdische Frau wurde durch Messerstiche von den Männern ebenfalls lebensgefährlich verletzt und in ein Krankenhaus gebracht. Um das Leben ihres Bruders und ihres Ehemannes zu schützen, gestand Ghorbani vor Gericht, dass sie Ehebruch begangen habe. Nachdem sie jedoch über das Urteil informiert wurde, schrieb Ghorbani das Gericht mit folgenden Worten an: »Ich bin eine ungebildete Person vom Land und habe keine Kenntnis vom Gesetz. Ich versuchte die Leben meines Bruders und meines Mannes zu retten und log, indem ich gestand. Erst jetzt habe ich eingesehen, was ich mir selbst damit angetan habe.« Malak Ghorbani befindet sich im Gefängnis von Ourmia, der Hauptstadt der iranischen Provinz West-Aserbaidschan, in Haft.

Soghra Mowlayi

wurde wegen Mittäterschaft an einem Mord zu 15 Jahren Haft sowie wegen Ehebruchs zum Tod durch Steinigung verurteilt. Zusammen mit ihrem Liebhaber Alireza soll Soghra Mowlayi im Januar 2004 ihren Ehemann getötet haben. Während des Verhörs erklärte sie: »Mein Mann hat mich regelmäßig gequält, aber trotzdem wollte ich ihn nicht töten. In der Tatnacht […] nachdem Alireza meinen Ehemann umgebracht hatte, bin ich mit Alireza geflohen, weil ich im Haus Angst hatte, die Brüder meines Mannes würden mich töten.« Alireza wurde wegen »unerlaubter Beziehungen« zu 100 Peitschenhieben und wegen des Mordes zum Tode verurteilt. Soghra Mowlayi befindet sich in einem Gefängnis in Karadsch unweit von Teheran in Haft.

Ashraf Kalhori

wurde im Juli 2002 wegen Beihilfe zum Mord zu 15 Jahren Haft sowie wegen Ehebruchs zum Tod durch Steinigung verurteilt. Die damals 33-jährige vierfache Mutter versuchte vergeblich, sich von ihrem Mann scheiden zu lassen. Ein Richter verfügte, sie müsse wegen der gemeinsamen Kinder in der Ehe bleiben. Im April 2002 wurde Kalhoris Ehemann während einer Auseinandersetzung von ihrem Nachbarn Mahmoud Mirzaei getötet. Ashraf Kalhori wurde daraufhin von der Polizei des Ehebruchs mit dem Mörder ihres Mannes und der Beihilfe zum Mord beschuldigt und legte unter Zwang ein Geständnis ab, welches sie später widerrief. Ihr Fall wurde erst von ihrer Anwältin Shadi Sadr übernommen, nachdem man sie bereits verhört und zu einem Geständnis gezwungen hatte. Kalhori wurde nach ihrer Verhaftung 2002 der Kontakt zu ihren Kindern verweigert. Nach vier Jahren im Gefängnis wurden im Juli 2006 die ersten Vorbereitungen für ihre Steinigung getroffen. Nachdem Anwältin Shadi Sadr gegen diesen Schritt bei Justizminister Ayatollah Hashemi Shahroudi Berufung eingelegt hatte, wurde die Hinrichtung vorübergehend aufgeschoben. Ashraf Kalhoris Nachbar Mahmoud Mirzaei ist wegen Ehebruchs zu 100 Peitschenhieben und wegen Mordes zum Tod verurteilt worden. Seine Strafe kann erst 2015 vollzogen werden, da erst in jenem Jahr der jüngste Nachkomme des Opfers volljährig ist und anstelle der Hinrichtung ein sogenanntes Blutgeld als Entschädigung vom Täter verlangen kann. Willigt der Nachkomme des Opfers in die Zahlung des Blutgeldes ein, wäre der Mörder, Mahmoud Mirzaei, frei. Frau Ashraf Kalhori befindet sich im Evin-Gefängnis in Teheran in Haft. Für Ehebruch kann nach islamischem Recht kein Ausgleich gezahlt werden.

Fatemeh *(Nachname unbekannt)*

wurde im Mai 2005 von einem Gericht in der Provinz Teheran wegen Mordes zum Tode und darüber hinaus wegen Ehebruchs ebenfalls zum Tode verurteilt, und zwar durch Steinigung. Zwischen Fatemehs Ehemann und ihrem Liebhaber Mahmoud war es zu einer Auseinandersetzung gekommen. Fatemeh hatte vor Gericht zugegeben, Mahmoud einen Strick um den Hals gelegt zu haben, der seine Strangulierung herbeiführte. Ihren Angaben zufolge wollte sie ihm jedoch lediglich die Hände und Füße fesseln, nachdem er das Bewusstsein verloren hatte, um ihn dann der Polizei zu übergeben. Fatemehs Ehemann wurde wegen Mittäterschaft zu 16 Jahren Haft verurteilt.

Abdollah Farivar

wurde wegen Ehebruchs zum Tod durch Steinigung verurteilt und befindet sich seit 2004 in Haft. Ein Familienmitglied gab an, dass Abdollah Farivar nach seiner Festnahme 21 Tage lang geschlagen und misshandelt worden sei und nur unter Druck gestand, eine außereheliche Beziehung geführt zu haben. Nach seiner Verurteilung zum Tode bestritt er seine »Tat« jedoch. Abdollah Farivar befindet sich im Gefängnis von Sari in der Provinz Mazandaran.

Leila Ghomi

wurde 2004 von einem Gericht wegen Beihilfe zum Mord zu 15 Jahren Haft und wegen Ehebruchs zum Tod durch Steinigung verurteilt. Gemeinsam mit einem Mann namens Panitali soll Leila Ghomi ihren Ehemann Abolhasan ermordet haben. Zuerst gestand die 27-Jährige, dass Panitali sie heiraten wollte. Weil ihr Ehemann sich nicht scheiden lassen wollte, hätte das Paar beschlossen, Ghomis Mann zu töten. Später widerruf Leila Ghomi jedoch, ein Verhältnis mit Panitali gehabt zu haben. Dieser sei lediglich ihr Verehrer gewesen. Leila Ghomi befindet sich im Evin-Gefängnis in Teheran.

Im Iran selbst sind die Stimmen gegen Steinigungen lauter geworden, maßgeblich sind hier die Anwältin Shadi Sadr und der Anwalt Matafa, der auch Nazanin Fatehi vertreten hat, zu nennen. Sie arbeiten in einem Anwaltsbüro, und ihre Kampagne gegen Steinigung im Iran ist enorm mutig. Sie haben unser aller Unterstützung nötig, und ich sehe meine Arbeit als eine solche. Diese Unterstützung könnte auch die deutsche Politik zeigen – mit lautem Benennen des Unrechts, denn sie hat als Leitgedanken für ihre Menschenrechtspolitik: »Die Bundesregierung tritt für die universelle Geltung der Menschenrechte und damit gegen eine kulturelle Relativierung des Menschenrechtsbegriffs ein.«

Ich halte die Zusammenarbeit in Sachen Menschenrechte für absolut notwendig, dafür muss man auch nicht in allen politischen und religiösen Fragen übereinstimmen, so nennt sich etwa Shadi Sadr selbst Muslimin.

Ich muss aber selbst einer Friedensnobelpreisträgerin wie Shirin Ebadi widersprechen, wenn sie Frauen mahnt, bescheiden zu sein. Auch sie hat im Einzelfall Menschen vor Schlimmerem bewahrt. Aber sie kämpft für Kompromisse, die ich nicht für erstrebenswert halte. So kann nicht das Ziel sein, dass Mädchen *unter* 14 nicht mehr verheiratet werden – kein Mädchen und keine Frau soll heiraten müssen. Eine Reform ist gut, wenn sie ganz junge Mädchen vor einer Zwangsverheiratung bewahrt, aber kann ich mich darüber wirklich freuen, wenn diese einfach nur drei oder fünf Jahre aufgeschoben wird? Ich finde, wir Frauen sollten das Ende der Bescheidenheit ausrufen. Wir wollen die Hälfte der Macht. Auch im Iran.

Ehrenmorde in Deutschland

Der Iran, Steinigungen – das ist für die meisten Menschen in Deutschland weit weg. Für mich ist der Iran das Land, in dem ich aufgewachsen bin, das Land, in dem meine Mutter, meine Schwestern und Brüder mit ihren Familien leben. Das Land, für dessen unterdrückte Menschen ich mir eine bessere Zukunft erhoffe. Aber es gibt auch in Deutschland den ausführenden Arm des islamischen Rechts, und dies wird inzwischen zumindest manchmal von der deutschen Öffentlichkeit nicht mehr ignoriert. Es braucht eben kein Scharia-Gericht, denn wenn die Beteiligten vom göttlichen Ursprung der Scharia und dem ihr zugrunde liegenden Ehrbegriff überzeugt sind, reicht das Familiengericht.

Am 7. Februar 2005 wurde Hatun Sürücü ermordet. Sie war als sunnitische Kurdin in einer türkischen Familie in Berlin-Kreuzberg groß geworden. Ihr Vater verheiratete sie gegen ihren Willen mit einem Cousin in der Türkei, als sie 16 war. 1999 trennte sie sich von ihrem Mann und seiner Familie und kehrte schwanger nach Berlin zurück, ihren Sohn wollte sie dort allein großziehen. 2005 lebte sie in einer eigenen Wohnung und stand kurz vor der Gesellenprüfung als Elektroinstallateurin. Dann beschloss ihre Familie, die Ehre wiederherzustellen. Es waren ihre drei Brüder, die ihr an einer Bushaltestelle auflauerten und sie erschossen. Vor Gericht nahm der Jüngste, ein Minderjähriger, die Schuld allein auf sich, nur er wurde zu einer Jugendstrafe von neun Jahren und drei Monaten verurteilt. Er gilt heute vielen islamischen jungen Männern als Held.

»Vergesst niemals Hatun« war der Titel einer Konferenz in Köln am Frauentag 2006, dem 8. März. Ich hatte sie mit anderen Frauen des »Komitees gegen Steinigung« organisiert, anwesend waren auch Christa Stolle, die Geschäftsführerin von Terres des Femmes, und Ayaan Hirsi Ali, die aus Somalia stammende niederländische Autorin und Politikerin, die inzwischen in den USA lebt.

Es wird an vielen Stellen betont, dass Ehrenmorde nicht deckungsgleich mit dem Islam seien und auch in nichtislamischen Gesellschaften vorkämen, ebenso wie die Genitalverstümmelung von Mädchen. Das ist richtig, was die Entstehung dieser frauenverachtenden, gewalttätigen bis tödlichen Übergriffe gegen Mädchen und Frauen betrifft. Aber: Es ist kein Zufall, dass heute, im 21. Jahrhundert, Ehrenmorde gerade in islamischen Gesellschaften und Parallelgesellschaften stattfinden. Denn der politische Islam deckt sich zu 100 Prozent mit dem hinter Ehrenmorden – und Genitalverstümmelung – stehenden Denken. Die Frau als fleischgewordene Versuchung für den Mann muss gebändigt werden. Ihre Jungfräulichkeit ist das Symbol dafür, ob dies den Männern und Müttern des Hauses gelingt. Mehr zum Objekt kann eine Frau kaum noch werden. Es geht in keiner Weise um die Frau und ihre Lust (einmal ganz davon abgesehen, dass die Fixierung auf das Jungfernhäutchen weibliche Sexualität komplett auf den Geschlechtsverkehr reduziert), sondern um die Macht der Männer über diesen Körperteil und die Frau.

Nicht nur in der ländlichen Türkei, auch in Deutschland gelten bei vielen hier lebenden Muslimen Blutflecken auf dem Laken aus der Hochzeitsnacht als bestandener Ehrentest. Am Beginn des Zusammenlebens zweier Menschen stehen weder Liebe noch Begehren, nur Beweislast und Pflichterfüllung durch den Geschlechtsakt. Necla Kelek beschreibt in ihrem Buch *Die verlorenen Söhne*, dass beide Ehegatten unter diesem Stress stehen, und erzählt von einem jungen Mann, der ob der Pflicht der Hochzeitsnacht impotent wurde. Als er dies im Morgengrauen seiner Tante gestand, ging diese kurzerhand in das Schlafzimmer, riss der Braut die Beine auseinander und entjungferte sie mit den Fingern. Dann zog sie das Laken ab und zeigte es der draußen wartenden Familie. Egal wie – die Ehre muss gewahrt werden.

Die Geschichten vieler junger Frauen, die ermordet wurden, weil sie verdächtigt worden waren, keine Jungfrau mehr zu sein, werden nie bekannt werden. Manche waren tatsächlich entjungfert, ob freiwillig oder mit Gewalt, bei anderen war das Hymen noch völlig intakt.

Wir wissen nicht, wie viele Frauen verinnerlicht haben, dass jedes Lustempfinden ihrerseits »des Teufels ist«. Denn manche Muslima ist sogar stolz, ihre Sexualität gottgefällig zu leben: Ihrem Ehemann zu Diensten zu sein und Mutter zu werden, ist in ihren Augen tatsächlich Sinn ihrer Sexualität, Lustempfinden dagegen ist westlich, unrein und sündig.

Hatun Sürücü ist sogar dem von ihrem Vater ausgesuchten Ehemann in die Türkei gefolgt, hat also ihrem Vater alle Ehre gemacht. Aber die Unterordnung der Frau muss das ganze Leben währen, ein Ausbrechen wird zu jeder Zeit bestraft. Das ist die gemeinsame Botschaft bei Steinigungen wegen Ehebruchs wie auch dem Mord an Hatun Sürücü.

Am 28. August 2007 wurde der Freispruch der zwei älteren Brüder der Ermordeten vom Bundesgerichtshof aufgehoben, eine Schwurgerichtskammer des Landgerichts Berlin muss die Beweise in einem neuen Verfahren gegen die beiden Angeklagten neu bewerten. Das lässt mich hoffen, dass die Menschen in Deutschland beginnen, genauer hinzusehen. Manchmal noch unsicher, gefangen in ihrer Angst, etwas Falsches zu tun, etwas, was als rassistisch gelten könnte. Aber ich bin überzeugt, dass sie es immer öfter tun werden, nicht zuletzt das Interesse am Zentralrat der Ex-Muslime zeigt das.

Mitarbeiterinnen von Frauen- und Mädchenhäusern sowie Beratungsstellen und Terres des Femmes berichten von einer Zunahme der versuchten Ehrenmorde in den letzten drei Jahren. Dies kann auch daran liegen, dass die Betroffenen durch die erhöhte Berichterstattung öfter ermutigt werden, zu fliehen. Dennoch sterben Frauen auch in Deutschland immer wieder im Namen der Ehre. Auch ungeklärte Todesfälle, wie der der 17-jährigen Kausar aus einer mittelgroßen Stadt im Westen Deutschlands, lassen Fragen nach einem möglichen Ehrenmord aufkommen. Kausar, deren Eltern pakistanisch und vor allem streng muslimisch sind, weigerte sich, ein Kopftuch zu tragen. Sie hatte sich mit 17 Jahren in einen Jungen verliebt, der nicht von den Eltern als Ehemann ausgesucht war. Sie wurde von Bruder oder Vater zur Schule gebracht und abgeholt. Eines Tages stürzte sie aus dem Fenster der elterlichen Wohnung und starb an den Verletzungen. In ihrem Magen wurde ein Reinigungsmittel gefunden, welches sie getrunken haben muss. Niemand in der Schule hatte sie für selbstmordgefährdet gehalten, auch wenn ihre Lebenssituation äußerst schwierig war. Lehrerinnen, die nachfragten, wurde von der Schulverwaltung gesagt, sie zerstörten die Bemühungen um Integration, sie sollten die andere Kultur akzeptieren. Eine Lehrerin versuchte, mit Kausars Mitschülerinnen muslimischer Herkunft zu reden, sie schwiegen. Vielleicht wird die Wahrheit über Kausars Tod nie herauskommen. Sicher aber ist, dass ihr Tod in einem Umfeld immer größerer Abgrenzung muslimischer Schülerinnen und Schüler geschah, der die Lehrer mitunter hilflos gegenüberstehen. Ein ehemaliger Lehrer von Kausar berichtet, dass früher über das Kopftuch diskutiert wurde, auch unter den türkischen Mädchen. Heute werde es getragen, und als er einen Vater danach fragte, sagte dieser nur, seine Tochter müsse das Kopftuch tragen, und wenn ein Zipfel Haar darunter hervorgucke, würde sie ewig in der Hölle schmoren. Seine Aufgabe als Vater sei, sie davor zu bewahren. Eine Lehrerin erzählte, sie müsse sich von muslimischen Jungen immer mehr beschimpfen lassen, Wörter wie Hure und Fotze seien keine Seltenheit.

Deutsche Schulen gelten gläubigen Muslimen nicht viel, denn nur in den Koranschulen wird Gottgefälligkeit gelehrt. In diesen unterrichten Hodschas, die davon überzeugt sind, dass alles in unserem Leben von Allah vorherbestimmt ist und es die größte Sünde sei, wenn Menschen versuchen, ihr eigenes Schicksal selbst zu gestalten. Daran sollte man nicht nur bei der Frage nach neuen Moscheen denken, sondern auch im Hinblick auf die Situation an den Schulen. Muslimische Kinder werden nur zur Nachahmung erzogen, ihnen werden Fragen nicht zugestanden. Jungen, denen zudem beigebracht wird, dass man Macht nicht durch Argumente erlangt, sondern nur durch Gewalt, ist das Beschimpfen deutscher Lehrerinnen ein probates Mittel, die eigene Stellung innerhalb der eigenen Gruppe zu stärken, schlicht den Macker raushängen zu lassen. Brüder, die ihre Schwester umbringen, um die Familienehre wiederherzustellen, haben nie gelernt, diese Schwester zu lieben, als Menschen zu achten oder sich auch nur für sie zu interessieren. Das ist keine kulturelle Eigenart. Das ist unmenschlich. Doch nach der Tat wird ihr Vater, und meist auch ihre Mutter, stolz auf sie sein.

Ich merke wie viele meiner Mitstreiterinnen und Mitstreiter immer wieder, wie schwer es ist, den Deutschen klarzumachen, dass die Unterdrückung der Frau keine kulturelle Eigenart ist, sondern eine Menschenrechtsverletzung. Dass Integration in eine Gesellschaft heißt, deren Sprache zu lernen und sich ihre Regeln und Werte anzueignen. Dass man bei einer solchen Anpassung seine Identität nicht verlieren kann, wenn die Gesellschaft auf der Basis der universellen Menschenrechte gebaut ist. Die Erfahrung hat gezeigt, dass es bei Einwanderern die dritte Generation ist, die in der neuen Gesellschaft angekommen ist. Gerade in den USA wurde dies immer wieder durchgespielt. Die Realität in Deutschland zeigt, dass die Mehrheit der dritten Generation der eingewanderten Muslime sich von der deutschen Gesellschaft wegbewegt und eine Parallelgesellschaft aufbaut und festigt.

Als in Deutschland Missbrauch von Kindern durch Familienangehörige von Feministinnen aufgedeckt wurde, waren die Widerstände groß. Ein immer wieder vorgebrachtes Argument war, dass doch nicht alle Männer so seien und das Bild der Frauenrechtlerinnen völlig überzeichnet wäre. Dabei ist es nur so, dass, wenn etwas erstmalig ans Licht gezogen wird, es immer überwältigend erscheint, jeder Einzelfall aber zu viel ist. Natürlich gibt es die Mehrheit der fürsorglichen und verantwortungsbewussten Väter und Mütter in Deutschland. Aber Verantwortung gegenüber Kindern hört eben nicht bei den eigenen auf, sondern ist eine gesamtgesellschaftliche Aufgabe! Deshalb ächten wir Kindesmissbrauch und bieten Betroffenen Zufluchtsstätten. Dorthin fliehen auch muslimische Mädchen. Auch unter Moslems gibt es Kindesmissbrauch, hier aber heißt das Argument nicht nur heuchlerisch, »ein Moslem kann so etwas gar nicht tun«, sondern die Betroffenen müssen darüber hinaus Angst vor der Ermordung durch ihren Vater (mitunter also ihren Vergewaltiger) haben, der so mit voller Anerkennung durch die gesamte Familie seine Ehre wiederherstellen kann.

Die Realität von Ehrenmorden und den verzweifelten Selbsttötungen von Frauen im Namen der Ehre geschieht auf derselben rechtlichen Basis wie die Verheiratung mit einem von den Eltern ausgesuchten Ehemann, wie das Schwimm- und Sportverbot und das Recht des Ehemannes, seine Frau zu schlagen.

Vor diesem Hintergrund muss man folgende Gerichtsurteile sehen:

Eine Familienrichterin in Frankfurt/Main befand Anfang 2007 eine vorzeitige Scheidung für unbegründet: Eine Frau hatte diese von ihrem Mann beantragt, da sie seit der Trennung im Jahr zuvor von diesem bedroht und misshandelt würde. Da es sich um eine Deutsch-Marokkanerin handelte, lehnte die Richterin den Antrag der Frau mit der Begründung ab, sie käme aus einem Kulturkreis, in dem der Mann gegenüber der Frau ein »Züchtigungsrecht« habe. Eine Welle der Empörung schlug hoch. Aber diese Berücksichtigung des »Kulturkreises«, über die sich die deutsche Öffentlichkeit und Politik in diesem Falle zu Recht aufregten, ist viel üblicher in Europa, als man gemeinhin annimmt: Im Sommer 2007 befand ein Mailänder Gericht, ein Muslim habe das Recht, eine Zweitfrau auch telefonisch zu heiraten, ohne sie zu kennen. (In Italien ist die Polygamie verboten, aber einem eingewanderten Pakistaner wurde nicht nur die Vielehe gestattet, er durfte mit richterlichem Segen die Minderjährige auch telefonisch heiraten.) Im August 2007 kam ein weiteres Urteil aus Italien, das diesmal einem Muslim gestattet, seine Tochter zu verprügeln, weil sie sich mitten in Europa nicht gemäß den islamischen Sitten verhält, sondern »westlicheuropäisch«: Fatima R. aus Bologna war mit einem Jungen spazieren gegangen. Darauf hin fesselte ihr Vater sie an einen Stuhl und band sie nur dann los, wenn er oder seine Söhne Lust hatten, sie brutal zu verprügeln. Die Tochter zeigte ihren Vater an. Der wurde zunächst dafür verurteilt, dann aber höchstrichterlich mit Berufung auf den Islam freigesprochen. Die Richter befanden, die Familie habe das Recht, die Tochter in ihren Kulturkreis hineinzuprügeln, wenn die Gefahr bestehe, dass das Mädchen sich ansonsten aus Freiheitsdrang selbst töten werde. Das Urteil kann nicht mehr angefochten werden. In Italien dürfen Muslime somit wohl von sofort an ihre Frauen und Töchter mit höchstrichterlichem Segen aus multikulturellen Gründen zusammenschlagen, wenn sie erklären, dass ihre Töchter zu westlich werden und die Töchter vor dem Hintergrund des Familiendrucks mit Selbstmord drohen.

Wir sind in Europa sogar an dem Punkt, dass die, die das Unrecht aufdecken, gefährlich leben, nicht die Täter. Am 29. August lief im niederländischen Fernsehen ein besonderer Film: »Submission« zeigt vier Frauen, die sich dem Willen Allahs unterworfen haben, also gute Muslima sind. Und doch sind sie schon auf Erden Höllenqualen unterworfen, der Gewalt von Männern ausgeliefert. Das Drehbuch ist von Ayaan Hirsi Ali, der ehemaligen niederländischen Abgeordneten, die bis heute unter Polizeischutz lebt. Denn der Regisseur, der niederländische Künstler Theo van Gogh, wurde Anfang November 2004 ermordet, von einem gläubigen Moslem. Genauer gesagt wurde er erschossen, ihm wurde die Kehle durchgeschnitten, und in seine Brust wurde mit einem Messer ein Zettel mit einer Botschaft gestoßen. Es war das Todesurteil für Ayaan Hirsi Ali, »im Namen des barmherzigen und gnädigen Allah«. Die Kurzberichte der deutschen Medien über den Mord berichteten auch über das Motiv des Täters: Die Verletzung seiner religiösen Gefühle durch »Submission«. Deutsche Fernsehnachrichten fassten den Film so zusammen: Es war eine Frau zu sehen, deren Ganzkörperschleier vorne transparent war und der Suren des Koran auf die nackte Haut geschrieben standen. Das müsse ein gläubiger Moslem als Verletzung des heiligen Buches empfinden.

In meinen Augen wurden damit die Künstlerin und der Künstler verantwortlich gemacht für seinen Tod und für ihr Leben unter Todesdrohung. Das Schicksal der vier Frauen im Film, das stellvertretend für das von unzähligen Frauen steht, die im Namen Allahs ausgepeitscht, von ihren Ehemännern verprügelt und vergewaltigt, nach einer Vergewaltigung wegen unehelichem Sex bestraft werden, wurde verschwiegen. So wurden auch sie noch einmal zum Opfer gemacht. Die Botschaft des Films wurde unterschlagen.

Im deutschen Fernsehen wurde den Vertretern des politischen Islam Gelegenheit gegeben, die Unterdrückung von Frauen ein weiteres Mal zu verleugnen und einen Mord, wenn nicht zu rechtfertigen, dann doch zu verharmlosen. Der Körper einer Frau beleidigt die religiösen Gefühle? »Heilige Worte« dürfen nicht in Berührung kommen mit der Haut einer Frau?

In »Submission« sehen wir eine Frau, die mit Stockschlägen ausgepeitscht wird, weil sie sich verliebt hat. Wir sehen eine Frau, die sich ihrem von ihr als ekelhaft empfundenen Ehemann, mit dem sie zwangsverheiratet wurde, sexuell unterwerfen muss. Dazu wird der betenden Protagonistin, die Rat bei Gott sucht, denn sie fragt ihn, weshalb er dieses Unrecht zulässt, auf den Leib die passende Koransure geschrieben: »Wenn eure Frauen sich gereinigt haben, dann geht zu ihnen, so wie Allah es euch befohlen hat.« Eine dritte Frau wird von ihrem Ehemann geprügelt, die nun erscheinende Koransure ist die, die den Männern erlaubt, Frauen zu schlagen, die sich aufzulehnen drohen. Schließlich sehen wir ein junges Mädchen, welches durch die Vergewaltigung durch einen Verwandten schwanger wurde und deshalb streng nach der Scharia wegen vorehelichem Sex bestraft wird.

Ja, es ist provokativ, zu zeigen, wie der Islam die Unterdrückung von Frauen mit angeblich heiligen Worten direkt in ihre Körper einschreibt. Wir haben »Submission« auf dem Kongress gegen Ehrenmorde in Anwesenheit Ayaan Hirsi Alis gezeigt, auch ihr und Theo van Gogh und den muslimischen Frauen zu Ehren – wenn man diesen Begriff wieder positiv besetzen will. Der Koran ist ein von Menschen geschriebenes Buch, und wir kritisieren es als solches. Akzeptiert man diese Tatsache endlich, dann wird der Blick frei, dass Menschen, nicht Gott, den Frauen Gewalt antun. Genau wie es Menschen waren, die die Flugzeuge des 11. September 2001 zu Mordwerkzeugen machten.

Resümee

Am 20. Oktober 2007 bekam ich den mit 5000 englischen Pfund dotierten »Irwin Prize for Secularist of the Year« (Preis als Säkularist des Jahres) verliehen.

Die britische National Secular Society verleiht ihn jährlich an Personen oder Organisationen, die nach Ansicht der Gesellschaft Bemerkenswertes für die Sache des Säkularismus getan haben.

Ich bin sehr glücklich über diesen Preis, denn ich werte ihn nicht nur als Anerkennung meiner persönlichen Arbeit, sondern als Auszeichnung für alle, die den Mut haben, den Islam offen zu kritisieren. Er beweist, dass wir, wenn wir in dieser Auseinandersetzung entschieden Flagge zeigen, wenn wir deutlich und klar zu unseren eigenen Werten stehen, die Errungenschaften von Humanismus und Aufklärung gegenüber jenen verteidigen können, die uns liebend gerne ins Mittelalter zurückschicken würden.

Richard Dawkins, Kirchenkritiker und Autor, beglückwünschte mich mit den Worten: »Ich habe lange empfunden, dass der Schlüssel zur Problemlösung der weltweiten Bedrohung durch den islamischen Terrorismus und seiner Unterdrückung im Erwachen der Frauen liegen könnte, und Mina Ahadi ist eine charismatische Führerin, die auf dieses Ziel hinarbeitet.

Die brutale Unterdrückung der Frauenrechte in vielen Ländern der islamischen Welt ist ein offensichtliches Verbrechen. Zwar weniger offensichtlich, aber ebenso schändlich ist die hilflose Zustimmung von westlichen Liberalen, sich dem zu fügen. Es ist schlimm und nicht hilflos, es ist bevormundend und herablassend zu sagen: ›Das Frauen-Schlagen ist Teil ihrer Kultur. Wer sind wir, dass wir diese Traditionen verurteilen wollten?‹

Mit einer Religion, die so unsicher ist, dass sie den Glaubensabfall mit der Todesstrafe bedroht, sollten wir keine Kontakte pflegen, und Ex-Muslime, die aufstehen und dagegen kämpfen, verdienen unsere höchste Bewunderung und Dankbarkeit für ihren Mut. Eine in der Spitze dieser ehrenhaften Gruppe ist Mina Ahadi. Ich sage ihr meinen Respekt dafür und beglückwünsche sie zu diesem wohlverdienten Preis als ›Säkularistin des Jahres‹.«

Am 1. Dezember 2007 stand ich in Köln mit Günter Wallraff und Ralph Giardono auf einer Veranstaltung für die Menschenrechte auf dem Podium. Der Zentralrat der Ex-Muslime ist Teil einer größeren Bewegung, und das macht mir Mut für die Zukunft. Und für die Zukunft der Frauen, die im Iran und in deutschen Wohnungen unter den Auswirkungen der Scharia leiden müssen.

Nur in einem säkularen Staat, so meine feste Überzeugung, können die allgemein gültigen Menschenrechte Richtschnur der Regeln des Zusammenlebens werden. Toleranz gegenüber Religionen muss da ihre Grenze haben, wo diese inhuman werden – denn nur dann kann Toleranz ein positiver Wert sein. In Sachen Menschenrechte, Selbstbestimmung und Freiheit werde ich immer mit allen Menschen zusammenarbeiten, die diese unverrückbaren Ziele verfolgen, egal welcher Partei sie angehören und welcher Religion. Aber solange wir noch nicht in einer säkularen Welt leben, die eine diesseitige Ethik für alle als Grundlage unseres Zusammenlebens hat, ist es notwendig, sich auch als Atheistin zu bekennen. Heute ganz besonders gegen den Islam. Für die Freiheit.

Als Atheistin muss ich meine moralischen Grundsätze immer wieder selbst überprüfen, an der Realität und den Lebensbedingungen meiner Mitmenschen. Ich muss meinem Leben selbst einen Sinn geben. Freiheit ist nicht einfach. Selbst zu denken, zu entscheiden und zu handeln als soziales Wesen mit Verantwortung ist oft schwerer, als die Verantwortung abzugeben und von anderen diktierten Regeln zu folgen, deren Befolgung auch noch als Belohnung das ewige Paradies verheißt. Meine Belohnungen sind die Befreiung von Nazanin Fatehi, das eigenständige Denken meiner Töchter, der Zuspruch einer Zuhörerin nach einem Vortrag. Dies gibt mir die Kraft, meinen Kampf für die Freiheit jeden Tag neu aufzunehmen.

Meine größte Bitte an die in diesem Land aufgewachsenen Menschen ist, genau zu prüfen, wo sie tolerant sind. Denn Toleranz kann nur auf Gegenseitigkeit beruhen. Lippenbekenntnisse, auf dem Boden des deutschen Grundgesetzes zu stehen, dürfen den islamischen Verbänden nicht einfach abgenommen werden – sie müssen aufgefordert werden, diese zu untermauern, und ich sehe dafür ein einfaches Zeichen: Die Frauen werden ihr Kopftuch ablegen und ihr Haar unverhüllt wehen lassen. Sie werden sich weigern, als Verkörperung der satanischen Verführung zu gelten, die der Mann nur bändigen kann, indem er die Frau und ihren Körper kontrolliert und als Ehefrau und Tochter besitzt. Sie werden selbst entscheiden, ob sie heiraten, und wenn ja, wen. Sie werden nicht mehr arabische Verse nachbeten, sondern sich eine eigene Meinung bilden zu ihrem Leben und der Gesellschaft, in der sie leben wollen. Sie werden den Begriff »Ehre« ablehnen und selbstbestimmt ihre eigenen Werte formulieren, ihr eigenes Leben leben, mit Respekt vor sich selbst und allen Menschen. Wie immer sie das tun werden – sie werden für sich selbst sprechen, jede Einzelne. Wir sollten diesen Frauen alle Gelegenheit bieten, ihren Käfig zu erkennen, die Tür zu öffnen, und sie ermutigen, diesen Käfig zu verlassen.

Danksagung

Ich bedanke mich bei meiner Familie, ganz besonders meiner Mutter, meinen beiden Töchtern und besonders bei meinem Mann Mohammad Asangaran.

Danke an Sina Vogt, die mir ermöglicht hat, dieses Buch über mein Leben zu formulieren und zu schreiben.

Ich bedanke mich bei allen meinen vielen Freunden in der ganzen Welt, vor allem bei denen im Iran, die mir geholfen haben und mir Ansporn sind für meine Arbeit.

Mein bester Dank geht in Erinnerung an Mansoor Hekmat, der in meinem Leben eine wichtige Rolle gespielt hat.

Mina Ahadi

Danke an Mina Ahadi für ihre Bereitschaft zum Erzählen, an Andrea Kunstmann, die sich im Heyne Verlag engagiert des Buchprojekts annahm, an Dunja Reulein für ein engagiertes und in jeder Hinsicht weiterhelfendes Lektorat, Annette Wagner für wertvolle Ratschläge zum Manuskript und Kristiane Dopp für unermüdliche Motivation.

Sina Vogt

Anhang

»Wider die falsche Toleranz!« – Politische Forderungen des Zentralrats der Ex-Muslime

Der Zentralrat der Ex-Muslime fordert die Bundesregierung und die Vertreter des deutschen Staates dazu auf, sich auf internationaler Ebene für die Einführung und Einhaltung der Menschenrechte in den Ländern des islamischen Herrschaftsraumes einzusetzen und gegen Ehrenmorde, weibliche Genitalverstümmelung, Steinigungen, Hinrichtungen, Folterungen sowie andere unmenschliche Praktiken wirksam einzuschreiten. Politische und wirtschaftliche Abkommen müssen explizit die Einhaltung menschenrechtlicher Regelungen zur Voraussetzung haben. Islamische Herrschaftsregime und Organisationen, in denen die Scharia Verfassungsnorm ist und/oder die dem dschihadistischen Terrorismus zuarbeiten, unterstützen oder gar anleiten, dürfen keine Fördergelder mehr erhalten. Die »Kuscheldiplomatie« mit Vertretern theokratischer Systeme muss beendet werden, stattdessen sind Kontakte zur säkular-demokratischen Opposition in den »muslimischen Ländern« herzustellen und auszubauen.

Innenpolitisch fordern wir die konsequente Trennung von Staat und Religion sowie die entschiedene Durchsetzung der aufklärerisch-humanistischen Leitideen, auf denen der moderne Rechtstaat notwendigerweise gründet. Das bedeutet u. a.:

- Die Freiheit der Kunst, Wissenschaft und Meinungsäußerung muss gerade auch gegenüber jenen religiösen Kräften verteidigt werden, die mithilfe eines »aggressiven Beleidigtseins« jede Form von Islamkritik im Keim ersticken wollen.
- Das Tragen des Kopftuchs, das Erkennungszeichen für den politischen Islam und auch für die patriarchale Unterdrückung der Frau (auch wenn es von diesen aufgrund entsprechender Erziehungspropaganda mitunter nicht mehr so wahrgenommen wird!), sollte im öffentlichen Dienst konsequent untersagt werden.
- Die religiös begründete Abmeldung von Schülerinnen und Schülern vom Schwimm-, Sport-, Sexualkunde- und Biologieunterricht muss unterbunden werden.
- Statt eines islamischen Religionsunterrichts sollte ein religionskundlicher, auf wissenschaftlichen Prinzipien beruhender Ethikunterricht erteilt werden, der für alle Schülerinnen und Schüler (gleich welcher weltanschaulichen Herkunft) verbindlich ist. Nur so lässt sich auf lange Sicht eine gefährliche religiöse Gettoisierung der Gesellschaft verhindern.

- Dem Wunsch nach einer rigiden (schariatischen) Geschlechtertrennung (beispielsweise im Gesundheitswesen) darf keinesfalls nachgegeben werden.
- Religiöses Recht darf niemals über weltliches Recht gestellt werden. Deshalb muss beispielsweise das religiöse Sonderrecht auf tierquälendes Schächten aus dem Tierschutzgesetz gestrichen werden.

Der Zentralrat der Ex-Muslime betrachtet es mit großer Sorge, dass die deutsche Justiz und Politik in zunehmenden Fällen den Schutz der Grundrechte in sein Gegenteil verkehren. Wir stellen fest: Da der Islam in seiner konsequenten Form mit diversen Artikeln des Grundgesetzes kollidiert, kann er nicht den vollen Schutz des Grundgesetzes für sich in Anspruch nehmen! Daher rufen wir die demokratische Öffentlichkeit dazu auf, die Errungenschaften der Moderne zu verteidigen und der Islamisierungsstrategie auf allen Ebenen offensiv entgegenzutreten!

»Aufklären statt verschleiern!« – Über den Zentralrat der Ex-Muslime

Dem Zentralrat der Ex-Muslime gehören Menschen an, die entweder den muslimischen Glauben aufgegeben haben oder niemals Muslime waren, wenngleich sie aufgrund ihrer Herkunft aus einem sogenannten muslimischen Land gemeinhin der »Gruppe der Muslime« zugerechnet werden. Da viele von uns gezwungen waren, den islamischen

Machthabern in unseren Herkunftsländern zu entfliehen, können und wollen wir es nicht hinnehmen, dass nun in Deutschland ausgerechnet muslimische Funktionäre in unserem Namen sprechen sollen.

Wir wehren uns in aller Entschiedenheit dagegen, dass muslimische Organisationen wie der Islamrat oder der Zentralrat der Muslime den Anspruch erheben, uns und unsere Interessen in Deutschland vertreten zu können!

Wir fordern die deutsche Politik und Öffentlichkeit dazu auf, die Augen dafür zu öffnen:

- dass die Menschenrechte unteilbar sind und somit auch für all jene Menschen gelten müssen, die in einer sogenannten muslimischen Kultur aufgewachsen sind;
- dass es auch in den sogenannten muslimischen Ländern zahlreiche Menschen gibt, die sich zu keinem religiösen Glauben, sondern zu den säkularen Werten von Humanismus und Aufklärung bekennen.

Auf der Basis solcher aufklärerisch-humanistischer Grundüberzeugungen setzt sich der Zentralrat der Ex-Muslime für folgende Ziele ein:

- die Durchsetzung der allgemeinen Menschenrechte als unveräußerliche individuelle Rechte des einzelnen Menschen;
- die Durchsetzung der Weltanschauungsfreiheit als Freiheit, sich öffentlich wie nichtöffentlich zu religiösen

oder nichtreligiösen Anschauungen zu bekennen oder dies zu unterlassen;

- die Durchsetzung einer konsequenten Trennung von Staat und Kirche/Religion/Weltanschauung;
- die Förderung der Völkerverständigung auf der Grundlage der allgemeinen Menschenrechte;
- die Förderung des vernunftgeleiteten Denkens und der Erziehung zur Toleranz.

Weitere Infos auf der Homepage www.ex-muslime.de.